La desaparición de Adolf Hitler

Mitos, falacias y fraudes

FERNANDO DEL CASTILLO DURÁN

La desaparición de Adolf Hitler

Mitos, falacias y fraudes

SEKOTIA

Primera edición: junio de 2024

Editorial Sekotia • Colección Biblioteca de Historia
Editor: Humberto Pérez Tomé Román
Maquetación: Miguel Andréu

www.sekotia.com
pedidos@almuzaralibros.com - info@almuzaralibros.com

Editorial Sekotia
Parque Logístico de Córdoba. Ctra. Palma del Río, km 4
C/8, Nave L2, nº 3. 14005 - Córdoba

Imprime: Romanyà Valls
ISBN: 978-84-19979-22-3
Depósito: CO-650-2024
Hecho e impreso en España - *Made and printed in Spain*

Índice

Introducción

Bulos, mentiras, rumores, falsedades, engaños, ficciones, paranoias incluso, todo es poco para describir y explicar los cientos, puede que millares de cartas, notas, artículos, reportajes, mensajes diversos, libros y series de televisión que se han escrito y filmado en torno a la muerte de Adolf Hitler, dejando muchas veces un sedimento dubitativo y creando un escenario de perplejidad e irresolución en torno a tal hecho. Ha existido, por tanto, un perímetro de ambigüedad y también un contorno de desconfianza, un circuito muy transitado, que ha servido para albergar las más extrañas y estrafalarias invenciones.

No es extraño, por tanto, que hasta hace unos años, la prensa recogiera cada cierto tiempo noticias de experimentados funcionarios del FBI o de la CIA, del GPU o de antiguos veteranos de la Wehrmacht, incluso del Ejército Rojo, soldados y agentes británicos, norteamericanos, rusos, periodistas colombianos, uruguayos, venezolanos o argentinos que aseguraban haber visto, haber hablado o tener informaciones fehacientes acerca de la presencia de Hitler en uno u otro escondrijo, lugares más o menos remotos o, también, y esa sería una versión más hiriente, presentando a sujetos que con alguna oportuna característica, el rostro cambiado gracias a la cirugía y el paso del tiempo, se paseaban en completa libertad por los Alpes suizos, Tenerife, Fuerteventura, Galicia, Londres, Irlanda, Argentina, las selvas de Mato Grosso, la Antártida o EE. UU.

Por otra parte, han sido decenas los libros que se han publicado refiriendo historias rocambolescas acerca de la huida de Hitler y de su existencia posterior. No es necesario hacer una lista, ni siquiera sucinta, porque la simple citación ocuparía muchas páginas. Valga la pena mencionar, al menos, las leyendas medievales, en gran medida de origen germánico, acerca del líder que aguarda, sumido en una profunda caverna bajo una montaña, el momento decisivo para manifestarse de nuevo y que, como no podía ser menos, vinculan a Federico Barbarroja con Hitler.

Existe un tercer sector, quizá menos llamativo, que se contenta con sembrar dudas, esparciendo incertidumbres y divulgando recelos, y que no asegura ni niega nada, simplemente se dedica a difundir historias semejantes, a veces desde la misma vacilación y hasta con algún escrúpulo.

En consecuencia, puede pensarse, sin concesión al error, que el tema ha llenado el morbo y el interés de generaciones enteras, y también la fascinación y la sugestión. Naturalmente, tales seducciones han originado importantes dividendos, en gran medida, motivo por el que se han mantenido hasta hace bien poco. En definitiva, las últimas especulaciones acerca del asunto datan de 2021, cuando un diario[1] de Madrid publicaba un artículo que contenía revelaciones semejantes.

¿Puede pensarse que tal pervivencia es síntoma de cierto enrarecimiento social? En otras palabras, ¿se podría creer que el fenómeno y la ideología propugnada por el nazismo tiene una vida nueva que se alimenta de especulaciones y subsiste gracias a materiales como los reseñados? Francamente, no. El interés y hasta la alucinación,

1 Israel Viana, «Las insólitas teorías de que Hitler no se suicidó: huyó a Barcelona y murió en Argentina a los 73 años», ABC, 15/11/2019, actualizado 05/11/2021.

cuando no ofuscación, que despierta Hitler en nuestros días se fortalece, no por motivos políticos, sino por determinados incentivos pseudoculturales y por el ansia de querer ver el escándalo, la obscenidad del mal, más allá de las habituales condiciones vitales.

Por encima de la mística y de la iconográfica neonazi, habitual en ciertos grupos muy minoritarios —por más que peligrosos—, pervive un claro aborrecimiento social a la violencia, al militarismo mal entendido y a los elementos que el nazismo propugnaba, ya fuera el culto al líder o la veneración de la guerra. Hitler da miedo, y cualquier similitud sería, hoy en día, altamente improbable.

Este libro explica lo que sucedió en los días previos a la entrada de las tropas soviéticas en Berlín, cómo fue la defensa de la ciudad, qué acaeció en el *führerbunker* la tarde del 30 de abril de 1945 y las consecuencias que trajo, cómo se llevó a cabo la capitulación del III Reich, cuál fue la reacción de Stalin y cómo se sucedieron los comunicados, muchas veces reelaborados o desmentidos, qué dijeron los testigos —y testigos que en ocasiones no se han tenido en cuenta—, quiénes eran los que interrogaban, la pauta que siguieron ciertos investigadores y el sinfín de tergiversaciones, imposturas y ficciones a que dieron lugar, e incluso la actitud que adoptaron algunos investigados para acrecentar su crédito y obtener réditos, fueran políticos o monetarios.

Además, damos cumplida cuenta de algunos fenómenos intrínsecos al nacionalsocialismo, la audiencia que despertaba lo paranormal, la sociedad Thule y sus derivaciones, la ariosofía y una mirada en torno a la figura de Otto Rahn, junto a las consecuencias que todo ello tuvo para la ciencia alemana del periodo de Weimar, por ejemplo, las expediciones a Tíbet.

Ya al final, queremos explicar qué ocurrió en realidad en la genuina *Highjump*, intervención de corte científico, desde luego, pero sufragada y llevada a cabo por militares norteamericanos, y realizada en la Antártida, que para nada tuvo relación con batallas contra últimos bastiones del nazismo en el extremo sur del planeta, asunto que, sin embargo, ha dado pie a innumerables ficciones.

Será tarea del lector obtener conclusiones. Todos los errores caen de nuestra parte, desde luego, pero también la intención de haber pretendido apartar un deplorable y aciago artificio.

Berlín, abril de 1945

A mediados del mes de abril de 1945, dieciséis ejércitos soviéticos se aproximaban a Berlín: nueve integrados en el Ier Frente bielorruso al mando del mariscal Georgi Zhukov y, otros siete, el Ier Frente ucraniano, bajo las órdenes del también mariscal Iván Konev.

El día 16, en plena noche, casi nueve mil cañones rompieron el cielo de la ciudad, estremeciendo los cimientos de la antaño rutilante capital del *Reich de los Mil años*, ahora convertida en un amasijo de ruinas donde sus habitantes se escondían en los sótanos y en los túneles del U-Bahn, el metro, cuya construcción databa de 1902.

Rotas prácticamente las barreras que separaban las vanguardias rusas de la periferia de Berlín, y a pesar de la enconada defensa alemana provista de cañones antitanque y protegida prácticamente con armamento personal y *panzerfaust*, ingenios anticarro de un sólo uso que se disparaban desde muy corta distancia, con el consiguiente peligro para el atacante todavía los carros rusos tuvieron dificultades para asaltar las alturas circundantes a Berlín, atravesar el Spree y vencer las innumerables cortinas de parapetos y obstáculos que los defensores habían dispuesto en las calles para detener el ataque. La pinza se volvió a evidenciar el 22, cuando la fuerza aérea estadounidense y británica lanzó toneladas de bombas sobre un Berlín en ruinas, mientras los jerarcas nazis acudían a homenajear al Führer en su cumpleaños.

Todavía Hitler, ese mismo día, sordo ante la evidencia que estaba viviendo, creyó encontrar una solución a aquel escenario devastado, ordenando al 12º Ejército (dos divisiones sin prácticamente carros, aprovisionamientos ni munición) al mando del general Wenck que abandonara sus posiciones en el oeste, junto al río Elba, a la altura de Magdeburgo y frente a los americanos, y acudiera a Berlín para detener al Ejército Rojo con la ayuda del 9º Ejército del general Theodor Busse, que se situaba por entonces entre las posiciones de Wenck y Berlín. Tal movimiento dio lugar a la batalla de Halbe, aproximadamente en las inmediaciones de Potsdam. La intervención de ambos generales fue infructuosa, desde luego, pues se enfrentaban a las vanguardias soviéticas, pero consiguió salvar a doscientas mil personas. Finalmente, los dos generales se rindieron a los norteamericanos que, por orden de Eisenhower, se habían quedado detenidos al borde del Elba.

En efecto, por aquellas fechas el 3er Ejército de Patton se hallaba en posición de penetrar en Checoslovaquia, pero Eisenhower supo ver que Berlín era intocable para los aliados occidentales, pues Stalin jamás hubiera permitido disputar semejante baza, con lo que decidió detener los avances del XII Grupo de ejércitos, al mando de Omar Bradley. Es posible que, incluso, si los americanos hubieran continuado con el ataque, los soviéticos —según revela Beevor[2]—, detrás de algún argumento más o menos retorcido, habrían tomado la decisión de acometerlos. Un choque fugaz, quizá, pero suficiente para advertir y dejar bien sentadas sus intenciones.

Todo ello manifiesta claramente la cautela de Eisenhower en la conducción de los últimos momentos de la guerra: buscaba ante todo no enemistarse con Stalin y aquél fue el precio, dejar a los soviéticos maniobrar a su antojo en la capital del Reich y evitar, por otra parte, el enorme desgaste que en vidas norteamericanas podía suponer una batalla urbana. De hecho, las tropas soviéticas sufrieron unas doscientas mil bajas en la toma de la ciudad.

---

2 Antony Beevor, *La Segunda Guerra Mundial*, Pasado y Presente, Barcelona, 2012, pág. 1024 y ss.

Mientras tanto, en Berlín, escondidos entre las ruinas, ya solo quedaban algunas unidades al mando del general Helmut Weidling, integrantes del *Volkssturm*, milicia levantada unos meses antes y armada con subfusiles y *panzerfaust*, elementos procedentes de los *Einsatzgruppen*, muchachos de las *Hitlerjugend* y miembros de la policía procedentes de diferentes distritos y de sus distintas ramas, *OrPo*, *CriPo*, *SiPo*, junto a dos compañías esquilmadas de la 33ª *Waffen Grenadier Division Charlemagne* de las *SS* francesas, algunos soldados nórdicos encuadrados en la *SS Nordland*, que habían combatido en Croacia, y segmentos de la 15ª División de Granaderos de las *Waffen-SS*.

A pesar de las dificultades, por orden de Weidling crecieron las barricadas y, ante la avalancha que se venía encima, se instalaron nidos de ametralladoras y casamatas servidas por muchachos sin experiencia en combate. De pronto, cualquier escondrijo, un hueco en un edificio, una alcantarilla o el marco de una ventana podían ser lugares desde donde un tirador abriera fuego contra los asaltantes. Sin embargo, tan improvisado escenario no dejaba ver más que la atmósfera de lo que ya era patente: el colapso definitivo.

La vicisitud del general Helmut Weidling, comandante del LVI Cuerpo Blindado, integrado en el IX Ejército, que combatía al sureste de Berlín, no deja de ser sorprendente. Para encabezar la defensa de la capital del Reich, Hitler había pensado en el último momento en alguien absolutamente convencido de la victoria, un nazi apasionado y no un oficial experimentado, por eso, en primer lugar, propuso a un airoso teniente coronel de la División *Grossdeutschland* que, en cuanto recibió las estrellas de general, resolvió dirigir las tropas dispersadas por Berlín. Sin embargo, estaba herido e ingresado en un hospital, motivo por el que no pudo integrarse en el mando. De inmediato surgió otro candidato, el coronel Ernst Kaether, pero a las pocas horas se vio que era incapaz de ejecutar la tarea. Fue entonces cuando apareció el general Helmut Weidling, por más que hacía varios días que no se sabía nada de su paradero.

El 23 de abril, Weidling telefoneó al búnker para transmitir el informe y fue el general Krebs quien le anunció que, en virtud del silencio mantenido durante tantas horas, había sido condenado a muerte por deserción. Abandonando la unidad, se presentó aquel mismo día ante Hitler para defender su honorabilidad y proteger su inocencia. El Führer quedó deslumbrado por la talla de aquel hombre capaz de enfrentarse de ese modo y en semejantes circunstancias a una muerte segura. Por tal motivo, y en un rápido cambio de planes, lo designó para mandar la salvaguardia de Berlín.

No obstante, el operativo que organizó Weidling dio poco resultado, como era de esperar. Al amanecer del 23, la infantería soviética irrumpió en los barrios periféricos y al día siguiente el cerco de Berlín se vio completado cuando el 3ᵉʳ Ejército *panzer*, es decir, algunas unidades todavía combatientes, fue superado por los bielorrusos. El 25 se vio con absoluta claridad que la defensa de Berlín era tarea inútil.

A la situación desesperada de los berlineses hay que añadir la rivalidad que a instancias de Stalin se entabló entre los dos mariscales soviéticos, Zhukov y Konev. Continuas llamadas desde Moscú, órdenes de avanzar, avisos, amenazas, en fin, todo un corolario de intimidaciones que llevó al incremento de la atrición en las filas soviéticas y, por supuesto, entre los habitantes. Todo ello se debía, además del frenesí que se había apoderado de Stalin, a la creencia de que los aliados occidentales no dejarían pasar la ocasión para presentarse en Berlín, destruyendo de ese modo el sueño del presidente del Soviet Supremo de conquistar la capital del Reich.

Incluso más, los soviéticos estaban convencidos de que los americanos preparaban un giro extraordinario en sus planes, un vuelco radical a la situación consistente en levantar los restos del ejército alemán y asimilarlos a unidades al mando de oficiales estadounidenses para combatir al Ejército Rojo.

Seguramente, tales sospechas se habían hecho fuertes tras algunas declaraciones poco sensatas del general George S. Patton. No había, sin embargo, nada de ello, y lo dicho por Patton no eran más que alegrías de un general cuyas manifestaciones en la prensa venían produciendo tensiones y sinsabores a Eisenhower desde las batallas de El Alamein, en Palermo o prácticamente en cualquier lugar donde los micrófonos se pusieran a disposición del general californiano.

No obstante, la alarmante catarata de protestas antisoviéticas por parte de Patton, incluso en conversación con Robert Patterson, poco después secretario de Guerra del presidente Truman y, por si fuera poco, la puesta en marcha de los análisis y estudios necesarios para la operación *Impensable*[3] ordenados por Winston Churchill a partir del 1 de julio de 1945, tras el deceso de Roosevelt, había de producir una fuerte animosidad en Moscú.

Aquel mismo día, 25 de abril, las tropas aliadas, norteamericanas y soviéticas, se encontraron cerca de Torgau, en las riberas del Elba. Tras los saludos y las celebraciones, quedaba claro a la Stavka, al Estado Mayor soviético y a Stalin en particular, que los americanos no iban a cruzar el río, pero, a fin de evitar contingencias, varios regimientos de la NKVD formaron un cordón para impedir la huida de los alemanes, por más que semejante despliegue pudo guardar otras consideraciones, por ejemplo, controlar expresamente que los estadounidenses no amagaran con avances inesperados rebasando las riberas del río y adentrándose en su zona.

Las precauciones soviéticas se sostenían sobre un croquis indiscutible. Por aquellos días se había propagado la intención de Himmler y Göring de negociar por separado con los occidentales. Bien es cierto que ambos habían quedado fuera de juego por las últimas disposiciones de Hitler, al deponer a Göring de cualquier opción a la sucesión, tal y como estaba establecido desde hacía años en la legislación nazi, y también al haber desbancado a Himmler como segunda opción, dadas las intenciones de ambos de pactar un alto el fuego con norteamericanos y británicos para salvar en el último momento al Reich. Tal opción habría implicado la fractura entre los aliados, dejando a los soviéticos como únicos enemigos en el este, asunto que tanto el *Reichsführer* como el antiguo jefe de la Luftwaffe veían como perfectamente posible.

---

3 Jonathan Walker, *Operación Impensable*, Crítica. Barcelona, 2015.

Si algo así se hubiera producido —y no llegó más que a proyecto en la mente de Himmler, pues la negativa del general Eisenhower fue rotunda—, la guerra y la batalla en torno a Berlín habrían dado un vuelco extraordinario, emplazando los restos de las unidades alemanas junto a los ejércitos aliados contra los soviéticos.

No era la primera vez que se oía aquella posibilidad pues, como hemos dicho, Patton se había hartado de decirlo y Churchill tenía en mente desarrollar un plan que, si bien en principio no incluía el enfrentamiento directo con el Kremlin, permitía vislumbrar una línea similar. Es ahí donde deben verse las cautelas rusas, cualquier negociación a sus espaldas implicaba la continuación de la guerra con un objetivo diferente, atacar al Ejército Rojo, y esa fue la contingencia que Stalin se propuso eliminar.

En la madrugada del día 30, los rusos estaban a medio kilómetro del Reichstag, cuyo significado simbólico era incalculable. Los ataques fueron intensos desde primeras horas, con las primeras luces, pero la defensa alemana —unos diez mil hombres, entre soldados y elementos paramilitares— los detuvo, por más que la artillería soviética se impuso, a pesar de las trincheras y los fosos, y cuando el contorno defensivo se fue reduciendo, los alemanes se concentraron en las zonas todavía no batidas. Aún utilizaron los últimos *Tiger*, que arremetieron contra los rusos desde el Tiergarten, enfrentándose al 3er Ejército de Choque y al 8º de Guardias.

En aquellas circunstancias, los informes que Hitler recibía no eran en absoluto alentadores: el general Helmuth Weidling pronosticó que los defensores cesarían su pugna al caer la tarde por falta de municiones y ante la aplastante superioridad soviética, con lo que pidió autorización para intentar el escape, opción que le fue concedida, pese a lo que suponía.

Esa misma tarde, en una habitación del *führerbunker*, Adolf Hitler alcanzó una pistola *Walther*, tragó un comprimido de cianuro y se disparó un tiro en la boca. Junto a él, Eva Braun, su esposa, también se suicidó.

Al atardecer del día 1 de mayo, la radio de Hamburgo, después de emitir unos acordes wagnerianos, anunció que Hitler, *luchando hasta su último aliento contra el bolchevismo y por Alemania*, había muerto en la cancillería. Seguidamente, el almirante Dönitz, en quien recaía la suerte del Reich, afirmó que había tenido un final heroico.

A pesar de alguna dilación, el 1 de mayo los soviéticos recibieron un cable indicándoles que los defensores de Berlín se rendirían a medianoche, pero algunos comandantes presentaron la capitulación horas antes, dadas las circunstancias y en evitación de mayores males.

El 2 de mayo, la batalla de Berlín había acabado. Ese mismo día y a las seis horas, el general Helmuth Weidling, ante la imposibilidad de seguir resistiendo, capituló ante el teniente general Vasili Chuikov, del 1er frente bielorruso, cuyo mando correspondía al mariscal Zhukov.

Esa mañana, los soviéticos alcanzaron la cancillería, superando alguna pequeña oposición, y fue entonces cuando izaron la bandera roja en el tejado del Reichstag. Aquel día, muchos resistentes, así como particulares que no aceptaban la derrota ni sus consecuencias, optaron por el suicidio. Se hurtaban, de ese modo, a lo que vino después: las violaciones, los pillajes y los cientos de agresiones y robos.

Sin embargo, la prensa soviética informó el 4 de mayo que sus tropas no habían conseguido entrar en la cancillería, dado que amenazaba desplome inminente, incluso al mismísimo mariscal Zhukov se le denegó el paso. Trascurridos dos días, y en la medida que el incendio amainó, los ciudadanos rusos pudieron leer que, tras la entrada en lo que fue el reducto final de Hitler, se hallaron numerosos cuerpos, pero ninguno respondía a las características del Führer. Un poco más tarde llegó otra información a la prensa en la que se decía que un oficial ruso había encontrado un cuerpo sospechoso, pero que, por indicaciones de un chófer adscrito al servicio de Hitler, era un doble de los muchos que utilizaba el dictador alemán.

Empezaba a crecer, de esa forma, la leyenda. Incluso en medios informativos, agencias de prensa y diversas publicaciones, se fue construyendo una invención que tomó cuerpo hasta entre los aliados occidentales. Se pensaba, ante la imposibilidad de hallar el cuerpo de Hitler, que había huido en el último momento y seguía vivo en algún lugar ignorado, ocultándose al mundo y quién sabe si proyectando el regreso.

El 2 de mayo la prensa estadounidense dio la noticia del fallecimiento de Hitler, pero el *New York Times* indicó:

> «[...] los nazis han usado tanto la mentira como parte de su política y los informes sobre los supuestos dobles de Hitler están tan extendidos que esos anuncios van a dejar en muchas mentes la sospecha de que el maestro de la mentira intenta cometer un gran fraude final ante el mundo en un esfuerzo por salvarse.»

Tal eventualidad, que correspondía con el empeño de algunos en la perpetuación del Reich, produjo toda suerte de ficciones, buena parte fantasías que los propios alemanes mantuvieron durante algún tiempo, queriendo hacer creer a los aliados que, en algún lugar, Hitler seguía vivo y alentando a sus huestes.

Capitulación

La muerte de Hitler no supuso la cancelación automática del III Reich. Al contrario, hubo individuos, muchos, pertenecientes al armazón del estado nacionalsocialista que pretendieron darle continuidad, tanto en lo político como en lo militar, asunto que deja ver muy a las claras el grado de ofuscación, incluso de pérdida del sentido de la realidad, de los jerarcas que sobrevivieron al Führer.

Si bien es cierto que la primera mención a la defunción de Hitler por parte alemana mintió abiertamente, seguramente con el fin de presentarlo como un titán germánico derrumbado en combate, pronto se supo que no había sido exactamente así, sino que el Führer había preferido un final de opereta, suicidándose con su esposa a puerta cerrada y eligiendo —como por otra parte había repetido muchas veces a cuantos querían oírlo— desaparecer sin afrontar las consecuencias de sus actos, eludiendo, de ese modo, juicios y condenas.

No fue, por tanto, un acto heroico, como anunció Dönitz el 1 de mayo a los berlineses a través de la radio, sino un medroso final que dejaba a los alemanes en manos de los aliados. Conviene recordar en este punto que tampoco era un desenlace que pudiera tener alguna garantía para los supervivientes, que veían a los soldados soviéticos desbordando las últimas defensas, todo lo contrario, era una sombría eventualidad plagada de malos presagios que se fueron confirmando a medida que los rusos batían las escasas guarniciones que todavía luchaban en algunos puntos de la ciudad.

Tras la muerte de Hitler y la derogación de la sucesión del mariscal Göring como canciller del Reich, tanto más si se atiende a su arresto por fuerzas SS en Berchtesgaden, en las estribaciones orientales de los Alpes bávaros, el Führer señaló el 30 de abril al gran almirante Karl Dönitz como sucesor. Después de una serie de comunicaciones aclaratorias, el jefe del NSDAP (el partido nazi), Bormann, ratificó la validez de la trasmisión en la que se dotaba a Dönitz de plenos poderes, poniéndolo al frente de todas las fuerzas armadas alemanas como comandante.

Podía parecer sorprendente a ojos de los generales de la Wehrmacht, pero Hitler, después del atentado del 20 de julio, había perdido la confianza, si alguna vez la tuvo, en aquellos hombres. Únicamente conservaba cierta convicción respecto de sujetos muy concretos, pero sabía que jamás podría delegar en ellos la continuación política ni militar del III Reich, en algunos casos por sus manifiestas limitaciones y, en otros, por la contestación que en el seno de las fuerzas armadas podían provocar.

Por eso, en el documento que revela tales intenciones, el testamento, escrito y firmado horas antes del suicidio en el *führerbunker*, había dejado prescrito que Dönitz sería su sucesor, aunque no en calidad de *führer*, sino como presidente del Reich. Hitler se tenía a sí mismo por irreemplazable, lo que en gran medida era cierto, pero pretendió no desamparar completamente su obra —su siniestra obra— eligiendo a un continuador que preservara los cimientos del estado nacionalsocialista y que tuviera el suficiente ascendente y predicamento en el ejército.

Dicho documento que, por un lado, otorgaba plenos poderes al almirante, también desplegaba una serie de consignas para Dönitz que bajo ningún concepto siguió, en parte porque, como la gran mayoría de los altos militares del Reich, veía con claridad, no solamente que la guerra estaba perdida, sino que debía maniobrar de alguna manera para no caer en la esfera de los soviéticos. Por eso, ya desde el primer momento, y a pesar de que había jurado continuar la guerra, buscó los medios y maneras de afianzar una paz negociada con los occidentales para, de algún modo, intentar salvar lo que quedaba de su ejército y poderlo anclar frente a los rusos.

Se trataba, por tanto, de saldar lo que quedaba del estado y del ejército, pero hacerlo de forma y manera controlada, a través de negociaciones y acuerdos parciales, esto es, no con una orden general, sino por unidades y por territorios, a fin de ganar tiempo y limpiar el frente oriental de unidades rezagadas transfiriéndolas a las líneas occidentales, donde procederían a la capitulación y tendrían, se suponía, un trato más favorable.

Tales posibilidades fueron acariciadas por muchos otros, Goebbels, Himmler y Göring, fundamentalmente. Pero contenían, es evidente, un elemento que los nacionalsocialistas no quisieron ver o, al menos, se negaban a reconocer: el carácter oprobioso de la dictadura nazi. Nadie entre los aliados, ni occidentales ni orientales, ni rusos ni norteamericanos, británicos, belgas, canadienses o franceses, podía transigir lo más mínimo en algo que para los miembros del gobierno alemán era no solo posible, sino deseable: la continuidad del régimen. En algún momento se ha dicho que Himmler, en sus elucubraciones cargadas de predicciones y vaticinios de augures estrafalarios, por entonces le daba vueltas al nombre que debería llevar el partido que estaba dispuesto a crear en la Alemania posthitleriana y con el que, sin duda, pensaba gobernar. Era un indiscutible síntoma de irrealidad y de verdadera alucinación, pues a sí mismo no se tenía en absoluto como uno de los personajes más denostados del panorama nazi.

Pues bien, una vez con el poder del estado en las manos, Dönitz dio la vuelta al testamento del Führer e intentó por todos los medios una rendición negociada por zonas. De ese modo, quiso salvar los restos del ejército que luchaba en la fachada oeste para poder enfrentarlo a los soviéticos. Que semejantes opciones pudieran estar apuntaladas por las fanfarronadas de Patton era, seguramente, y en aquellos momentos, nada más que un nervio que le otorgaba una cierta expectativa, sin duda muy menor.

El asentimiento de la capitulación en el oeste suponía el rompimiento del compromiso aliado, y esa era precisamente la intención que durante mucho tiempo se había venido valorando entre los jerarcas nazis, a sabiendas de que Hitler, bajo ningún concepto, la habría permitido. Pero, ahora, una vez muerto, las cosas cambiaban, el juramento de fidelidad al Führer había quedado irremediablemente obsoleto y los destinos del Reich estaba en manos del gran almirante.

¿Había alguna posibilidad? Dönitz era hombre de probabilidades, no un fastidioso entrometido como Himmler que, por entonces, dudaba en darle la mano a Eisenhower, caso de que tuviera oportunidad de saludarlo, o hacer alguna genuflexión en su presencia.

Dönitz sopesó y consideró con detalle las circunstancias y buscó la viabilidad. Si no se llegaba a una especie de alianza entre la Wehrmacht y los occidentales podría al menos conseguir ayudar a miles de soldados alemanes embolsados por los soviéticos o separados por sus líneas en lugares lejanos, como el Grupo de Ejércitos Norte, que combatía en Curlandia; las tropas del norte de Italia al mando de Kesselring (que se rindió el 2 de mayo); los trescientos mil soldados que estaban en Noruega con el general Lindemann y el 12º ejército del general Wenck, que permanecía posiblemente intacto con más de doscientos mil soldados, a pesar de que luego se demostró la inexactitud de tal creencia; y el Grupo de Ejércitos Centro del mariscal Ferdinand Schörner, estacionado en Praga y con la esperanza de entregarse a los norteamericanos.

Negociar una capitulación por zonas significaba en gran medida evitar lo que consideraba mucho peor, la sumisión al Ejército Rojo. Como buena parte de los implicados, Dönitz aseguraba en sus memorias:

> «Mi conocimiento del estado nacionalsocialista era entonces [momento de las negociaciones] muy limitado. Para asombro mío, sólo llegué a enterarme por completo después de la guerra»[4].

---

4 Karl Dönitz, *Diez años y veinte días*, Altaya, Barcelona, 2007, II tomo, pág. 702.

A través de semejantes alegatos, el almirante pretende alejar de sí la aberración del nazismo y por eso, en aquel periodo, veía como posibles los acomodos por zonas con los aliados. Es decir, y si hemos de creerle, altos jerarcas del régimen ignoraban, en buena medida, las circunstancias que la dictadura había prodigado desde febrero de 1933 hasta la capitulación de mayo del 45. Doce años de ignorancia, de ingenuidad e inocencia.

Sin embargo, tal como asegura Ian Kershaw[5], Hitler eligió al almirante, no para que negociara la rendición, sino porque en él veía al hombre capaz de proseguir la guerra hasta sus últimas consecuencias. Todo cambió tras su muerte y, después de valorar la situación, no quedaba nada: los soviéticos en Berlín, unidades de combatientes aislados y Alemania arrasada por los bombardeos. Un panorama desolador que sólo dejaba una alternativa: la negociación.

Dönitz recordaba que las instrucciones recibidas en el testamento de Hitler chocaban radicalmente contra su forma de entender el momento, y ya que lo facultaban para llevar a cabo las medidas que considerase oportunas, optó por salirse de semejantes directrices y buscar la negociación a fin de dar término a la guerra[6]. Se trataba, desde luego, de proteger a los soldados y a los civiles y de salvaguardar, y ahí el error del almirante, el estado nacionalsocialista o, al menos, una parte convenientemente adaptada a los tiempos de postguerra.

Pero la capitulación zonificada exigía necesariamente que los soldados alemanes iban a continuar batallando en según qué sectores, no solamente contra los soviéticos, sino también frente a los aliados occidentales en tanto no culminara algún acuerdo admisible. No se trataba de rendirse a los norteamericanos o a los británicos, sino de evitar que estos transfieran oficiales y tropas a los rusos, asunto que, en el caso del mariscal Schörner, por dar un ejemplo, no se cumplió, pues tras su detención fue entregado de inmediato a los soviéticos e internado en un campo de prisioneros durante diez años.

---

5 Ian Kershaw, *El final*, Crítica, Barcelona, 2022, pág. 386.
6 Dönitz, *opus cit.*, pág. 714.

Con todo, el almirante Karl Dönitz, el 5 de mayo instauró su gobierno provisional en la base naval de Mürwik, junto a Flensburg, Schleswig-Holstein, norte de Alemania, anunciando que iba a ser estrictamente apolítico[7] y no ideológico, pese a la presencia de buena parte de jerarcas nazis. Semejante detalle plasma todavía más la dirección de su modo de pensar. Además, conservó a los jefes del ejército o, al menos, a los que quedaban en pie. Tampoco tuvo el arrojo de liquidar el NSDAP, asunto que quizá le hubiera granjeado alguna prebenda, pero en aquellos momentos no tenía noticia del paradero de Bormann —que ya había muerto en Berlín— y ciertas euforias, debió pensar Dönitz, le podían costar muy caro.

En el fondo, y a través de la capitulación por zonas, el almirante pretendía la continuación del III Reich en algún lugar del territorio alemán y, en definitiva, el área que ocupaba en Flensburg todavía no había sido asaltada por los aliados, además, podía no estar lejano el día en que los occidentales emprendieran una guerra contra los soviéticos, motivo por el que parecía posible —siempre según su modo de pensar— que les conviniera mantener viva una Alemania libre y armada.

En tal coyuntura, las exigencias que los aliados tanto repetían —rendición incondicional en todos los frentes de las tropas alemanas tal como estaba decidido desde la conferencia de Casablanca en enero de 1943—, Eisenhower como comandante supremo y Montgomery como jefe de las guarniciones británicas, recibieron de parte del almirante Dönitz el más profundo rechazo. Suponía virtualmente y, en definitiva, la entrega de militares y civiles alemanes a los soviéticos y, ya fuera por la propaganda que Goebbels había radiado durante años —designando a los rusos como mongoles bárbaros y asiáticos salvajes— o por las evidencias que se iban conociendo de la actitud del Ejército Rojo, que llegaron a provocar miles de violaciones, robos y pillajes, y los consecuentes suicidios de

7 Ian Kershaw, *opus cit.*, pág. 391.

familias enteras, tanto la población como el gobierno de Dönitz no podían permitir semejante circunstancia.

Desde el otro lado, y en todos los casos, los aliados se negaron a aceptar las propuestas alemanas. Montgomery solamente admitió no entregar a los soviéticos soldados alemanes que huían del frente y se acercaban a sus líneas, considerándolos prisioneros de guerra. Exigió, además, la entrega de los buques de guerra germanos, con lo que cerraba el posible traslado por mar de las tropas que todavía luchaban al este. El requerimiento afectaba incluso al honor nacional —términos que Dönitz emplea con cierto sarcasmo en sus memorias—, dado que existía el precedente de Scapa Flow en la I Guerra Mundial, cuando los alemanes prefirieron hundir sus barcos a entregarlos a los vencedores. Pero Dönitz vio que aferrarse al decoro de la bandera significaba negar la capitulación parcial, así que se resignó al requisito que solicitaba Montgomery[8].

Sin embargo, las fechas se cerraban en la medida que el Ejército Rojo avanzaba rápidamente, con lo que buena parte de las tropas, situadas al este y frente a los rusos, optaron sencillamente por correr en dirección contraria, buscando la salvación y, claro, junto a los soldados iba una multitud de civiles que pretendía el mismo objetivo: resguardarse de la férula rusa abandonándolo todo y siguiendo el rastro del ejército.

El día 5 de mayo, en la primera reunión gubernamental, Dönitz firmó las cláusulas presentadas por Montgomery y fue entonces cuando radió el mensaje a los submarinos en el que informaba del fin a la guerra, añadiendo las circunstancias en las que quedaba Alemania y concretando cómo debían actuar los comandantes de los sumergibles, asunto éste que trataremos más adelante cuando hablemos de la operación *Regenbogen*.

En la medida que las rendiciones en los frentes occidentales se fueron sucediendo, Dönitz entendió que se desactivada la fórmula de capitulación incondicional mantenida por Eisenhower. Pero a

8 Dönitz, *opus cit.*, pág. 724.

pesar de aquella primera imagen, sus ilusiones se fueron diluyendo, ya que no pudo percibir la más mínima grieta entre los aliados.

Era evidente, Eisenhower sabía que un error, por minúsculo que fuera, podría herir la susceptibilidad de Stalin y traer gravísimas consecuencias. Bastante había tenido con expedientar a Patton durante la campaña de África, después en Sicilia, no dejándolo participar tampoco en Italia y habiéndolo constreñido a una actividad de pura decepción en Normandía, por muy exitosa que hubiera resultado, para después aguantar todas las groserías que se le ocurrían al general californiano en reuniones de clubes y ante la prensa, a pesar de que era su mejor general. Aquel era un foco de problemas y no quería correr más riesgos. Precisamente por aquel motivo había ordenado a Patton detener el 3er Ejército y quedarse justo en la línea establecida en Yalta, antes de traspasar la frontera checa.

Y ciertamente por eso, para no exponerse, el general Eisenhower exigía una rendición incondicional en todos los frentes, este y oeste, y la exigía de forma perentoria.

Por su parte, Dönitz pretendía salvar a los cerca de dos millones de soldados que en aquel momento todavía tenían frente a ellos al Ejército Rojo. Parecía una partida imposible, digna de los mejores jugadores, y requería que esos mismos contendientes supieran moverse adecuadamente en momentos en los que la vida o la muerte dependían de sus directrices. Un desliz, un movimiento incorrecto, una palabra mal entendida, podía tener graves derivaciones.

Por tal motivo, y apremiado por las demandas de Dwight D. Eisenhower, Dönitz encargó al almirante Hans-Georg von Friedeburg, jefe de la Kriegsmarine, que acudiera a Reims para participar en una reunión en el cuartel general del jefe supremo aliado, en aquel momento el Collège Moderne et Technique, a fin de explicarle directamente los obstáculos que impedían a los alemanes aceptar la rendición incondicional.

Quizá siguiendo órdenes de Dönitz o por propia iniciativa, Friedeburg quiso ser cauteloso y se envolvió en retrasos, dilaciones y esperas que para nada fueron del agrado de Eisenhower. Estaba claro que lo que pretendía el almirante era demorar las conversaciones y ganar tiempo para que más soldados alemanes pudieran abandonar el frente y acercarse al oeste.

Tales prórrogas se vieron finalmente interrumpidas por el general norteamericano que advirtió a Friedeburg con suspender cualquier clase de negociación en torno a la rendición alemana, dejando a sus soldados en manos rusas y continuando la ofensiva. Acto seguido, presentó una vez más la alternativa: rendición incondicional en todos los frentes. Parecía que la soga se iba cerrando cada vez más y que dejaba poco espacio para la respiración.

Aquel 5 de mayo, todavía se supo que el *Generaloberst* Lothar Rendulic, comandante del Grupo de Ejércitos Sur, había enviado al general Patton un mensaje para unificar las tropas de ambos contendientes y enfrentarse a los soviéticos[9]. Obviamente, la propuesta fue denegada, por muchos deseos que el general norteamericano hubiera podido albergar.

Ante el fracaso de Friedeburg, Dönitz resolvió remitir al general Jodl para que usara mayor persuasión ante Eisenhower, pero tampoco sirvió de nada[10]. El almirante prescribió a Jodl:

> «Insista usted en que una capitulación general se ajuste a las siguientes directrices: se fijarán dos plazos. En el primero cesarán los combates, pero las tropas alemanas podrán continuar moviéndose. En el segundo cesará esta facultad de desplazamiento. Trate de conseguir que el intervalo entre ambos términos sea el mayor posible y que en todo caso se permita la entrada de soldados aislados en las líneas del frente americano.»[11]

Al amanecer del 7, Jodl envió una nota telegráfica a Dönitz admitiendo su poca fortuna y advirtiéndole que Eisenhower presentaba las cosas con una línea muy clara: rendición incondicional en todos

9 Lothar Rendulic, *Luchas, victorias y derrotas*, Ediciones Sieghels, Buenos Aires, 2014, pág. 393

10 Percy Ernst Schramm, *Die Niederlage 1945. Aus dem Kriegstagebuch des Oberkommandos der Wehrmacht*, DTV, 1962, dokumente, 80/81.

11 Dönitz, *opus cit.*, pág. 729.

los frentes y de manera simultánea o reactivación de la guerra en el lado occidental. Obviamente, en Flensburg la noticia cayó con estrépito, pues según los cálculos de Dönitz, se necesitan entre una semana y diez días para hacer regresar a las tropas y a los civiles a zonas del oeste donde no llegara el Ejército Rojo[12].

Aquella madrugada del 7 y tras una hora de margen para que las comunicaciones entre Jodl y Dönitz fluyeran[13], el general germano debía presentar una respuesta. Por fin, tanto Jodl como Friedeburg, con la aquiescencia de Dönitz, muy consciente de las amenazas de Eisenhower, firmaron la rendición incondicional, que se presentó en los siguientes términos:

> «Las fuerzas bajo mando alemán cesarán las operaciones activas a las 23:01 horas de la Europa Central del 8 de mayo de 1945».

Tan sucinto mensaje, obra de los aliados, en el que no había especificaciones más allá de día y hora, ni mención a la capitulación siquiera, iba a exigir a los comandantes de las diferentes guarniciones germanas que interpretaran el texto a su conveniencia. Implicaba, desde luego, la rendición, pero daba un pequeño margen para escapar a occidente, dadas las fechas y las horas. Acaso esa fue la única concesión que permitió Eisenhower. Escueto y conciso, sobrio incluso, aunque, en alguna medida, humanitario. Con todo, hasta el 8 de mayo, los alemanes, mediante barcos y submarinos que navegaban por el Báltico, consiguieron rescatar más de dos millones de refugiados, a pesar de los ataques de los sumergibles rusos.

Sin embargo, la firma de la rendición alemana todavía había de tener otro capítulo. Al amanecer de aquel día 8 de mayo, la noticia de la capitulación llegó a Moscú, donde fue recibida con recelo, calificándola de inadmisible. La crítica guardaba una lógica demoledora, el general Iván Alexeievich Susloparov, jefe de enlace con los aliados y segundo de Zhukov, no había estado presente y, por

---

12 Dönitz, *ibidem*, pág. 711.

13 Percy Ernst Schramm, *opus cit.*, pág. 724.

supuesto, con los rusos en Berlín y tras la intensa batalla en la capital, no iban a dejar escapar la oportunidad de mostrar su fuerza.

En ese punto, y seguramente para atraerse a los soviéticos, Eisenhower reconoció que la anomalía debía resolverse. Por tal motivo, urgió a los alemanes a una nueva convocatoria donde se debía registrar la conformidad rusa, evitando susceptibilidades y dando paso a Susloparov y a la delegación soviética.

Tales suspicacias por parte de Moscú tenían un fundamento: ¿se trataba de una rendición pactada con los aliados occidentales, toda vez que el 3º de Patton se hallaba detenido a las puertas de la frontera austriaca? ¿Podría acaso suponer la firma una especie de convenio con los restos de las unidades alemanas para, en otras manos y con otras directrices, enfrentarse a los soldados de Zhukov y Konev? ¿No se traslucía quizá un incierto acuerdo entre aliados occidentales y alemanes? Al fin y al cabo, en aquellos instantes aún se producían combates entre rusos y alemanes en el intento de evacuación de estos últimos a través del Báltico.

Advertido por los recelos soviéticos, ese mismo día, Eisenhower voló a Berlín y mantuvo una reunión con los delegados aliados y, ya en la madrugada, se firmó el acuerdo definitivo en el cuartel general del mariscal Zhukov, el colegio de Ingeniería Militar de Karlshorst, donde estuvieron presentes los representantes germanos Stumpff, Keitel y Friedeburg, llegados en vuelo desde Flensburg a bordo de un avión de transporte americano, y los comandantes norteamericanos, el general Spaatz, jefe de las fuerzas áreas de EE. UU. en Europa, el comandante Tedder, segundo de Eisenhower, el general Jean de Lattre de Tassigny, comandante jefe de las fuerzas francesas en Alemania y, por parte soviética, el mariscal Zhukov.

Los británicos, por su lado, habían aceptado la capitulación alemana el 4 de mayo en Lüneburg, al suroeste de Hamburgo, donde estaba acuartelado el mariscal Bernard Montgomery, jefe del 21º Grupo de Ejércitos británicos.

De izquierda a derecha, los generales Hans-Jürgen Stumpff, Wilhelm Keitel y el almirante Hans-Georg von Friedeburg sentados en la mesa de capitulación en Berlín.

Los legados alemanes en el cuartel de la SHAEF (de izquierda a derecha), comandante Wilhelm Oxenius, ayudante del general Jodl, general Alfred Jodl y el almirante Hans-Georg von Friedeburg, jefe de la Kriegsmarine firmando la rendición. Reims, Musée de la Reddition. Source: Franklin D. Roosevelt Library (https://www.archives.gov) domaine public

Karl Dönitz.

El Reich de los veintitrés días

Resulta interesante conocer algunas afirmaciones que aparecen, a veces de forma extemporánea, en el libro de memorias del almirante Karl Dönitz, *Diez años y veinte días,* ya citado. Por ejemplo, el 7 de mayo, los enviados a la firma en Reims trajeron a Mürwik un ejemplar de la revista militar norteamericana *Stars and Stripes* en la que se reproducían fotografías recientes de los campos de concentración. La revista llegó al cuartel de Dönitz que, al ver tales imágenes, se asombró, pero poco después pudo comprobarlas en directo pues, en aquellos mismos días, un buque fondeó en Flensburg con personas huidas de los campos. Dönitz, decíamos, se asombró, pero también se sorprendió y se espantó:

> «¿Cómo ha sido posible? ¿Cómo pudieron haber sucedido cosas semejantes en Alemania sin que hubiese sabido nada? Lo que llegué a saber, en los meses del 1945, que siguieron a la capitulación, y durante el año 1946, sobre los aspectos inhumanos del sistema nacionalsocialista, me produjo un efecto muy profundo»[14].

Esta reflexión se acompaña, por supuesto, del oportuno subterfugio: la jefatura de la guerra submarina llenaba su tiempo, par-

14 Dönitz, *opus cit.*, pág. 737.

ticipaba en reuniones militares y solo atendía a cuestiones de esa índole, todo aquello lo absorbió de tal modo que consumió completamente su capacidad de trabajo. Finalmente, se hace una pregunta que no responde:

> «¿Qué habría hecho yo de haberlo sabido antes?»[15]

Al no existir contestación, el almirante Karl Dönitz asegura que se había separado del funesto ascendiente de Himmler y que el 6 de mayo lo destituyó de todas sus funciones, pero nada dice del ambiente de terror creado en el Reich durante la dictadura, como si la terrible hoguera de los campos tapara las ignominias de años de opresión y tiranía, o como si la fusión del partido con el Estado y la consiguiente asunción de valores nacionalsocialistas por los ciudadanos, con la aberración del adoctrinamiento social y militar, hasta con la consigna de aceptar la hecatombe si no eran capaces de vencer, no fueran razones suficientes como para hacer sospechar del atroz desvarío del régimen.

El almirante se arrepiente de no haber capturado al *Reichsführer* cuando lo tuvo delante, el 2 de mayo, medida que bien hubiera podido traerle algún beneficio de cara a las negociaciones con los aliados, pero, y es cierto, Himmler todavía en aquel momento disponía de mando sobre algunos sectores de las SS, asunto que Dönitz consideró como un serio inconveniente, dado que tales atribuciones lo resguardaban de cualquier contingencia.

Tras la firma de la capitulación, de alguna manera y a pesar de haber perdido el mando de las tropas, Dönitz y su gobierno todavía mantenían vivo el III Reich. En cierto modo, aspiraban a conservar un determinado ejercicio político que diera cobertura a los ciudadanos alemanes respecto de cuestiones alimentarias, sanitarias y con relación al reagrupamiento de los soldados.

Por eso, a pesar de no disponer más que de aquellas personas que no estaban en territorios ocupados y que podían, por tanto, moverse con libertad, Dönitz propuso al anterior ministro de Finanzas del

---

15 *Ibidem*, pág. 739.

Reich, conde Johann Ludwig Graf Schwerin-Krosigk, como canciller del gobierno, extendiendo sus funciones al ministerio de Hacienda y al de Asuntos Exteriores. Presentó, además, a Wilhelm Stuckart para el ministerio de interior y de cultura, un abogado nazi que anteriormente había colaborado para formular las leyes raciales. También a Albert Speer, que había sido ministro de armamento con Hitler y era un destacado arquitecto, en Economía, a Herbert Backe, *Obergruppenführer* de las SS, para agricultura y alimentación, a Franz Seldte como ministro de trabajo, que ya lo había sido con Hitler, y a Julius Dorpmüller, que también fue ministro con Hitler, para Transportes y Comunicaciones. Por otra parte, y en la misma línea, dio el mando del Estado Mayor de la Wehrmacht a Jodl, asunto que incluía las negociaciones con los aliados occidentales, en tanto que Keitel —que hablaba ruso, dado que había pasado largo tiempo en la URSS como comisionado de la Reichswehr—, se haría cargo de las negociaciones con los soviéticos.

Hasta ahí llegaba el dislate de Dönitz, y más todavía si se recuerda su intención de formar un gobierno apolítico y sin marcas ideológicas, una especie de directorio de tecnócratas de gestión postbélica. ¿Era posible creer semejante argucia —por no decir, simulación o engaño— atendiendo a las diferentes trayectorias de los ministros escogidos?

El gabinete instalado en Flensburg dirigió a los representantes aliados varios paquetes de medidas, pero pronto se percataron de la ineficacia de sus disposiciones, a pesar de que Dönitz se sentía en aquel tiempo el legítimo representante del Estado alemán y, no obstante la ocupación por zonas de los ejércitos vencedores, pretendía continuar su labor para evitar la disgregación del país. Se propuso, incluso, disponer unas elecciones, pero los inspectores aliados prestaron nula atención a su proyecto. A mediados de mayo, Dönitz se enteró que el general Eisenhower había decidido que debía ser apartado de aquel gobierno provisional, asunto que el almirante entendió como un gesto ante los soviéticos[16].

16 Dönitz, *opus cit.,* pág. 746

El 16 de mayo, Robert Murphy, asesor político del SHAEF, visitó Flensburg, manteniendo una conversación con los mandos del OKW. La entrevista fue breve, y se limitó a hacer entender a los presentes la inoperancia de su gobierno.

El 17, Murphy concluyó, en el informe que presentó a Eisenhower, que el almirante Dönitz de ningún modo había sido aprobado por los aliados, pues su mandato pivotaba en el testamento de Hitler, asunto que lo inhabilitaba absolutamente. Por otra parte, Murphy describió al supuesto gobierno provisional del Reich como un *grupo melancólico* alejado del paisaje de devastación y ruina que se podía ver en Alemania[17]. Añadiendo también que Dönitz en ningún momento demostró arrepentimiento alguno por los actos de Alemania, acompañando sus palabras con una reflexión sorprendente respecto a la disciplina que el Führer había conseguido mantener. Murphy recomendaba, a modo de conclusión, que el gobierno de Dönitz debía desmantelarse de inmediato.

Por su parte, el general Lucius Clay, que pocos años después abriría un puente aéreo para trasladar ciudadanos alemanes desde la zona soviética a la norteamericana, explicó que Dönitz y su gobierno formaban parte de la relación de criminales de guerra[18] pendientes de ser entregados a los aliados, con lo que cualquier reconocimiento de una administración encabezada por el almirante supondría un embrollo de impredecibles consecuencias en la prensa y ante los rusos.

El Ejército Rojo, al mando del general Truskov, llegó a Flensburg al día siguiente, el 18 de mayo, e inmediatamente se puso en comunicación con Zhukov, que mandó un mensaje de radio:

> «El gobierno de la Unión Soviética y el Alto Mando Soviético no tienen nada en contra del arresto de todos los miembros del llamado gobierno de Dönitz».

---

17 Marlis G. Steinert, «The Allied Decision to Arrest the Dönitz Government», *The Historical Journal*, 31, 3, 1988, pág. 659.

18 En el caso del almirante Dönitz se refería a la orden n.º 154, por la que se negaba ayuda a los náufragos en los ataques de submarinos.

Eisenhower entendió que la comunicación del mariscal Zhukov le daba vía libre y, a su vez, radió al CCS[19]:

> «Considero una indicación adecuada de la política soviética en este asunto y estoy emitiendo órdenes para la detención anticipada del almirante Dönitz y su partido en Flensburg».

En aquellos días hubo cierta alarma por parte de la prensa rusa respecto al tiempo pasado sin que el supuesto gobierno alemán hubiera sido detenido, pero el 23 de mayo, Dönitz y sus ministros, militares y civiles, fueron apresados por miembros de la 11ª División Acorazada británica. Hay que remarcar que la delegación soviética, una comisión de quince miembros dirigida por el general Truskov, como se ha dicho, se unió al comité de control de la SHAEF.

Un oficial se dirigió a la sede del gobierno en Flensburg. Desde allí condujo a Dönitz, Friedeburg y Jodl a bordo del Vaterland (Patria, en alemán), un buque para transporte de pasajeros fondeado en la Base Naval Flensburg-Mürwik, donde fueron recibidos por el general de división Rooks, jefe de la Comisión de Control norteamericana.

Sin apenas formalidad, al menos según palabras de Dönitz, Rooks, circundado por el capitán británico de navío Mund y el general Truskov, les expuso sus órdenes. Un intérprete tradujo las palabras:

> «Caballeros, he recibido instrucciones del comandante en jefe, general Eisenhower, de acuerdo con el Alto Mando soviético, de comunicarles que el Gobierno del Reich en funciones y el Alto Mando de la Wehrmacht deben considerarse prisioneros. El Gobierno del Reich en funciones ha quedado disuelto. Esta medida va a llevarse a la práctica sin pérdida de tiempo. Cada uno de ustedes debe considerarse desde este momento prisionero de guerra. Cuando abandonen esta sala, los acompañará un oficial aliado

19 CCS: Comité de jefes de Estado Mayor Aliados.

> hasta sus alojamientos, donde harán las maletas, comerán y resolverán sus asuntos privados. ¿Tienen ustedes algo que alegar?».

No hubo respuesta por parte alemana, salvo un *todo sería inútil*, atribuible a Dönitz[20]. Desde ese momento eran prisioneros de guerra. Al descender de la cubierta, pudieron ver el despliegue de carros y soldados británicos. Cumplidos los menesteres anunciados —momento que el almirante Hans-Georg von Friedeburg aprovechó para ingerir una cápsula de cianuro—, fueron desnudados y cacheados en busca de veneno. Inmediatamente después quedaron bajo custodia de un escuadrón de la RAF dirigido por el comandante Mark Hobden.

A continuación, los detenidos pasaron a manos del regimiento de Infantería Ligera de Shropshire del Rey siendo trasladados, a partir de ese momento, a diversos lugares. Por ejemplo, Speer al campo británico de Dustbin en Castle Kransberg y Dönitz a Ashcan, dirigido por Estados Unidos. Allí esperaron a que se les juzgase en Núremberg.

Un poco más tarde, el 5 de junio, la radio de Berlín difundía un comunicado en los siguientes términos:

> «Los gobiernos de los Estados Unidos de América, la Unión de Repúblicas Socialistas Soviéticas y el Reino Unido, y el Gobierno Provisional de la República francesa, asumen por la presente la autoridad suprema con respecto a Alemania, incluidos todos los poderes que posee el Gobierno alemán, el Alto Mando y cualquier gobierno o autoridad estatal, municipal o local. La asunción, a los efectos antes indicados, de dicha autoridad y poderes no afecta a la anexión de Alemania».

---

20 En las memorias de Dönitz se recoge un comentario similar: *sobran todas las palabras*, opus cit., pág. 747.

Unos meses después, el 20 de septiembre, el Consejo de Control Aliado sancionó la Kontrollratsgesetz n.º 1, que suponía la derogación de las leyes nacionalsocialistas[21].

21 Karl Loewenstein, «Derecho y proceso legislativo en Alemania ocupada», *Yale Law Journal - Revista de Derecho de la Universidad de Yale*, 1948, y Sanya Romeike, *La justicia transicional en Alemania después de 1945 y después de 1989*, Academia Internacional de los Principios de Núremberg, 2016.

La leyenda del líder dormido

No fue el sebastianismo la primera corriente en Europa que se constituía a través de una extraña fórmula: nostalgia y activismo político. En efecto, el 4 de agosto de 1578, tras el desastre de la batalla de Alcazarquivir, la corona portuguesa quedó descabezada y su rey don Sebastián perdido en las arenas marroquíes. A partir de aquel momento se desarrolló el mito del rey vagamundo que algún día regresaría a su trono. Es cierto, de todos modos, como dice el cronista Bernardo da Cruz, que su cuerpo fue identificado y enterrado en el campo de batalla, pero ya era tarde, la leyenda campaba a sus anchas y muchos, como el padre Viera, se aferraron al mito y creyeron que don Sebastián volvería en algún momento para restablecer el reino.

Tal ficción pudiera quizá entroncar, mezclando melancolía y liderazgo, con la tradición inglesa del rey Arturo, desarrollada a partir del siglo XII por el obispo Geoffrey de Monmouth, donde el cuerpo del rey es depositado en la ribera del Avalon por Morgana, mientras la espada Excalibur retorna a la Dama del Lago, hada de la mitología celta cercana a Merlín.

En Alemania, por su parte, se sitúa la leyenda de Federico I de Hohenstaufen, llamado Barbarroja. Precisamente por ese apodo y en su recuerdo y memoria, la invasión de la URSS llevó su nombre. Fue iniciativa, en principio, del profesor Paul Kirn, que a finales de

1933 había rubricado el juramento de las universidades alemanas con Adolf Hitler y que desde 1935 era titular de Historia Medieval en Frankfurt. Con todo, el anuncio que estableció el vínculo del emperador Barbarroja con la invasión de la URSS apareció el 18 de diciembre de 1940 en la Directiva 21, tras la aprobación de Hitler, y suponía, claro está, la definitiva absorción nacionalista del mito del emperador Federico por el nazismo[22].

Según los relatos medievales, el rey seguía vivo a la espera de que el reino lo requiriera, dormido bajo una inmensa montaña, el Kyffhäuser. Aunque en un principio tal mito tuvo origen en su nieto, Federico II, conocido como *stupor mundi*, los hermanos Grimm reconstruyeron el relato, desviando al nieto y ensalzando al abuelo. Se dijo que Federico II había descendido al cráter del Etna y, a pesar de su muerte en 1250, la ficción pervivió, pero aplicada, como decimos, al abuelo, mucho más conveniente desde según qué perspectivas políticas.

Recogido por los hermanos Grimm[23] en un cuento, el rey oculto en la montaña ordena a un cuervo salir de vez en cuando de la enorme caverna para otear el panorama a la vez que pregunta a un pastor acerca del pájaro. Si continúa volando alrededor de la cima, el rey vuelve a dormir. Cuando el cuervo muera, será la señal para que el rey resurja.

En 1923, Dietrich Schäfer, profesor de historia en varias universidades alemanas, principalmente en Berlín desde 1903 y después en Heidelberg, y proclive a la derecha nacionalista, perteneciente desde 1917 al Vaterlandspartei (Partido de la Patria) y también vinculado al esfuerzo submarino durante la Gran Guerra[24], había escrito un texto más o menos divulgativo con el siguiente párrafo:

---

22 John B. Freed, *Frederick Barbarossa. The prince and the myth,* Yale University Press, London, 2016, pág. 533.

23 Jacob y Wilhelm Grimm, *Deutsche Sagen, Kaiser Karl im Untersberg,* Winkler, München, 1965

24 Wolfgang J. Mommsen, *Wissenschaft, Krieg und die Berliner Akademie der Wissenschaften,* Die Preussische Akademie der Wissenschaften zu Berlin, 1914 - 1945. Berlin, 2000.

> «En la medida en que nuestra nación recuerda su historia medieval, la figura de Federico Barbarroja ocupa el primer plano de su memoria... El marco teutónico perfecto de Federico contenía un alma igualmente sublime. Su valor caballeresco adornaba su majestad no menos que este valor lo ennoblecía. Era un hombre de una rara sensibilidad espiritual, digno en todos los sentidos de su posición. Él poseía una comprensión del poder, algo necesario para cada gobernante, en el más alto grado... Cuando todo está dicho y hecho, Federico, junto con Otón el Grande, fue el mayor gobernante que tuvo nuestra nación en la Edad Media»[25].

Tras la caída de Berlín, tales precisiones y leyendas parecían oportunas para trazar un ambiente de regeneración e incluso de restauración del III Reich. Resulta asombroso, y puede que hasta incluso ridículo, pero buena parte de la población alemana alentó algo similar: el Führer había desaparecido, pero esperaba en algún lugar, preparado para retornar y establecer su dominio venciendo a los enemigos.

No era extraño, por pasmo que produzca, que una población desalentada, destruida hasta en los más primordiales elementos y con una perspectiva aterradora, fuera capaz de animar semejantes fantasías. El mito del Führer vivo se expandía porque nada en aquellas mentes era capaz de asir desde el raciocinio algún resquicio de esperanza y una lejana luz, un chispazo de certidumbre, podía salvar de la desesperación a millones de alemanes. Estaba, además, la propaganda que durante años se había encargado de difundir el Reich a través de su ministro Joseph Goebbels, sujeto artero y de innegable habilidad.

Bien, pues tal estado de ánimo entroncaba con otra época pasada, por más que no remota: finales del siglo XIX. En esas fechas se erigió a Barbarroja un majestuoso monumento de aire modernista de ochocientos metros de largo, con detalles deliberadamente ásperos, donde a la mampostería irregular y sin pulimentación se unían tres

---

25 John B. Freed, *opus cit.*, pág. XVII de la Introducción.

arcadas sostenidas por columnas de fuste breve. El emperador aparecía sentado y con luengas barbas, señal de su larga postración, a su lado se encontraban dos figuras alegóricas, la historia, que le presentaba la corona de la victoria, y un guerrero, símbolo de la fuerza. Encima de los arcos, otra imagen en bronce del emperador, esta vez se trataba de una soberbia escultura ecuestre. Por encima, una torre de ochenta metros coronada por el escudo con el águila germana. Fue diseñado por Bruno Schmitz, justo en las montañas de Kyffhäuser, en lo que eran las ruinas de un viejo castillo medieval.

El origen del monumento partió de la Deutscher Kriegerbund (Liga Alemana de Combatientes) establecida en Prusia en 1872, pero que en 1939 substituyó el nombre por NS-Reichskriegerbund Kyffhäuser (Liga Kyffhäuser de soldados del Reich), llegando a transformase en una institución del estado[26].

Por tanto, en 1945, convertir en leyenda o en mito la desaparición de Hitler no era, ni mucho menos, una opción rebuscada o absurda, sino la perfecta convergencia de un pasado que se consideraba glorioso con un asunto de rigurosa actualidad. Hasta cierto punto, una especie de colectivización del recuerdo cuyo trasfondo pervivía en individuos capaces de desatender la perspectiva histórica y llevarla, en un juego de deseos propio de intereses fervorosos, al tiempo presente. Tal adaptación requería e implicaba postulados no menos sugestivos, es decir, la propia posición histórica respecto del momento, dotando de vigencia al pasado y convirtiéndolo en futuro.

Semejantes ideas entraban, desde luego, en el margen de lo mágico, al que tan aficionados eran algunos jerarcas del III Reich, con su corte de astrólogos y videntes, desde Elsbeth Ebertin a Erik Jan Hanussen o Wilhelm Wulff, pero no es del todo esa posibilidad la que debe contemplarse. El mito del caudillo yacente, del Führer dormido en las entrañas del Kyffhäuser, no era un destello más del

26 Johannes Sträter, *El recuerdo histórico y la construcción de significados políticos. El monumento al emperador Guillermo en la montaña de Kyffhäuser*, Historia y Política, núm. 1, abril 1999.

misticismo nacionalsocialista, sino una plasmación, un recuerdo alojado en lo más profundo del pensamiento popular alemán desde muchas centurias atrás que, ahora (1945) cobraba nuevas fuerzas.

De hecho, en una novela satírica de 1966 escrita por Otto Basil, *Wenn das der Führer wüsste*[27] se juega con esa posibilidad: Hitler es enterrado después de ganar la guerra en el Kyffhäuser en un funeral extraordinario, mientras el III Reich campea victorioso por el mundo, junto a sus aliados japoneses. La referencia es interesante porque da en el clavo de las aspiraciones de muchos alemanes que creyeron en la posibilidad del regreso del Führer, y las montañas del Kyffhäuser eran la clave: allí convergían determinadas fuerzas telúricas capaces de devolver la vida al rey dormido, al caudillo provisionalmente vencido y, en consecuencia, a una desconcertante vinculación de Federico Barbarroja con Hitler.

Tales muestras del irracionalismo más inadmisible pueden parecer simples puerilidades e increíbles disparates impropios de una cultura que había albergado lo más granado de la filosofía, pero no olvidemos que esa misma ciudadanía había votado en 1933 al NSDAP, encumbrando a la cancillería a Adolf Hitler.

Toda esta maraña, junto a la falta absoluta de esperanza tras la derrota, la aparente desaparición del Führer después de una cremación que acaso pudo contener elementos oscuros y que fácilmente se pudieron convertir en esotéricos, las dudas sembradas por Stalin, la particular aquiescencia de los aliados y la voracidad de la prensa produjo los ingredientes necesarios para construir la leyenda entorno a la muerte de Hitler[28]

27 Otto Basil, *Si el Führer lo supiera*, Sexto Piso, Madrid, 2018.

28 Para una ampliación del tema, por más que circunscrito a los primeros tiempos del nazismo, léase el trabajo de Karl Führer, *Der Deutsche Reichskriegerbund Kyffhäuser 1930—1934*, Militaergeschichtliche Zeitschrift, vol. 36, nº. 2, 1984.

Hitler, el no filósofo

Hitler no fue un erudito, y como dice la profesora Yvonne Sherratt[29], en ocasiones sus intervenciones en torno a filosofía alemana no pasaban de rudimentarias y de escaso valor. Lo que viene a demostrar unas lecturas rápidas y seguramente sin demasiado ahínco. Por lo tanto, el conocimiento de la tradición filosófica de los siglos anteriores, desde Kant a Nietzsche, consistía en citas espigadas que daban color a sus discursos y poco más. Cuestión, desde luego, que demuestra la escasa valoración que de esa filosofía hacía el auditorio, al que se le podía filtrar cualquier referencia sin contexto ni explicación, y materia que contrasta con la elevada consideración de la filosofía en la tradición alemana.

Por otra parte, Hitler no solía hacer citas indicando la procedencia o el autor, sino que incluía frases sueltas en su discurso como cosa propia, asunto que el público no advertía, desde luego. Un intrigante como Hitler podía aludir a Nietzsche que, por otra parte, permite muchas sentencias antisemitas, desembarazadamente y sin haber ni siquiera intentado profundizar en lo dicho por el filósofo del Zaratustra. Lo plagiaba sin cortapisas, apropiándose de comentarios y fragmentos repitiéndolos sin pudor en sus discursos.

---

29 Yvonne Sherratt, *Los filósofos de Hitler*, Cátedra, 2014

Algo similar puede decirse respecto de Wagner, del que Hitler admiraba el haber convertido antiguas leyendas germánicas en fastuosas óperas románticas en las que se mezclaba la sublime música con la excelente factura de la puesta en escena. Sin embargo, la admiración hacia Wagner, fallecido hacía cincuenta años, iba por otro lado, se trataba de contemplar la supuesta sustitución de un panteón latino y cristiano (no en todos los casos, desde luego, pues véase o, mejor, óigase Parsifal, Lohengrin o Tannhäuser) por otro de cariz germánico donde cabían modelos de comportamiento de honda raíz militarista. Se trataba, desde luego, de una selección, no todo Wagner respondía, ni mucho menos, a las inclinaciones hitlerianas.

Además, los conceptos generales de guerra, potencia, pueblo y raza podían ser sustraídos de muchos autores, con lo que su inclusión en los discursos de Hitler, sin indicación de origen ni definición, permitía sembrar el germen de una soflama nacionalista cuyo resultado era hacer creer a los oyentes que estaban escuchando una muy sólida personalidad filosófica, incluso metafísica, capaz de manejar recursos de primer orden, darles un cariz nuevo y cimentar un pensamiento inagotable que oscilaba entre comentarios espigados de Kant, Hegel, Nietzsche o Darwin.

Interesante detalle. El Charles Darwin leído en la Alemania anterior a la I Guerra Mundial era en gran medida trasposición interpretada por Ernst Haeckel, catedrático de zoología de la Universidad de Jena que llegó a vender sus libros por millares, y en cuya almibarada prosa se escondía un agrio sabor que le permitía censurar el uso de la medicina a favor de las personas que consideraba racialmente insignificantes a fin de progresar en la selección natural. Semejante doctrina dejará en el Hitler maduro una huella imborrable, habiendo incorporado en sus alocuciones numerosos conceptos del profesor Haeckel y constituyendo, en definitiva, una de las pilastras en las que se sustentó el ideario nazi que más tarde dio pie al holocausto y a los programas de eutanasia Aktion T4, donde se gasearon inválidos, ancianos, enfermos mentales o personas que manifestaran alguna deformidad física.

Por otra parte, durante el periodo que Sherratt menciona muchas veces, el de la estancia en la cárcel de Landsberg (desde marzo hasta diciembre de 1924), Hitler estuvo asistido en todo momento por Rudolf Hess que, no obstante, en el libro de la profesora de la Universidad de Bristol, pasa prácticamente desapercibido. Ese Hess inadvertido no era precisamente un hombre descuidado o el callado amanuense del *Mein Kampf*, sino el estudiante de economía política —inclinado al esoterismo, al ocultismo, a la astrología y a la homeopatía[30]— ganador del primer premio del concurso de composición organizado por la Universidad de Múnich en 1922 bajo el lema:

«¿Cómo será el hombre que ha de llevar Alemania a lo alto?».

Efectivamente, el 29 de julio de 1921, Adolf Hitler es proclamado jefe del NSDAP y desde ese momento empezó a ser llamado Führer, de hecho, muchos presos y funcionarios de Landsberg lo denominaban así. Necesitaba a todas luces un relato laudatorio, una biografía y una leyenda. La biografía fue tapada y borrada de los archivos cuando los nazis llegaron al poder, dado que esbozaba a un Hitler vagabundo que alternaba entre la tristeza de su condición y un perfil de excombatiente abatido por los sinsabores de continuos fracasos sociales y académicos. Pero la creación de la leyenda fue obra de Rudolf Hess, como decimos, escrita en 1922, y que ya contiene la síntesis del Führer puro e invencible, alejado de las masas y libertador:

> «La fe en la pureza de la propia causa... y la voluntad indomable le dan la fuerza del discurso apasionante que lleva a las masas al júbilo. Por la salvación de la nación, no rehúye usar las armas del enemigo, es decir, la demagogia, los clichés, los lugares comunes, etc. Allí donde ha desaparecido la autoridad, sólo el recurso al pueblo restituye la autoridad... Con la fuerza de sus palabras arrastra a los trabajadores hacia un nacionalismo despiadado, como

30 Pierre Servent, *Rudolf Hess, le dernière énigme du Troisième Reich*, Perrin, París, 2019, pág. 10.

Mussolini, y desgarra la visión del mundo del marxismo y del internacionalismo social. En su lugar, pone el pensamiento social y nacional. En ese sentido educa a los trabajadores manuales igual que a la llamada clase intelectual. El interés de todos prevalece sobre el interés del individuo: primero la nación y luego el ego... El Führer debe resumir en sí mismo las sanas tendencias espirituales de su tiempo y luego volver a lanzarlas, fundidas en una idea electrizante, en la masa... Pero él mismo no tiene nada en común con la masa, es todo personalidad, como cualquier grande. La fuerza de la personalidad irradia algo que necesariamente cautiva a los que lo rodean y luego se extiende a círculos cada vez más amplios. El pueblo anhela un verdadero Führer libre de cualquier negociación partidista, un Führer puro, dotado de autenticidad interior. Todavía no sabemos cuándo vendrá este "hombre" salvífico, pero millones sienten que está llegando»[31].

Con un tono tendenciosamente místico, Hess dibujaba un nacionalismo cuyos contenidos descansaban en el concepto revelado de la fe, asunto capital para cualquier discurso providencialista, además de anular al individuo y propugnar enfáticamente el *nosotros* que, en ese caso, equivalía al pueblo[32], es decir, a la nación supeditada a un redentor de marcada personalidad, o sea, provisto de una distinción mesiánica capaz del sacrificio más áspero en pos del supuesto bien de ese manoseado concepto de pueblo.

Con todo, las palabras de Hess, que se hallan reproducidas con algunas variaciones en cualquier biografía del sujeto referido y que se habían recogido en *Rudolf Hess, der Stellvertreter des Führers*[33], editado en Berlín en 1933, se escribieron cuando Hitler era un habitual

31 Ludolf Herbst, *Il carisma di Hitler: l'invenzione di un messia tedesco*, Storie Feltrinelli, Milán, 2011. Traducción del autor.

32 No vamos a entrar en el debate que todos los vocabularios nacionalistas presentan del término *pueblo*, equivalente del *volk* alemán, desde la marca Volkswagen, coche del pueblo, hasta el uso habitual de Defensor del pueblo, y a su uso identitario, felizmente sustituido por el término *ciudadano*, o sea, individuo sujeto a leyes democráticas que lo obligan y a la vez lo protegen.

33 *Rudolf Hess, der Stellvertreter des Führers* podría traducirse como *Rudolf Hess, el lugarteniente del Führer.*

de las tertulias y cafés muniqueses y Hess acudía a oír sus intervenciones. Aquellos primeros discursos, según Pierre Servent, pudieran parecer una especie de parusía anticristiana[34], donde el estudiante de economía política se entregaba de forma absoluta, deslumbrado por el que ya era líder indiscutible del NSDAP, aceptando el aglomerado de nacionalismo, racismo y antisemitismo que emanaba, y haciéndolo suyo.

Pero ¿cómo se consigue sellar el círculo entre el mito del rey dormido bajo el Kyffhäuser y el Führer invencible? De acuerdo con la tradición más acrisolada, y como acabamos de indicar, solo es posible mediante la inmolación que, una vez renovado en un tiempo sin determinar, conducirá al retorno del rey, en este caso, del Führer. De ahí surge la leyenda del Führer inmortal, del líder que ha escapado en el último momento y que vive, postrado, pero en espera, en algún lugar de la geografía alemana o, dadas las circunstancias, mundial.

En este punto, sin embargo, recordamos la perspectiva en clave wagneriana del final de Hitler que plantea Hugh Trevor-Roper en su libro *The Last Days of Hitler*[35]. La propuesta del historiador británico, que seguiremos en otros ámbitos con satisfacción, nos parece en este punto un tremendo espejismo. No existió, pensamos, en el suicido de Hitler la menor nota de homenaje al modo y manera vikinga ni wagnerianismo alguno, ni caída de los dioses, ni llamas en el Walhalla, sino la muerte de un megalómano junto a su esposa y por circunstancias que en absoluto podía admitir. Nada hubo de heroico ni de mesiánico, ni buscó la heroicidad ni el patetismo, sino el colofón de una trayectoria enloquecida. No necesitó trompetería wagneriana ni sublimes coros, solo un tiro a puerta cerrada, una cápsula de cianuro y la incineración en el hueco que había dejado

34 Pierre Servent, *opus cit.*, pág. 77

35 Hugh Trevor-Roper, *The Last Days of Hitler*, Macmillan, Londres y Nueva York, edición prácticamente simultánea, 1947, con traducción española de editorial Crítica en octubre de 2020. En lo que respecta al ceremonial wagneriano, Trevor-Roper desarrolla el asunto en el capítulo *La muerte de Hitler*, págs. 204-229.

una granada en un jardín maltrecho, mediante litros de gasolina durante un colosal bombardeo artillero soviético. Nada de épico ni de apocalíptico. No fue así el fin de Sigfrido ni el de Brunilda, la valquiria, desde luego.

Con todo, la leyenda del Führer invencible —que desde luego no resulta en absoluto un trasunto wagneriano—, una vez se asienta en el poder o, reducido a terminología pragmática, cuando es proclamado canciller y a medida que pasan los años, después del atentado de julio del 44, da instrucciones a su oficialía, al menos en la que todavía puede confiar, para que eduque a los soldados en una voluntad sin límites de destruir y odiar. Es obvio que se trata de un combate desesperado, pero es que la extensión de tal fracaso se dilata a decenas de cursos de formación asentados en el más puro rencor y dirigidos por oficiales de la Wehrmacht adheridos a los NSFO (*Nationalsozialistiche Führungsoffiziere*, una especie de instructores de los preceptos nazis, que no filósofos) que, a su vez, son furibundos miembros del partido[36]. Por supuesto que no vamos a cuestionar la honda perturbación que atenaza al Führer —ese ser con aires de filántropo salvífico que tantos estaban esperando, según escribía Rudolf Hess—, sino a los miles de individuos que respaldan, ciegos de resentimiento, sus dictados. La consecuencia más inmediata es recordar, en cifras que da Kershaw, los cerca de siete mil suicidios acaecidos en Berlín en vísperas de la capitulación[37], de los que se han de descontar los que fueran inducidos por pánico al Ejército Rojo.

Y, una vez muerto Hitler, ¿qué quedó? ¿Qué permaneció de todo el edificio nacionalsocialista? La rendición incondicional y el mito del Führer desaparecido y oculto en Argentina, en Suiza o en la Antártida, o sea, metafóricamente, bajo las rocas del Kyffhäuser.

---

36 Ian Kershaw, *opus cit.*, pág. 64.

37 *Ibidem.*, pág. 388

El incendio del Reichstag como fuego iniciático

Poco después de la entrega de la cancillería a Hitler, mientras Hindenburg y Papen todavía creían que la cercanía al poder y el abismo que conllevaba producirían un aquietamiento tanto en las formas como en los hechos del líder nacionalsocialista, se produjo el incendio que destruyó el parlamento alemán, el Reichstag. Tal contingencia, si realmente fue así, trajo los primeros síntomas de la dictadura que en poco tiempo se iba a cerner sobre Alemania.

En efecto, la noche del 27 de febrero de 1933, el edificio que había hospedado a los parlamentarios del II Reich quedó convertido en escombros y ruinas humeantes. Se acusó a un muchacho holandés de obediencia comunista, ejecutado unos meses después, pero aquellos hechos dieron pie al *Reichstagsbrandverordnung* o Decreto del presidente del Reich para la protección del pueblo y el Estado de 28 de febrero, esto es, del día siguiente. Firmado por el mariscal Hindenburg y con Hitler en la cancillería, dejaba claro que la autoría de los hechos recaía en los comunistas, dispuestos a provocar un levantamiento con vistas a instaurar el soviet en Berlín y extenderlo al resto de la república.

El documento citado era una clara manifestación legislativa que anunciaba las intenciones del canciller, suspendiendo la libertad de expresión, instaurando la censura en la prensa, condicionando la libertad de movimientos, restringiendo la facultad de asociación y de reunión y autorizando a la policía a practicar todo tipo de registros domiciliarios y confiscaciones de materiales considerados desde ese momento subversivos. Establecía, además, la pena de muerte para quienes manifestaran resistencia a las autoridades y daba los primeros pasos para el establecimiento de campos de concentración, como el de Dachau, al noroeste de Múnich.

La conclusión es fácil de determinar: el incendio del Reichstag facilitó el asalto al poder del nazismo y encumbró a Hitler como estadista, dejando en la sombra a Paul Hindenburg y a los demás políticos no alineados con el nacionalsocialismo. Las siguientes elecciones del 5 de marzo dieron la victoria al NSDAP, que el 23 de marzo aprobó la Ley Habilitante, disposición que facilitó el camino del régimen republicano a la dictadura.

Ahora bien, este hecho, el incendio del Reichstag, cuyas consecuencias fueron el arranque de la tiranía, tuvo una previa revelación a manos de uno de los videntes que en aquellos momentos circulaban en el entorno del nazismo. Por raro e inaceptable que parezca, por anómalo y hasta ridículo que pueda considerarse, y desde luego trataremos de las circunstancias, un augur cercano al partido pronosticó la quema de Reichstag pocos días antes. La historia es como sigue.

En el Berlín de principios de los años treinta se movían una serie de sujetos que habían hecho del ocultismo su particular tarea, siendo escuchados por muchas personas, en parte por el morbo que tales manifestaciones suelen arrastrar y en parte, quizá, por particulares convicciones acerca de la certeza en esas prácticas. Incluso había, y algunas permanecieron durante el gobierno nacionalsocialista, varias revistas que profundizaban en temas propios del ocultismo, *Neus Deutschland* y *Die Zukunft*. También estaba el *Hanussen Magazin* y el *Bunte Wochenschau*, de asuntos similares, y propiedad de Erik Jan Hanussen, pero estas no sobrevivieron, como explicaremos.

Uno de esos ocultistas, quizá el más famoso, era precisamente un astrólogo y quiromántico de origen judío llamado Hermann Steinschneider que usaba otro nombre, Erik Jan Hanussen, dueño de las cabeceras anteriores, como se ha dicho. A pesar de su procedencia, sumamente peligrosa en aquellos momentos, Hanussen llenaba las salas de los teatros en marzo de 1933 haciendo ostentación de infalibles adivinaciones que le proporcionaba el uso de la cábala y diversos elementos que utilizaba para sus fantasmagóricos fines.

En cierta ocasión fue llamado por Hitler, que todavía no ostentaba la cancillería, pues eran los primeros meses de 1932, en un momento en que el atractivo del futuro Führer ciertamente menguó. Persuadido por la fama del mago y ante la atormentada exigencia de saber qué le deparaba el porvenir, Adolf Hitler optó por entrar en contacto con Hanussen, que acudió al hotel Kaiserhof, donde residía el líder nazi, pasadas las navidades de aquel año. Por supuesto, Hanussen sabía lo que se estaba jugando, por eso se presentó[38] sin ostentación, nada de capas con signos y luceros ni aditamentos insólitos, únicamente guardando, eso sí, un cierto protocolo, justo la etiqueta que le pareció conveniente para revestir la visita de solemnidad. Es cierto que había consultado las cartas astrales de Hitler, con lo que, a su parecer, llevaba más o menos resuelto el dictamen, pues se lo habían señalado los planetas que, junto a lo que el mago ya supiera respecto de la personalidad del cliente, podían construir un potente veredicto.

Hanussen entró en la habitación que ocupaba Hitler y, tras el saludo, dispuso una silla en el centro de la sala, invitándolo a sentarse. Acto seguido le examinó las rayas de la mano y posó las suyas sobre el cráneo del futuro dictador. Rápidamente, Hanussen entró en éxtasis, sus ojos giraron y el rostro adoptó una expresión inaudita. Pasados unos instantes, el mago volvió en sí, diciendo en voz baja:

> «Veo la victoria, y es imposible detenerla.»

Según Hanussen, el destino de Hitler y del nacionalsocialismo estaba escrito en las estrellas y nadie iba a frenarlo. Hitler, en uno de los pocos momentos de agradecimiento y amistad de su vida, abrazó al adivino.

Obviamente, tales alegrías crisparon a Goebbels, que sin tardanza presentó los antecedentes judíos de Hanussen, pero, de

---

38 Mel Gordon, *Il mago di Hitler*, Fabbri, Milán, 2001, pág. 255.

momento, de nada sirvieron. El mago continuó con sus desvelos y cuando el 30 de enero, el mariscal Hindenburg otorgó la cancillería a Hitler y los escuadrones de las SA desfilaron con antorchas por las calles de Berlín al anochecer, deteniéndose frente al Kaiserhof, en la Mohrenstrasse, desde cuyo balcón saludaba el Führer, este sabía que su futuro estaba seguro.

Hanussen, no quiso oír los consejos de aquéllos que le sugerían que huyera. Por el contrario, gastó una fortuna, que había acumulado gracias a sus empresas editoriales y a las actuaciones públicas, en comprar un edificio, arreglarlo y prepararlo para sus prácticas. Este inmueble fue llamado *Palacio del Ocultismo*, una mansión sita en la Lietzenburgerstrasse, justo detrás del Tiergarten.

Allí, Hanussen diseñó con desembarazo una disposición fantasmagórica con luces indirectas, otras escondidas tras los cortinajes, dentro de las columnas, en los alféizares de las ventanas o en las repisas y alhacenas. Un espacio destinado a provocar pánico y admiración donde se veían pirámides, galerías con figuras de mármol, un soberbio elevador que conducía a una cúpula acristalada escogida para recibir el influjo astral y una magna estatua de Hanussen que saludaba con el brazo extendido, rodeada por un terrario con serpientes letales y animales extraños, iguanas, camaleones y lagartos. Atendidos por diligentes sacerdotisas con vestimentas níveas y llevando lamparillas en las manos, los invitados recorrían las estancias mientras sonaban músicas enigmáticas que intérpretes ocultos tocaban desde lugares inesperados.

En el centro había una mesa transparente con signos zodiacales donde los visitantes más distinguidos posaban sus manos mientras recibían efluvios de energía cósmica. El Palacio del Ocultismo se inauguró apenas veinte días después de que Hitler asumiera la cancillería.

En ese tiempo, Hanussen intentó congraciarse con los nazis, en primer lugar, financiando al NSDAP y también queriendo buscar una fisura en la que un judío como él pudiera caber, para ello echó mano del nacionalismo y habló de sacrificio por Alemania, de la entrega al ideal patriótico y de la consagración entusiasta a la tierra. Naturalmente, todo ello iba trufado con loas a Hitler como emblema del arquetipo nacional y patriótico. Semejantes alabanzas le hicieron ser conocido como *el profeta del III Reich,* pero el cerco que ya había establecido Goebbels en torno suyo se iba cerrando, apareciendo en la prensa berlinesa el certificado de nacimiento de Hanussen y otros documentos escritos en *yidis* que lo acreditaban como judío indiscutible.

Acorralado por tales evidencias, Hanussen se convirtió al cristianismo en febrero, haciéndose al mismo tiempo, mediante documentación falsificada, miembro del NSDAP y de las SA, y a finales de ese mes publicaba en una de sus revistas, *Die Hanussen Magazin,* una guía astrológica para las elecciones del 5 de marzo. Aquella guía contenía un horóscopo extraño, una especie de vaticinio en el que se presagiaba el derrumbe del Reichstag, dada la negativa confluencia de ciertos planetas.

Por otra parte, la inauguración del Palacio del Ocultismo merecía un despliegue que no iba a pasar desapercibido a nadie. El domingo 26 de febrero, políticos del partido nazi, periodistas y gente de la SA, junto a cantantes, actores y actrices y buena parte de aristócratas de las viejas castas prusianas, acudieron al evento. Hanussen no podía, bajo ningún concepto, desatender la ocasión para manifestar su absoluto dominio de lo oculto, por eso no faltaron los sones de la *Heroica* de Beethoven, pero también algunas notas de Mendelssohn —grave error, pues el compositor judío no era del agrado de los nazis— y de Bach. Un poco antes de medianoche, una espesa niebla penetró en el atrio mientras Hanussen hacía su fantástica entrada, resaltado por sones wagnerianos. Vestido con una túnica escarlata, el astrólogo empezó su discurso haciendo hincapié en la guerra que predijo había de haber contra Inglaterra, Rusia y los EE. UU. Después, mientras la fascinación recorría los rostros de los presentes, llamó a gritos a algunas personas para que previeran los sucesos que pronosticaba, entre tanto ascendía en el ascensor que lo llevaba a la cúpula.

Pasados algunos minutos en los que hubo refrigerio para los invitados, encima de la mesa con símbolos astrológicos reservada para los asistentes más significativos, mandó subir a la actriz María Paudler para que oficiara de médium. Con una simple prueba inicial acerca de la constatación de la salud de un familiar, Hanussen dio paso al gran espectáculo que tenía preparado para aquella noche. Todavía fue requerido acerca del éxito del nazismo, cuestión a la que, con el rostro vuelto y convulso, respondió afirmativamente, como no podía ser menos. Poco después se dirigió a la actriz, a la que lentamente hipnotizó. Le hizo cerrar los ojos y le preguntó qué veía. Maria Paudler, una rubia bellísima de origen checo contestó que percibía un color rojo. ¿Pudiera tratarse de llamas?, preguntó Hanussen al instante. Sí, contestó la actriz, llamas en un gran edificio. E insistió, un gran edificio consumido por las llamas.

El resultado fue que, tras las palabras de la médium, los invitados guardaron silencio, estupefactos por la imprevista deriva que la sesión había alcanzado. Cuando todo concluyó, Hanussen en persona rogó a los periodistas que no divulgaran aquel augurio, pero al día siguiente el Reichstag ardió por completo.

Y así fue, la noche del 27 de febrero, el fastuoso edificio del Reichstag se incendió. La policía consiguió detener al único sospechoso, el comunista holandés antes citado, que dijo haber entrado a través de una ventana mal ajustada en la parte baja. Se llamaba Marinus van der Lubbe, tenía veinticuatro años y fue ejecutado mediante guillotina el 10 de enero de 1934.

Tales elementos, el incendio y la obediencia marxista del presunto autor, estimularon las ansias dictatoriales y el poder absoluto del canciller Hitler y de su entorno, Goebbels y Göring, como ya está dicho. Aquellos hechos dieron pie a la *Reichstagsbrandverordnung* que, junto a la Ley Habilitante de marzo, son sin miedo a errar el momento en que empezó a fraguar el III Reich.

Ahora bien, respecto al incendio del Reichstag, siempre queda sin responder la pregunta principal: ¿cómo un muchacho, extranjero por más señas, pudo prender fuego a un edificio que era sede parlamentaria de la república y que estaba rodeado de policías? ¿Cómo pudo acceder sin ser visto y detenido antes de que, con la sola ayuda de una botella de gasolina y algunos trapos consiguiera calcinar uno de los más hermosos y principales edificios de Berlín? Y, por otra parte, y es lo que nos concierne aquí, ¿cómo pudo saber Hanussen lo que iba a ocurrir, qué grado de fiabilidad tenían sus predicciones? Ya hemos dicho que, en una de sus cabeceras, *Die Hanussen Magazin,* había presentado un artículo acerca del fin del Reichstag que, bajo el dañino imperio de Marte, atacarían los comunistas.

Pensamos que solamente caben tres posibilidades, y como apunta Mel Gordon en su libro[39], estas han de ser: primera, realmente Hanussen tenía una capacidad extraordinaria como vidente y el Reichstag ardió por la acción de un pirómano comunista; segunda, Hanussen había estado en contacto con miembros de las SA y se había enterado de las intenciones nazis, con lo que se sirvió de tal información para dotarse de mayor gloria y renombre, y tercera, Hanussen proyectó, coordinó y organizó el incendio.

Con todo, posteriormente, Hermann Göring se hartó de decir a todo el que quería escucharlo que él y sus hombres fueron quienes prendieron fuego al Reichstag, en lo que parece otra baladronada del jefe de la Luftwaffe.

La vida de Hanussen prosiguió, por más que brevemente, participando en una camarilla bien avenida con Hitler, Hess y Goebbels, que ventilaban asuntos políticos en base a vaticinios astrológicos y a las opiniones del vidente.

Pero tan extraordinaria influencia y sus evidentes orígenes mosaicos fueron motivo suficiente como para que, un mes después del incendio, cayera asesinado seguramente a manos de las SA. Aquel sujeto que había pronosticado a Hitler la dirección de los poderes psíquicos de Alemania y que le anunciaba el dominio del mundo, no podía seguir viviendo, era un competidor, un contrincante demasiado poderoso frente a los jerarcas que ya se iban posicionando en el panorama nazi.

39 Mel Gordon, *opus cit.*, pág. 268.

Hitler y su entorno, la Sociedad Thule

Hemos apuntado la presencia de Rudolf Hess en las proximidades de Hitler durante el periodo de detención en la cárcel de Landsberg, aquel tiempo en el que pergeñó uno de los documentos más inicuos de la historia europea del siglo XX, el *Mein Kampf*. También hemos dicho que Hess, que permanece fielmente junto al futuro dictador, no es un acólito cualquiera, sino el inventor del mito del Führer invencible y salvador, pero todavía nos falta un bosquejo más completo para calibrar su fatídica influencia.

Hitler era el orador de las citas acartonadas y a vuelapluma procedentes de las mentes de los filósofos alemanes, pero ni mucho menos un político que se sostuviera en tales columnas, sino un destello de cara a la propaganda y a las grandes multitudes, un resplandor teatral y lucido, podríamos decir, pero poco más.

Los propósitos del líder del nacionalsocialismo, el auténtico Hitler, no se apoyaban en Hegel o Nietzsche, Kant o Wagner, ni siquiera en el jactancioso Martin Heidegger, que se proclamó *führer* de la Universidad de Friburgo en 1933, momento en que desarrolló el *dasein*[40]. Las alusiones filosóficas funcionaban como mera hoja-

40 Con el concepto de *dasein*, Heidegger presenta la condición humana de ser, que incluye la naturaleza de una conciencia avisada de la propia existencia y de su finitud. Ahí radica el aspecto temporal y el propósito de transformarla en una vida

rasca, incluso como tópico y hasta como trivialidad, pero el peso genuino no estaba en los filósofos académicos, inscritos en la ilustración, en el romanticismo o en la modernidad, sino en un pensador estrafalario y del que apenas han quedado vestigios, Hans Hörbiger, fallecido en 1933, al lado de Rosenberg y algunos otros que irán apareciendo.

Hanussen, por ejemplo y como hemos visto, no era en definitiva más que un adivino, un augur o un profeta, pero en absoluto un ideólogo. Sin embargo, el círculo que gira en torno a Hörbiger conforma en esencia la denominada Sociedad Thule, además de ser también integrantes de movimientos teosóficos, espiritistas y esotéricos cuyos orígenes se sitúan entre mediados del siglo XIX y principios del XX, y véase en la distancia a la famosa madame Blavatsky.

La influencia de un pensador tan grotesco como Hans Hörbiger, afecta a un periodo corto pero trascendental en la construcción del edificio ideológico nazi. Buena parte del repertorio fantástico del nazismo pende de su autoridad y pivota en torno a las ideas que desgrana. Hörbiger no fue únicamente racista, sino que se apoyaba en una extraña mezcla de pseudociencia y filosofía capaz de poner en jaque los fundamentos de la ciencia más ortodoxa a partir de doctrinas insólitas e irracionales que, por más que resultaran ridículas y extravagantes, poseían una fuerza y una capacidad de penetración en las mentes alemanas —y no solo alemanas, también en algunas británicas y estadounidenses— que le permitía amenazar a aquéllos que se negaran a comulgar con sus barbaridades sencillamente con expulsarlos del ámbito científico, como si sus absurdas doctrinas fueran la ciencia más irrefutable. Es obvio que Hörbiger se tenía a sí mismo como el gran sabio de la época, y de ese mismo modo lo consideraban los nazis de la primera etapa, apodándolo el *Copérnico moderno.*

La imagen física de Hörbiger era, ya de por sí, peregrina. Se presentaba con una espesa barba blanca, tenía casi setenta años y hablaba

auténtica, consistente en el ejercicio de la búsqueda vital, esto es, del sentido.

con voz tempestuosa, bramando a un público que quedaba reducido a meras piececillas que debían escuchar sus opiniones y tomar nota, punto por punto, de sus delirios. Abominaba de las matemáticas, de la astronomía y la física, y de cualquier enseñanza de cariz científico que entendiera se oponía a sus veredictos. Y formulaba, en lugar de esto, la recuperación de un mundo próximo al pensamiento mágico donde la razón ilustrada no tenía cabida en absoluto.

En circunstancias normales, un sujeto como Hörbiger hubiera requerido una casa de convalecencia para ser tratado de sus ofuscaciones pero, contrariamente, en los primeros momentos del nacionalsocialismo era apreciado como un gurú incontenible e intocable que estaba prodigando una nueva ciencia opuesta a la occidental, y dado que se entendía que la ciencia clásica estaba fundamentada sobre preceptos liberal-judíos —buena parte de los científicos eran de religión mosaica, como Einstein y otros—, sonaba a alternativa madura y a dificultad satisfecha.

Hörbiger establecía criterios implacables y maldecía la ciencia experimental como elemento a desterrar, como algo perjudicial y nada más que digno de olvidarse. Entendía que el conocimiento únicamente sería dado a aquél que tuviera una determinada prebenda, la iluminación, o sea, el brillo y la sugestión del iniciado, además de ser ario, requisito fundamental para establecer una ciencia nórdica y nacionalsocialista. Cualquiera con un mínimo de exigencia se habría dado cuenta de que la ciencia es siempre universal, o sea, que no funciona en un lugar y no en otro, o que un medicamento alivia aproximadamente a cualquier ser humano, con independencia de su origen. Pero en aquel ambiente de nacionalismo exaltado en el que el mismo Hitler no tomaba decisiones sin consultar con un astrólogo, fuera Hanussen u otro de cuerda similar, Hörbiger funcionaba como una especie de turbulento provocador científico. Era la complementación perfecta, de tal modo que se movía a placer por debajo del nivel político, al que remontaba cuando era requerido, obviamente, auspiciado por el nacionalsocialismo en asuntos financieros y teniendo acceso a campañas propagandistas y a auditorios de gente joven, que veía en el sabio de la barba blanca la perfecta senda para conseguir el conocimiento fuera de las tortuosas labores académicas.

Por supuesto, Hörbiger, además de acceso ilimitado a las editoriales, tenía a su disposición un medio de prensa que estampaba mensualmente y que alcanzaba una difusión excepcional, *Der Schlüssel zum Weltgeschehen* (traducción aproximada, *La clave de los acontecimientos mundiales).* Desde aquella revista, y por supuesto con sus intervenciones ante públicos entregados, difundía un sistema sorprendente, la doctrina del hielo.

Posiblemente, el mismo Hitler no entendía realmente el contenido de semejante patraña, pero congeniaba y le daba hálito, dado que en definitiva Hörbiger estaba defendiendo una teoría que le convenía, la preeminencia de un campo de conocimiento puesto exclusivamente al servicio de una ciencia aria en detrimento de cualquier doctrina con gérmenes judíos.

Ambos hombres coincidieron en múltiples ocasiones, y eran momentos en los que Hörbiger se encargaba de intensificar todavía más sus argumentos: Alemania estaba intoxicada por la ciencia occidental, desarrollada por elementos semitas, que la coaccionaba y la separaba de las auténticas demandas del espíritu del pueblo, la astronomía académica no era más que verbosidad impúdica, elucubraciones de la perniciosa especulación hebraica y, precisamente por eso, la doctrina del hielo iba a ser el antídoto que la podía remediar[41] . Pero ¿qué decía aquella doctrina del hielo que tanto entu-

41 Louis Pauwels y Jacques Bergier, *El retorno de los brujos*, Plaza & Janés, Barcelona, 1998, pág. 270, libro que levantó en su momento serias reservas, pero también supuso un éxito importante y del que, con la debida prudencia, se pueden extraer muchos datos que correctamente contrastados ayudan a echar luz sobre un asunto que siempre ha conllevado polémica. Con todo, conviene leer el artículo de Julian Strube, «Association of Nazism and The Occult», en *The Occult World*, Routledge, Londres, 2016, dedicado a la recepción del ocultismo nazi durante la posguerra y los años siguiente, en el que se da cumplida noticia de cuantas novedades han ido surgiendo, enfatizando en la falsificación sistemática de argumentos y explicaciones que construyen un entramado que el autor llama neonazismo esotérico y que, salvo lo escrito acerca de Otto Rahn, supone a nuestro juicio una valiosa aportación.

siasmó a Hitler y a Himmler y que abrazó con meditada aplicación Rosenberg? Hans Hörbiger proponía un relato cósmico y una memoria humana alternativas, una exposición plagada de oscuridades, que chocaba abiertamente contra los supuestos de la ciencia, ya fuera la antropología, la física o la astronomía.

Por supuesto, en semejante desarrollo, la raza aria era la suprema vencedora y actuaba como señalada conquistadora. Era, en definitiva, un discurso finalista cuyo objetivo último era demostrar la preeminencia germánica por encima de los accidentes naturales, de las hecatombes planetarias, de las edades donde los gigantes, como dioses emergidos en lugares emblemáticos, campeaban por la tierra, dejando paso finalmente a los arios, auténticos descendientes de aquella raza de colosos. Todo ello coincidía con los deseos de engrandecimiento y envalentonaba al público nacionalsocialista, que quedaba estupefacto al oír a un viejo enjuto de luengas barbas, bigote a lo Nietzsche y mirada profunda, donde unos ojos rodeados de espesas cejas oscuras parecían decir incluso más que sus atronadoras palabras, hablar con acento austríaco —Hörbiger, al igual que Hitler, era austríaco y había nacido en Atzgersdorf, al sudoeste de Viena— y explicar las más fabulosas patrañas en torno a antepasados quiméricos en una remota edad que trataban a los dioses del cosmos en un diálogo vertiginoso.

Pero la apuesta de Hörbiger no acababa ahí, muy al contrario, debía asentarse en algún elemento que le diera la fuerza necesaria para anclar la capacidad de acciones expeditivas, esto es, la imagen del cielo y los gigantes era una pintura estática, pero la teoría del hielo se construía sobre la lucha perpetua entre el hielo y el fuego, o sea, era una manera dialéctica de presentar la suerte del universo, un combate continuo entre fuerzas que se atraen y se repelen. No hay un solo momento de paz en el universo presentado por Hörbiger, y tal y como los planetas permanecen en lucha perpetua, también los hombres en su incesante aparecer y desaparecer de civilizaciones, aspecto que llevaba a otra de las claves de las exposiciones del charlatán austríaco, todo aquello que ocurre en el firmamento tiene su reflejo en la tierra. De ahí que sea, a su parecer, perfectamente legítimo atender a aspectos zodiacales, adivinatorios o incluso proféticos. El universo no es una masa inerte que se mueve según razones estrictamente celestes, sino que opera de forma activa en la tierra y sobre los seres humanos.

Por supuesto, en su deriva cosmológica, Hörbiger explicaba el nacimiento del universo también en clave de opuestos, donde los planetas chocaban entre sí o se atraían dando paso a estallidos extraordinarios y donde el sol actuaba como fuerza de atracción que se tragaba trozos de estrellas o regurgitaba fragmentos que posteriormente daban lugar a otros planetas. El sol, por tanto, era el fuego, y los planetas, víctimas de su hambre cósmica, pedazos de hielo que se precipitaban en sus fauces, saliendo despedidos en forma de inmensas formaciones de vapor que se iban helando en la medida que se alejaban de su ámbito, volviendo perpetuamente a caer en la cadena de sucesos por medio de la atracción. Hörbiger postulaba de este modo un eterno retorno donde veía a Nietzsche y donde cabían relatos tradicionales, fueran de la cosmovisión hindú o de los relatos medievales de las *Edda* nórdicas, y donde también había lugar para las fantasías operísticas de Wagner.

Tal revoltijo de ideas no era óbice para que el público advirtiera que Hörbiger no pasaba de ser un vulgar farsante, todo lo contrario, tenía la consideración del líder del NSDAP y sus ideas eran respetadas por millares de seguidores. Tal entrega llegó hasta el extremo de detener las V2 en Peenemünde, cuando en el verano de 1942 el general Walter Dornberger[42], doctor en ingeniería mecánica que trabajaba con Wernher von Braun[43], tuvo que abortar la maniobra

42 Walter Dornberger, *V2. Der Schuss ins Weltall Bechtle,* Esslingan, 1951. El libro del general Dornberger explica además de esta anécdota, si se puede denominar así y que también repite Von Braun en sus memorias, el tiempo que pasó como prisionero en Gran Bretaña y su posterior rescate por los EE. UU., donde trabajó en proyectos de misiles guiados. De hecho, Wernher von Braun es mucho más escueto y no revela nada respecto a la *venganza del cielo,* simplemente dice que Hitler había soñado que los cohetes no funcionarían.

43 Wernher von Braun trabajaba como ingeniero civil al servicio del ejército, pero por expresa voluntad de Himmler y a pesar de sus dudas y vacilaciones iniciales, tras el cauteloso consejo que le dio Dornberger en 1940, no le quedó otro remedio

porque Hitler soñó que una alteración en el firmamento ocasionaría la venganza del cielo, es decir, que, si los astros influían en la tierra, del mismo modo los hechos acecidos en la tierra podían inquietar a los astros. Obviamente, Hitler estaba trasladando ideas de Hörbiger a un plano estrictamente técnico y militar.

En consecuencia, no hay que olvidar, como reza la cita de la introducción, que el gran contraste entre el régimen nazi y otros proyectos totalitarios estriba precisamente en la formidable cantidad de componentes pseudocientíficos que convergen junto a otros de enorme magnitud industrial, ya sea la tecnología militar o el desarrollo de la arquitectura, y estamos pensando en el caso de Speer.

El esoterismo nazi, su desarrollo desde Hörbiger a Himmler, en el caso de las SS y de toda su parafernalia ocultista, hace que crezcan ramas hasta límites poco explicables, de ahí las visitas al Himalaya o a Montserrat, y de ahí la búsqueda del Grial y los cátaros. En ese cultivo ardiente, encontramos a otro de los miembros destacados de la Sociedad Thule, el tortuoso Alfred Rosenberg, sentenciado y ahorcado en Núremberg en 1946, que junto a Rudolf Hess y muchos otros gerifaltes nazis, asiste a las conferencias de Hörbiger.

En aquellos mismos días, inspirado por tales encuentros, Rosenberg pergeñó otro de los más execrables libros de la época, *El mito del siglo XX,* que vio la luz en 1930, donde daba cabida abierta mente al holocausto pues, según su idea, dos elementos raciales distintos no pueden cohabitar y uno debe destruir al otro[44]. En consecuencia, lo que después ocurrió no fue más que el resultado del *Mein Kampf* y lo escrito por Rosenberg, que permaneció como jefe del NSDAP mientras Hitler estuvo en prisión, siendo después director del *Völkischer Beobachter.* Hemos de ver, y permítasenos ahondar en el asunto, que Alfred Rosenberg, en su histerismo, consideraba que la destrucción industrializada de los judíos no era más que defensa propia y no un acto de barbarie genocida contra gente indefensa. En

---

que aceptar un nombramiento, que siempre tuvo valor honorífico. Al final de la guerra, Von Braun era *SS-Sturmbannführer,* asimilable a comandante

44 Rosenberg, *El mito,* idea extraída de la introducción.

definitiva, un episodio instintivo perfectamente autorizado por la biología y la evolución natural de la raza aria y en consonancia con la teoría del hielo, la lucha terrena como reflejo del combate celeste.

Pero, antes de pasar a discernir qué fue la sociedad Thule, queda por entender el papel que desarrolló un acólito como Rudolf Hess, cuya intersección con Himmler, otro asiduo asistente a las reuniones, y antes en los cenáculos mantenidos con Hanussen, dio pie a resultados y cónclaves de tremendas consecuencias, como las SS.

En efecto, producto de la mente excéntrica de Himmler fueron las *Schutzstaffel* (Guardia de protección), es decir, las SS[45], que responden punto a punto a una grotesca simbología de lejano contenido nórdico, donde se unen las runas y otros elementos, como las calaveras, la *Totenkopf*, o sea, la fidelidad más allá de la muerte, a mitos arcanos pésimamente digeridos, como el Grial y los cátaros, y cuyos vínculos se exponen en *La corte de Lucifer*, de Otto Rahn, del que tendremos ocasión de tratar en capítulo posterior y que, una vez integrado en la maquinaria de Himmler, fue asignado a la oficina del *SS-Brigadeführer*, Karl María Willigut, figura a la que se atribuían poderes paranormales y quien diseñó las runas identificativas de las SS, o sea, el carácter *sig* dentro de las *futharkh armanen* o brazos ariogermánicos, obtenidas a través de los estudios de otro ocultista, Guido von List, un adivino profundamente racista fallecido en 1919 y autor de *Das Geheimnis der Runen* (*El secreto de las runas*, 1908), que respondía a un detallado estudio de este sistema de inscripciones[46]. Al mismo tiempo, List puso de moda la ariosofía,

45 El origen y desarrollo de las SS está perfectamente estudiado. Sólo conviene decir que de las dos ramas principales en las que se dividía, la Allgemeine y las Waffen, esto es, unidades de combate que a su vez integraba voluntarios extranjeros, será la primera la que reciba el influjo esotérico de su líder, dejando a la otra como organización paramilitar, en parecidos términos a las Einsatzgruppen.

46 En lo que se refiere a la esvástica, cuya denominación procede del sustantivo sánscrito *suasti*, que significa serenidad, o también cruz gamada por su proximidad visual con la letra griega gamma más una ligadura en el arranque del trazo, no es realmente una runa, pero responde a la 18, llamada *gibor*, según la ordenación de Guido von List, junto a un apéndice que pretende cerrar un círculo o, al menos, dotarlo de movimiento dextrógiro.

una combinación de teosofía y nacionalismo que pretendía legitimar la ocupación territorial a través de la guerra.

Tratábamos más arriba de la relación entre Rudolf Hess y Heinrich Himmler con la Sociedad Thule, donde también era asiduo Alfred Rosenberg, el más notorio doctrinario del nazismo. Pues bien, en el ambiente que se generó los meses iniciales de la I Guerra Mundial, aparece Rudolf Freiherr von Sebottendorf, pseudónimo de Rudolf Glauer, que opta por buscar un nombre rimbombante y se otorga una baronía como distingo honorífico, auténtico aventurero que se mueve entre Turquía y Alemania y, durante un corto tiempo, México y los EE. UU. Encaminado desde siempre al estudio de las prácticas ocultistas orientales, como los derviches turcos, la cábala o el sufismo esotérico, antes del estallido de la Gran Guerra se establece en Múnich donde, visto su estatus de ciudadano turco, queda dispensado de ir al frente, entablando relaciones con grupos ocultistas muniqueses que se congregan en la *Germanenorden*, de hondas creencias racistas, una secta en la que ya impera la esvástica.

Ahora bien, tan apasionados miembros creían que sus teorías sobre la supremacía de la raza aria, en la que encontraban virtudes inmarcesibles, conducían a un escenario fraccionado pues, a su juicio, los arios se hallaban separados en varios focos a lo largo de Eurasia, ya fuera Alemania, la península escandinava, Dinamarca, el Cáucaso, Persia, Tíbet, India o, incluso, Japón. Dado que los consideraban como genuinos elementos constitutivos de la humanidad antigua —sobrevivientes del combate celeste, según Hörbiger—, pretendieron reconstruir el tronco esencial, estableciendo una especie de comunidad trasversal que los reuniera y, para ello, debían postular el más puro racismo en base a los preceptos de la ariosofía, siguiendo lo dicho por List.

Por tal motivo, y con la fantasía de buscar un origen común, apareció el singular nombre de Thule, tierra situada en el extremo norte del continente y supuesto hogar ancestral de un teórico asentamiento mítico, lejos por tanto de cualquier contaminación de elementos semíticos, que tenía, además, una cierta consideración fidedigna, pues había sido descrita por los romanos en los primeros siglos de nuestra era y se ubicaba aproximadamente en la península escandinava. Otra opción hubiera podido ser la Atlántida, pero el término concitaba demasiado claramente la tragedia y el desastre y, mucho peor, era ilocalizable.

Sebottendorf, instalado como líder de la Orden de los Germanos, adquirió para la cofradía la cabecera de un periódico muniqués al que cambió el nombre, denominándolo desde el verano de 1919, cuando apareció por primera vez, *Völkischer Beobachter* (traducido: *El observador de la raza o del pueblo)*, que iba a ser el medio de prensa del NSDAP, en manos de Rosenberg, como hemos dicho.

Tras la autoproclamación de la República Soviética de Baviera en abril de 1919, Sebottendorf y sus acólitos se enfrentaron abiertamente a los comunistas, de hecho muchos miembros de la Sociedad Thule formaron batallones de Freikorps y el propio Sebottendorf colaboró con las autoridades desplazadas por el golpe para localizar focos revolucionarios y combatirlos, incluso enviando a determinados adeptos de la Thule a que recogieran documentos comprometedores —las listas de los socios— que, sin embargo, no consiguieron, resultando fusilados siete de sus miembros[47], asunto que seguramente supuso el inicio del ocaso de Sebottendorf. La experiencia comunista de Baviera perduró aproximadamente un mes, hasta que fue depuesta por la policía, algunas unidades de la Reichswehr, el ejército de la república de Weimar, y los Freikorps. A partir de esos momentos, el anticomunismo más visceral acrecentó el inventario de enemigos a batir por los miembros de la colectividad, como quedó patente tras la asunción de la cancillería por Hitler y el incendio del Reichstag.

Entre tanto, los miembros de la Sociedad Thule realizaban prácticas chamánicas y buscaban relacionarse con grupos orientales que observaran similares cánones, mientras avanzaban en el alecciona-

47 Posteriormente volveremos a tratar este asunto, pero lo cierto es que la secretaria de la sociedad Thule, el príncipe Gustavo de Thurn y cinco miembros más murieron en el paredón. Algunos autores hablan de decenas y hasta de cientos de fusilados, pero no es correcto.

miento ario, el racismo, el antisemitismo y la perentoria necesidad del exterminio para conseguir el ansiado *Lebensraum*, la expansión alemana a territorios del este con la supresión de sus habitantes por designo de la raza superior aria. A raíz de los disturbios que se produjeron en Múnich, Rudolf von Sebottendorf conoció a Adolf Hitler, pues durante el *putsch*, la noche del 8 de noviembre de 1923, el futuro Führer llegó a la cervecería Bürgerbräu Keller comandando una sección del *Stossgrupp* y dando inicio al golpe que pretendía derribar al gobierno bávaro. Hitler, a punta de pistola, proclamó la revolución nacional, paralizando de ese modo el mitin que en aquellos momentos estaba celebrando el ministro Gustav Ritter von Kahr, entonces comisario político del Estado.

Tras efectuar varios disparos al aire, Hitler informó a la muchedumbre, seguramente inspirado en la Marcha sobre Roma de Mussolini, que un tiempo nuevo acababa de comenzar e introdujo a Kahr y a otros políticos presentes en una habitación próxima para advertirles de la necesidad de unirse a su propuesta, a la que, atemorizados, accedieron, dirigiéndose después al público para dar respaldo a lo dicho por Hitler. Unos momentos más tarde, y ya en la calle, Kahr puso en marcha a la policía muniquesa y a varias unidades de la Reichswehr, con lo que el alzamiento fue detenido rápidamente, no sin producir un intenso tiroteo en el que murieron una veintena de personas, entre partidarios nazis y policías.

Posteriormente vendría el juicio y la leve condena a Hitler y otros secuaces —Rudolf Hess, por ejemplo—, los ocho meses de reclusión y el *Mein Kampf*, y las visitas del general Haushofer, que aleccionaría al futuro dictador acerca de las mieles de la geopolítica, su especialidad, amén de otras fortalezas.

Seguramente la Sociedad Thule acabó en ese momento, pero no su influencia, dado que había calado de forma muy profunda en psicologías como la de Himmler que, a su vez, extendió el dogma del racismo más allá de lo posible, pretendiendo, a través de una de sus construcciones más acabadas, las SS, arraigar el discurso propagandístico de lo ario en una juventud que creyó hacer posible, a través suyo, el resurgimiento de caracteres hereditarios desaparecidos hacía milenios. Como en aquellos momentos se ignoraba todo lo relativo al ADN, se recurrió al manido expediente de la frenología y, más concretamente, a la craneometría, esto es, al estudio y medición del índice craneal para establecer, en un imperativo determinismo biológico, formas específicas de un pretendido tipo racial, en definitiva, capacidades mentales y aptitudes morales a partir de la forma exterior del cráneo.

Con todo, en 1933, Sebottendorf intentó reflotar la Sociedad Thule, chocando con el partido nazi, lo que hizo que pasara un tiempo en la cárcel. A favor suyo intervino una dama muniquesa de postín y lo hizo tras demanda directa a Rudolf Hess, que tuvo la consideración de liberar al reo, si bien exigiéndole el exilio.

A partir de la llegada a la Cancillería y por orden expresa de Hitler, cualquier organización que tuviera que ver con ocultismos o sociedades secretas —y ahí estaba incluida la Sociedad Thule—, en las que se advirtieran vestigios masónicos o similares, seguramente en la medida en que se entendían como preámbulo de algún tipo de oposición, debían ser erradicadas, como sucedió definitivamente en 1935, tal y como se indicaba con meridiana claridad en *Mein Kampf*.

Ahí debe verse el giro de Hitler, el momento en que, a pesar de consentir ciertos deslumbramientos entre sus más cercanos servidores — caso de Rudolf Hess o de Himmler—, ponga en marcha un vuelco legal para todos aquéllos que continúan con postulados sectarios, ya sean ocultistas, adivinos o videntes de cualquier especie. En resumen, Hitler se sirvió durante años de personas con supuestas atribuciones paranormales y se alimentó con discursos extremistas de corte nacionalista y antisemita, generalmente procedente de esas mismas personas, incluso consintió en dejar a gente de su círculo proseguir con tales ensueños para, cuando se vio afianzado definitivamente en el poder, dictar órdenes expresas que proscribían esas mismas prácticas[48].

48 Véase al respecto el magnífico trabajo de Santos Bernardo, *Hitler contra Thule*, Sieghels, Buenos Aires, 2016

Por otra parte, Sebottendorf había cometido en aquel momento un fallo palmario, publicando un libro[49] que acusaba a Hitler de haber copiado la carga ideológica de la sociedad Thule, asunto de importancia, pues dejaba al Führer, en plena ascensión, como plagiario y en gran medida como estafador, argumento que, por supuesto, provocó la retirada de los libros.

Finalmente, Sebottendorf se evaporó de Alemania, recalando en Turquía, donde al parecer siguió con sus propósitos al crear otra sociedad secreta, además de colaborar con el gobierno alemán en ciertas operaciones diplomáticas. Resulta sintomático que se suicidara el 8 de mayo de 1945 en aguas del Bósforo, una semana después de la capitulación del Reich.

Pero lo interesante es que a través de la sociedad Thule se conocieron muchos individuos que luego formarían el gobierno nazi y que desde hacía años llevaban recibiendo doctrina e instrucción, claramente convencidos de un ideario monolítico estructurado en torno al nacionalismo, al supremacismo racial y al antisemitismo que aspiraba a erigir el Reich de los mil años, una idea que seguramente Hitler extrajo de Sebottendorf, como tantas otras cosas.

Pero, otro enlace, y mucho más importante, entre los participantes de las reuniones de la sociedad Thule, además de Hörbiger y Sebottendorf, será Karl Haushofer, general en la primera Guerra Mundial y catedrático en la Universidad de Múnich que apoyó, incluso en el plano más familiar, a Hess, y que le sirvió de tutor en sus estudios de geopolítica.

Será Haushofer quien dote a la Sociedad Thule del carácter más iniciático, influenciando decisivamente a Rudolf Hess y, desde luego, también a Himmler y Göring, y por supuesto a Alfred Rosenberg, el ideólogo, convencido de que la unión del racismo y el nacionalismo iban a constituir una nueva religión que debía sostenerse a través del enfrentamiento y la guerra, un evangelio capaz de liquidar de raíz al

---

49 Rudolf von Sebottendorf, *Bevor Hitler kam - Urkundliches aus der Frühzeit der Nationalsozialistischen Bewegung* / Antes de que Hitler llegase. Documentos de los primeros días del movimiento nacionalsocialista, Múnich, 1933

cristianismo. De ese ámbito vendrá la ley para la defensa de la sangre alemana, comprendida en las Leyes de Núremberg de 1935, divulgadas por Julius Streicher como acérrimo propagandista, que prohibirán las relaciones íntimas entre arios y judíos.

Junto a estos aparecen magos ocultistas como Karl Maria Wiligut, del que trataremos al explicar la sección Ahnenerbe, adscrito al servicio personal de Himmler, una especie de nigromante o hechicero de las SS que tuvo un terrorífico papel como inspector de los campos de exterminio. Rudolf Hess fue, pues, el contacto que llevó al catedrático y antiguo general Haushofer a conocer a Hitler, dado que el profesor acompañaba asiduamente a su alumno cuando permaneció encerrado en Landsberg y, junto a él, estaba Adolf Hitler. Nos podemos imaginar el ambiente de tales visitas: con toda probabilidad uno y otro ponderarían acerca de planes futuros, la geopolítica mundial, etc.

Según algunas informaciones, los guardias de la prisión no eran muy estrictos con aquellos inquilinos, unos convencidos de las virtudes de Hitler, como ha quedado dicho más arriba, y otros sin mostrar excesiva severidad, por eso las reuniones podían prolongarse durante horas sin que nadie opusiera reservas.

Cada día, Haushofer acudía a Landsberg y exponía sus ideas al pequeño auditorio, pero piénsese que es en esos mismos momentos cuando Hitler escribe el *Mein Kampf*, con lo que parece más que probable que mucho de lo escrito por Hitler tenga origen en las palabras oídas un rato antes de la boca del catedrático que, de todas maneras, publicó en 1935 y en Berlín *Weltpolitik Von Heute* (*Política mundial actual*). De hecho, además de profesor de geopolítica, —de ahí Hitler extraerá la idea del Lebensraum, luego desarrollada por Rosenberg— Haushofer tenía fama de ocultista, pues al parecer había mostrado signos de adivinación en algunos momentos de su actuación militar.

No era, en consecuencia, un simple catedrático con ideas racistas y antisemitas, sino que mezclaba una paradójica compostura entre exgeneral de la Reichswehr, científico y vidente. Y ese, además de orador, era su papel en la Sociedad Thule, y por tal motivo

Haushofer podía terciar sus enseñanzas con elementos orientales, siempre buscando la raíz aria, dando prédicas sobre cuevas ignotas bajo las cimas del Himalaya, seres sobrenaturales en el Tíbet o lugares que, en su ideario, trasmitían especiales señales cósmicas, fuera Montserrat o el Kyffhäuser.

Sin embargo, tras el vuelo de Rudolf Hess a Escocia en 1941 —quizá en busca de un tratado de paz a través de algún valedor británico de la Sociedad Thule, no en vano llevaba en su equipaje un documento de presentación firmado por el profesor Haushofer[50]— y su desaparición del horizonte gubernamental alemán, la suerte de Haushofer empezó a menguar, si bien todavía mantuvo ciertas gestiones secretas con adeptos ingleses, lo que nos pone en la pista de Hess y sus intentos de buscar un acuerdo que eliminara a Gran Bretaña de la guerra, con la intención de poder encarar la campaña de Rusia con mayores garantías.

A raíz del atentado contra Hitler de julio de 1944, el profesor Haushofer fue detenido por la sospecha de haber participado, junto a su hijo, en la acción del coronel Stauffenberg. Ese hijo, Albrecht Haushofer, que había sido compañero de Hess y también era profesor de Geopolítica en la Universidad de Berlín, se había ido vinculando cada vez más a la oposición al nazismo, y tras el atentado contra Hitler huyó, creyendo que la Gestapo no tardaría en buscarlo, pero fue rápidamente detenido, siendo ejecutado cerca de la estación del ferrocarril de Potsdam por un grupo de las SS a finales de abril de 1945, horas antes de que los soviéticos ocuparan Berlín.

Acabada la guerra, Haushofer no pudo resistir las circunstancias, y el 14 de marzo de 1946, tras haber sido declarado inocente en Núremberg, se hizo el harakiri siguiendo la usanza japonesa, que era, al fin y al cabo, uno de los preceptos de la Sociedad Thule, que con tanto ahínco había mantenido y alimentado.

50 Como ya hemos dicho, en aquellos momentos distinguido miembro de la universidad alemana, padre de la geopolítica como nueva disciplina académica, secretario de la Sociedad Geográfica berlinesa y conocido conferenciante.

Alguna vez, Hitler aseguró que quien piensa en el nacionalsocialismo como un mero movimiento político, en realidad no distingue el auténtico fondo de la cuestión. Inmediatamente se nos ocurre la pregunta, ¿por qué? Y respondemos. Porque el nacionalsocialismo, y en gran medida cualquier nacionalismo, se funda en conceptos arcanos, en una especie de significado recóndito, en valores como la raza, la lengua o la sangre, y manifiesta sus posiciones como una queja antigua, como herida sin restañar, como humillación antigua insoslayable, glorificando los medios para provocar su regreso a través del enfrentamiento y la guerra. Y una guerra que ha de ser implacable, sin restricciones, una lucha a muerte que incluye la destrucción definitiva de los que se considera extranjeros o no humanos, como postulaba el propio Rosenberg, de aquéllos a los que se califica y juzga como no pertenecientes a la hermandad humana, esto es, judíos, gitanos, negros o eslavos.

Ese elemento racial, una de las columnas que sostiene el edificio de la Sociedad Thule, es parte inherente del ocultismo nazi y como tal se proyecta en múltiples ámbitos: la universidad, por ejemplo, en las diversas facultades, ya fueran de letras o ciencias, y un patrón muy significativo es lo que pasó con las de matemáticas[51], donde profesores como Ludwig Bieberbach buscaron un sesgo racial a la disciplina, queriendo diferenciar el trabajo que hacían los matemáticos judíos del que desarrollaban los arios y creando la *Deutsche Mathematik*, donde quedaba erradicado el influjo judío. Otros ámbitos fueron la enseñanza primaria y media[52], objetivo primordial del

51 Para ampliar el asunto, léase el artículo de José Manuel Sánchez Muñoz, *Nazis y matemáticas. Crónica de una barbarie*, Revista Pensamiento Matemático, vol. II, n. 2, octubre 2012.

52 En el artículo de José Manuel Sánchez Muñoz aparecen varios ejemplos del tratamiento específico en las clases de matemáticas de tales adoctrinamientos a nivel no universitario. Reproducimos uno de ellos que elocuentemente permite ver el método empleado: un loco cuesta cada día 4 marcos, un inválido 5,5 marcos, un criminal 3,5 marcos. En muchos casos, un funcionario no cobra más que 4 marcos, un empleado 3,6 marcos, un aprendiz 2 marcos. Calculad cuánto cuestan anualmente los 300 000 locos y epilépticos a Alemania. ¿Cuánto se ahorraría el estado si estos individuos fueran eliminados? ¿Cuántos préstamos

adoctrinamiento nacionalsocialista, la magistratura, la policía, el funcionariado, la sanidad, las organizaciones profesionales, industriales o agrarias, los sindicatos y cualquier otra actividad. Todo estaba teñido de racismo. Era el resultado de la continua propaganda alentada por el ministro Goebbels machaconamente con miles de horas de radio, cientos de panfletos y carteles pegados en las paredes, anuncios en los periódicos y toda la parafernalia que se erigió en torno a la limpieza de sangre y al culto a lo ario, con la quema de libros pública y ostentosa el 10 de mayo de 1933 por estudiantes y profesores, la Noche de los Cristales Rotos del 9 al 10 de noviembre de 1938 y la aparición de inventarios donde estaban registrados los nombres de aquéllos que quedaban excluidos por ser considerados no-arios, es decir, judíos. Ese era el paso previo, es decir, primero el señalamiento, luego la exclusión, después la deportación y, al cabo, el exterminio.

Pero ¿cómo pudo ser que los ciudadanos alemanes aceptaran sin quejas que los trenes cargados de seres humanos se detuvieran en la estación de Wilhelmstrasse, en el centro de Berlín, sin manifestar la menor oposición? ¿Y en el resto del territorio? ¿Por qué se consintió la instalación de fábricas con trabajadores esclavos o el establecimiento de campos de exterminio y concentración en las proximidades de muchos pueblos y ciudades?

Por supuesto que una de las respuestas sería el miedo, el terror a la dictadura. El Estado alemán, como tal, había, dejado de existir para ser usurpado por el NSDAP, el partido nazi, y en consecuencia y también en la práctica, todas sus instituciones estaban supeditadas al nacionalsocialismo. Otro componente puede ser, simplemente, la creencia fundamentada en que el racismo más virulento era algo positivo, ¿o es que no había alumnos matriculados en los cursos que la universidad ofrecía acerca de estudios raciales y genética aria? ¿O no llenaba Heidegger aulas enteras con estudiantes interesados en escuchar sus diatribas a favor del nacionalsocialismo y de su líder?

---

de 1000 marcos podríamos conceder a matrimonios si pudiéramos economizar ese dinero?, *opus cit.*, pág. 24.

¿O es que las recetas de Hörbiger y Rosenberg acerca de una humanidad maldita, solo en apariencia humana, capaz de imitar a la verdadera, pero en constante pugna por derrocarla, motivo que facilitaba su simple y llana derogación, o sea, su exterminio, como sucedió, no eran escuchadas y sencillamente adoptadas como preceptos de una nueva religión? ¿Por qué Hitler podía afirmar con absoluto convencimiento que aniquilar a aquella gente no constituía un crimen? Porque cuando Hitler decía que el nacionalsocialismo no era únicamente un movimiento político estaba en lo cierto; el nazismo era mucho más, era una flamante religión con una Wehrmacht, una Luftwaffe y una Kriegsmarine a sus órdenes y, por si fuera poco, con el servicio de la fiel Orden Negra de la SS.

En definitiva, detrás de semejante narcótico, donde se solapaba el ocultismo, el misticismo nacionalista y la tecnología capaz de hacer volar un Messerschmitt o de poner en funcionamiento los obuses de la acería Krupp, tras tantos años de propaganda y con un final de la guerra catastrófico, no puede extrañar que la muerte de Hitler, la erradicación del mal absoluto, dejara a los alemanes sumidos en la desconfianza y en la sospecha de que tan descomunal enormidad no podía haber acabado de golpe, de que aquella presencia espantosa y feroz había dejado de existir en la tarde de un 30 de abril. Por eso, y por otros motivos que veremos seguidamente, la desaparición del Führer se convirtió en una leyenda, en un mito que, según las circunstancias, sobrevivió muchos años.

Portada de 1926 del Der Schlüssel zum Weltgeschehen, la revista de Hanns Hörbiger.

El general Karl Haushofer y Rudolf Hess en torno a 1920.

Otto Rahn y La corte de Lucifer

La vicisitud de Otto Rahn supone el ascenso y declive de un estudioso medievalista cuyas circunstancias habitualmente andan mezcladas entre la realidad y la fantasía. Narrador de cuerpo entero, Rahn se vio envuelto en coyunturas extrañas y acontecimientos inauditos que, según cómo se miren, acaso pudieran pasar por inspirados, aunque, tras su integración en las funestas SS, de modo y manera honorífica y pasajera, dieron pie al lógico ostracismo del autor y de su obra.

Además de la imposibilidad de resarcirlo de tales veleidades, los escritos de Rahn carecen de valor académico, por más que suponen un estudio pormenorizado del mundo cátaro, al que sirvió con determinación y denuedo, si bien transformando el discurso histórico en una disertación con tintes políticos de hondas raíces anticristianas.

Por supuesto que no es objeto de estas páginas levantar su figura ni reivindicar sus aportaciones, pero valga al menos para señalar que entre los estrambóticos personajes que rodeaban a Himmler y formaban su séquito, Otto Rahn muestra alguna refinada coherencia ausente por completo en otros casos. Pero como en la vida de Rahn siempre se mezcla el estudio conciso, al menos dentro de sus parámetros, y el capricho político, ha de decirse que fue escuchado y quizá leído por Hitler, dado que le hizo entrega de un volumen dedicado de su libro principal, *La corte de Lucifer.* Veamos quién era este extraño estudioso de los *hombres perfectos,* de los cátaros, y cómo consiguió unir el análisis de la herejía albigense a los dictados nacionalsocialistas, por más que vaya por delante un detalle, Otto Rahn mintió abiertamente respecto a sus antepasados, que sitúa en una remota aldea alemana haciéndose eco de cuantas tradiciones los rodean y sin mencionar en absoluto la auténtica raíz del asunto, eran judíos, motivo que más adelante lo arrojará por el despeñadero, además de otras causas.

Rahn, como decimos, eligió pintar un bucólico escenario donde sus familiares atendían al ganado entre escarpadas montañas y llevaban una despreocupada existencia, si bien argumenta que eran paganos y sus ancestros, herejes, esto es, según propia confesión, seguían un ideario religioso procedente del antiguo panteón germánico, detalle en el que se apoyará para sus futuros desvelos eruditos. Semejante trama aparece en las primeras y en las últimas páginas de *La corte de Lucifer,* libro que, pese al extravagante título — según Rahn, Lucifer fue quien se enfrentó al Dios de los judíos, de ahí el enunciado—, recoge el viaje iniciático que en 1931 efectuó al castillo de Montsegur en busca del Grial y las huellas de los cátaros.

Nacido a principios de siglo en una población de la región de Hesse, en el centro sur de Alemania, Rahn se doctoró hacia 1929 en medievalística románica con una tesis acerca del poema *Parzival* de Wolfgang von Eschenbach (siglo XII), uno de los textos fundacionales de la literatura alemana que se había reeditado en 1870 en Leipzig. Los versos de Eschenbach perfeccionan el ciclo artúrico de Chrétien de Troyes presentando a Parzival o Perceval como caballero de la Mesa Redonda definido por una afanosa búsqueda del Grial, que ya no es el cáliz donde se recogió la sangre de Jesucristo tras la lanzada de Cayo Longino, sino una gema caída de la corona de Lucifer cuando fue expulsado por Dios y en la que se labró posteriormente el vaso sagrado, paradigma de todos los prodigiosos.

Tras su doctorado, Rahn emprendió un viaje que bien se pudiera denominar iniciático o, al menos de confirmación, a través de los Pirineos hasta llegar al castillo de los cátaros, Montsegur, la última fortaleza antes de la derrota y desaparición a manos de las huestes enviadas por Roma y París, papado y monarquía, que los perseguía por sus postulados heréticos. Con las notas que fue tomando —de hecho, se trata de un diario de viaje— redactó *La corte de Lucifer*, publicada en 1937.

Animado por la propaganda anticristiana que imperaba en el III Reich, Rahn se vio ensalzado ya desde la divulgación en 1933 de *Kreussug gegen den Gral* (Cruzada contra el Grial), su primer libro, en definitiva, una traslación de la llegada de los cátaros a suelo alemán hacía ochocientos años. Era el tiempo en que habían hecho furor libros como *Los protocolos de los sabios de Sion*, un pastiche de origen ruso en el que se hacía hincapié en los planes judíos de dominación mundial a través de la implantación del comunismo y que fue incorporado por los nazis a las lecturas obligatorias de los estudiantes.

En semejante ambiente, el libro de Rahn fue acogido con entusiasmo, tanto por Himmler como por Rosenberg, ambos satisfechos por el ensalzamiento de leyendas germánicas anteriores a la cristianización que encumbraban ideas que coincidían con el núcleo de la ariosofía, esto es, la ponderación de lo ario frente a lo semita.

En aquellos años, 1933, Himmler invitó a Rahn a continuar sus estudios y a avanzar en la búsqueda del Grial con un estipendio fabuloso, mil reichsmarks mensuales, con lo que el medievalista pudo viajar otra vez a Francia, llegando posteriormente a Islandia, como veremos, aunque el Grial no apareció.

De alguna manera y para resarcirse del fracaso, escribió, a partir de sus notas del primer viaje, *La corte de Lucifer*, que encantó a Himmler, haciendo publicar lujosamente cinco mil ejemplares y distribuyéndolos entre los jerarcas nazis. Ya hemos dicho que uno de esos volúmenes llegó a las manos de Hitler.

Con tales prendas, Otto Rahn se adhirió a las SS en 1936 en grado de *oberstrumführer*, equivalente aproximado a teniente, y su libro fue lectura imperativa para los oficiales por disposición de Himmler. Casi inmediatamente, Rahn se integró en la *Persönlicher Stab Reichsführer-SS*, la oficina personal de Himmler, siendo destinado a una sección de indagación y exploración llamada *Studiengesellschaft für Geistesurgeschichte Deutsches Ahnenerbe,* que se podría traducir como Sociedad de estudios sobre historia espiritual y acerca de la herencia ancestral alemana, donde reforzó al *SS-Brigadeführer,* Karl Maria Wiligut, ya citado, consejero de Himmler de muy significativa importancia.

Aquel mismo año, Rahn y un grupo de miembros seleccionados de las SS viajaron a Islandia en el Gullfoss[53], un carguero islandés de más de mil toneladas, en busca de la tierra mítica, la Thule. Es interesante porque al no obtener resultados y ni mucho menos nada que tuviera que ver con el Grial, la expedición se convirtió simplemente en una experiencia sobre el hielo en un lugar inhóspito. En el último capítulo de su libro, Otto Rahn se dedica a intercalar historias eruditas de antiguos exploradores en clave poética, explicando detalles de los puertos que la exploración va tocando, Reikiavik y otros lugares, hasta llegar a Egil Skallagrimson, personaje central de las sagas islandesas, intentando, a través de continuas menciones a la supuesta religiosidad antigua de los germanos, remediar la patética falta de provecho de un viaje sufragado por Himmler.

Hasta 1938, Rahn siguió escribiendo y asistiendo a coloquios y conferencias, siempre de acuerdo con sus doctrinas y siendo considerado un medievalista acreditado, pero a partir de 1939 se desvaneció del horizonte nacionalsocialista por dos razones: no estaba clara su procedencia familiar, a pesar del ardor que había puesto en su obra, permaneciendo la sospecha de raíces judías y, por otro lado, su homosexualidad. Ambos asuntos siempre oscilan en manos de los biógrafos, pues unos los dan por ciertos y otros presentan a una tal Asta Bach como novia de Rahn, que se fotografía con el medievalista en 1938. Con todo, desde 1939 una sección de la Gestapo se irguió como principal baluarte para el descubrimiento de lo que se consideraba amenaza para la raza aria, declarando a los homosexuales enemigos del Reich y deteniendo a muchas personas para ence-

53 El barco se llamaba así en homenaje a la mayor catarata de Islandia, Gullfoss o cascada dorada, ya fuera por el reflejo de los rayos del sol o, dentro ya del campo de la leyenda, por el fulgor de un tesoro allí escondido.

rrarlas en campos de concentración, donde fueron marcados con una estrella rosa.

Otto Rahn, tuvo más suerte, aunque provisionalmente. Fue degradado y trasladado a Dachau en calidad de vigilante ordinario. Allí, el antiguo medievalista pudo ver la miseria del III Reich, el trato al que eran sometidos los prisioneros políticos y el comportamiento de las SS.

Ceñido a un círculo del que no sabía cómo salir, intentó por todos los medios trocar su suerte, pero las cosas habían cambiado y a Himmler ya no le interesaba un erudito que buscaba el Grial y del que no obtenía resultados tangibles. Poco tiempo después se le requirió el *Ahnenpass*, el certificado que acreditaba la pureza racial y, al no poder presentarlo según las directrices nazis, dimitió de las SS. Pero salirse de la Orden Negra no era fácil y Rahn sabía que no iba a poder regresar jamás a su vida anterior. Ante semejante disyuntiva, y en virtud de los motivos antes descritos, se le ofreció la prerrogativa de suicidarse en vez de sufrir la detención y seguramente la ejecución.

Convencido de que no tenía escapatoria, Rahn se dirigió a primeros de marzo de 1939 a los Alpes austríacos, al Tirol, y haciendo coincidir las fechas con la caída de Montsegur y el sacrificio de los perfectos hacía ochocientos años, desapareció para siempre, con mucha probabilidad siguiendo el ritual del *endura*, o sea, el suicidio de los cátaros. Su cuerpo fue hallado días después y tuvo un entierro modesto cerca de Frankfurt, en Darmstadt.

Existe una leyenda acerca de la decisión de Himmler de ordenar, a principios del año 1944, al coronel de las SS, Otto Skorzeny, un viaje a Montsegur con el único fin de hacerse con el Grial, empleando los medios que considerara oportunos. Skorzeny se había hecho famoso por sus espectaculares logros, rescatando a Mussolini y secuestrando al hijo del almirante Horthy en la Unternehmen Eisenfaust (operación Panzerfaust), además de otros lances, como el escabroso asunto del presunto asesinato del general Eisenhower.

Himmler, harto de esperar el fruto de las excursiones místicas de Rahn y ansioso por poseer el Grial que, según sus creencias, podría proporcionar a Alemania un cambio radical en el desarrollo de una contienda que ya se veía comprometida y ante la inminencia del ataque de los aliados —la operación Overlord se desató el 6 junio de 1944—, quiso hacer efectiva una de sus más conocidas aspiraciones, recordemos que había visitado el monasterio de Montserrat en 1940 con idénticos propósitos.

Más arriba hemos escrito «leyenda» porque en las memorias de Skorzeny, *Vive peligrosamente*[54], no aparece la menor mención de semejante operativo y, caso de haber ocurrido, el *SS-Sturmbannführer* sin duda lo habría contado. Siguiendo la más que probable invención, como indicamos, Skorzeny consiguió dar con el Grial. Después, el Grial, junto a un importante depósito de bienes robados por la SS, se depositó en la mina Merkers, lugar donde los jerarcas nazis pensaron que podrían esconder el fruto de sus depredaciones. Pero no fue así, la mina fue descubierta por un destacamento del 3er Ejército al mando de George Patton en su ofensiva hacia Alemania y, naturalmente, allí no estaba el Grial, aunque esa historia será referida por nosotros en otro momento.

54 Otto Skorzeny, *Vive peligrosamente*, Círculo, Barcelona, 1971.

Thule y ciencia

Sería un error considerable no atender en este libro a uno de los mitos centrales de la II Guerra Mundial: las famosas armas secretas o prodigiosas, *Wunderwaffen,* en alemán, que se suponía iban a tener un desempeño determinante.

Durante mucho tiempo, Hitler aludió a una retahíla de sofisticados ingenios encaminados a cambiar el curso de la contienda que entrarían en acción una vez estuvieran desarrollados. Todo ello tuvo su origen en un departamento denominado *Schwarze Sonne* (Sol Negro), dependiente de las SS, que investigaba el perfeccionamiento de iniciativas militares completamente inusuales. Los resultados más conocidos fueron los cohetes V2 y los motores a reacción para los Messerschmidt, *163 Komet* y otros modelos, los Heinkel *Volksjäger,* además de avances en carros de combate como el *Panzer VII Löwe* y el *Panzer VIII Maus,* la ametralladora *MG 34,* los cañones sónicos *Schallkanone,* inventados por Richard Wallauschek, el de vórtice, creado por el ingeniero físico Mario Zippermeyer, y las bombas endotérmicas, capaces de generar una superficie de hielo en torno al punto de explosión.

La amalgama de ocultismo y tecnología, incluso la mezcla y la fusión entre un ingrediente y otro, no debe hacer creer que el nazismo y su proyección únicamente se valieron de fuentes videntes y proféticas para lograr sus aspiraciones, sino que dejaron un espacio considerable a los ingenieros, y estos, del rango de Von Braun, el general Walter Dornberger o Hans Hammler, que construyó los complejos subterráneos para la producción de cohetes bajo el campo de concentración de Mittelbau-Dora, próximo a Buchenwald, entre Frankfurt y Leipzig, no solo desarrollaron aparatos asombrosos, sino máquinas que, si hubieran tenido el tiempo suficiente, seguramente habrían supuesto un cambio radical en la evolución de la guerra.

No todos, por tanto, eran magos como Hörbiger, Haushofer, Wiligut o medievalistas delirantes como Otto Rahn. Había en el antiguo grupo de la Sociedad Thule y de la *Schwarze Sonne* una ingente cantidad de cerebros capaces de revolucionar las nociones de la guerra y de precipitar el resultado a su favor.

Sin embargo, las investigaciones a este respecto caen indefectiblemente en el impenitente ámbito de la parapsicología, derivando sin solución de continuidad a casuísticas absurdas, ya sean máquinas voladoras que se asemejan sin doblez alguna a los modelos que cierta propaganda ha presentado acerca de los OVNIS o a contactos con extraterrestres y otras lindezas.

Las teorías más avanzadas, y en gran medida menos circunspectas, establecen que, por más que hubo pruebas desde finales del verano de 1939, a mediados de 1942, cuando la operación Barbarroja ya se había cerrado con la catástrofe de la Wehrmacht, en los hangares de la *Schwarze Sonne* apareció un aparato de diseño radial que no guardaba el menor parecido con los cazas de la época. Se trataba del *Haunebu,* una nave que se encumbraba perpendicularmente y era propulsada por motores a reacción y que en los ensayos preparatorios superó los veinte mil metros de altitud. Unos meses más tarde apareció el siguiente prototipo, llamado *Haunebu II,* de dimensiones mucho mayores, que teóricamente debía superar los seis mil km a la hora. Se trataba, desde luego, entonces y ahora, de máquinas impensables que sin duda podrían destruir cualquier ejército o cualquier ciudad sin excesivos problemas.

Ni las pruebas presentadas al respecto ni los estudios realizados —al menos, los que guardan un mínimo de seriedad—, confirman en absoluto esos avances. Además, si algo similar hubiera sido aproximadamente cierto, qué duda cabe que los alemanes lo hubieran empleado para detener la invasión que, desde el sur de Italia y sobre todo desde Normandía, se les venía encima, por no decir el avance del Ejército Rojo en el este.

Tales hipótesis, tales embelecos, utilizan nombres de especialistas conocidos que sí resultan históricos, poblando la narración de datos que parecen difíciles de negar. Es un truco antiquísimo: la búsqueda de la verosimilitud a través de la citación de testigos que el lector puede comprobar, creando una presurosa imagen de autenticidad.

Por ejemplo, y valga la muestra a modo de paradigma de cuanto se puede leer o decir al respecto. A finales de marzo de 1950, *Der Spiegel* publicaba un artículo con el título de *Untertassen/Luftfahrt*[55] (Platillos/Aviación) en el que se mencionaba al capitán Rudolph Schriever, integrado en la fábrica Heinkel, que aseveraba haberse ocupado de un proyecto durante la guerra para desarrollar un avión giroscópico al que denominaba *Flugkreisel*, algo así como peonza voladora.

Tal aseveración movilizó a los entusiastas de la ufología, que no se percataron de que el capitán Schriever seguramente estaba hablando de helicópteros. Poco importó, porque las palabras de Schriever incendiaron la prensa y pronto surgieron informadores en Francia, Bélgica o Italia que lo relacionaban con un proyecto de naves circulares nazis. El prototipo, según contó el capitán Schriever, se destruyó a raíz de la ofensiva soviética de 1945 y antes de que los rusos lo pudieran capturar, asunto que no fue óbice para que se multiplicaran los testigos que afirmaron haber visto naves circulares con la cruz gamada en los cielos de Berlín.

Junto a semejantes fantasías que, por supuesto, no guardan la menor evidencia, fuera de recuerdos personales o invenciones arbitrarias de testigos informales, aparecen otros artificios, como

55 *Der Spiegel*, 30 de marzo de 1950.

el socorrido recurso a la Antártida y la no menos comentada operación Highjump con flagrantes desviaciones paranormales, a la que dedicaremos el capítulo final de este libro. Es, en definitiva, el campo de la sugerencia, de la insinuación o, ya de forma más evidente, de la falsedad menos encubierta.

Después de la derrota en la I Guerra Mundial, la república de Weimar, desnortada y confusa, buscó posibilidades en todos los órdenes para intentar sobreponerse a las circunstancias y, del mismo modo a lo que hacían las fuerzas de la izquierda, pero de manera inversa, los círculos derechistas también quisieron establecer sus propias prioridades en una especie de regreso a los orígenes, asunto que implicaba, desde luego, la recuperación de un nacionalismo jamás olvidado y la unión con determinadas fuerzas telúricas que habían tenido asiento antes de la guerra, incluso más atrás, durante las últimas décadas del siglo XIX.

Todo aquello implicaba retornar a posiciones donde el irracionalismo más palmario podía volver a germinar, de ahí el ambiguo éxito de grupos como la Sociedad Thule y sus antecesores, la *Germanenorden*, y todos los movimientos apoyados en prácticas ocultistas y similares que ensalzaban rasgos como la raza o la tierra y la necesidad de la aparición de un dirigente —toda vez que el káiser había sido destituido y enviado al exilio en Dinamarca— capaz de oponerse a la democracia parlamentaria, dado que la percibían como flagrante usurpadora del poder pretérito.

Entre las características que se esperaban del nuevo líder, del nuevo *führer*, estaba naturalmente una clara y desinhibida repugnancia hacia los judíos, a los que se consideraba responsables del desastre militar, alimentando dicha opinión el hecho de que buena parte de los miembros de la fogosa república soviética de Baviera habían sido judíos, Eisner, Mühsam, Toller, Landauer y Levine, entre otros. El antisemitismo más recalcitrante era, desde luego, anterior y había servido como argamasa capaz de unificar grupos aproximadamente diferentes en tiempos pasados. Ahora, todos aquellos círculos se unieron a los escasos miembros de la Sociedad Thule y convergiendo con los *Freikorps*, soldados licenciados que regresaban del frente y se encontraban ante una situación demencial, carestía, hambre y levantamientos de corte comunista, y también con las fuerzas regulares de la Reichswehr, derrotaron en pocos días a los revolucionarios bávaros. Pero, qué duda cabe que el poso permaneció, insistiendo en el recuerdo de unos sucesos que, en escasas horas, dejaron ver la propensión de los comunistas, auspiciados por Lenin, a cambios y rupturas de enormes consecuencias, como el fusilamiento del príncipe Gustavo de Thurn[56], asimismo miembro de la Sociedad Thule. Aquellas circunstancias, en gran medida, propiciaron que una entidad cuya importancia anterior había sido más bien escasa y que permanecía restringida a unos pocos (a lo mejor, trescientos miembros en Múnich), pasara a primera línea, arrogándose en gran medida la victoria frente a los comunistas.

De ese modo, el pensamiento y la ideología de los sectarios de la Thule se encuadró en la sociedad muniquesa, dando pie a toda una serie de sortilegios de enrevesado origen. Todo lo que representaba democracia y racionalismo pasó a un plano secundario, encontrando apoyo y perfecto suelo en planteamientos poco o nada atinados como la idealización de lo sideral, por no decir temáticas que tuvieran que ver con asuntos astrales, un vitalismo que chocaba con cualquier síntoma de trascendencia, personalismo contra universalismo y lo instintivo contra el discurso lógico. Un repertorio, por tanto, estimulante y dinámico donde no faltaba el nacionalismo y el antisemitismo más enconado.

Tales síntomas también tuvieron cabida, por supuesto, en los ámbitos más estrictamente científicos, desplazando programas y sustituyéndolos por otros cuya verificación distaba mucho de ser aceptable. Por eso, en las universidades alemanas —principalmente en Múnich, pero no en exclusiva— el ambiente se pobló de nacio-

56 Gustav Franz Maria von Thurn und Taxis, detenido junto a la secretaria de la sociedad Thule, la condesa Heila von Westarp, fue ejecutado, al lado de otros seis acólitos de la sociedad, el 30 de abril de 1919 en Múnich y bajo el cargo de espionaje, aunque más bien pudo ser una venganza contra miembros de la aristocracia, por un pelotón que actuaba siguiendo órdenes de las autoridades militares de la República Soviética bávara.

nalismo, antisemitismo y continuas intimidaciones contra profesores y alumnos que no comulgaban con semejantes cánones[57]. Argumentos como el de las energías cósmicas, elaboraciones milagreras sobre cuerpos astrales o entidades fantasmales emergían sin control de los departamentos de física, creando circunstancias difíciles de superar, por no decir de imposible superación, para los pocos que continuaban con trabajos experimentales dentro del margen de la racionalidad y la lógica más juiciosa.

Aun reconociendo que se trata de un tema tangencial, nos negamos a silenciar un hecho que podría aportar alguna prueba a lo expuesto anteriormente. Desde 1934, funcionó en Dresde una clínica, que llevaba el nombre de Rudolf Hess, dedicada al tratamiento homeopático de los pacientes[58] donde tenían lugar tratamientos de fitoterapia, esto es, a base de combinados de hierbas junto con terapias quiroprácticas, hipnosis, meditación y nutrición vegetariana, todo ello basado en la supuesta potencialidad del propio cuerpo para hallar la sanación por sí mismo, teoría ya sustentada por Hipócrates hacía veinte siglos. Semejante establecimiento suponía, en gran medida, la extirpación del pensamiento científico y la instalación de un modelo sanitario alternativo considerado superior.

No es extraño, en consecuencia, que tras la llegada a la cancillería de Hitler y cuando todos aquellos factores se supeditaron a la *Schwarze Sonne,* apareciera propaganda acerca de inventos imposibles y realizaciones que chocaban con la sensatez más acreditada. Y tampoco es sorprendente que de toda aquella publicidad surgieran las peroratas hitlerianas acerca de armas inverosímiles capaces de aplastar al enemigo.

57 Véase Ricardo Campo Pérez, *El ocultismo nacionalsocialista y el discurso alternativo contemporáneo*, Éndoxa, Series Filosóficas, n. 27, 2011, UNED, Madrid, en alusión al trabajo de José Ramón Díez Espinosa, *Sociedad y cultura en la República de Weimar. El fracaso de una ilusión*, Universidad de Valladolid, 1996.

58 Frederick Taylor, *Dresden: Tuesday, 13 February 1945*, Bloombury, 2005. Este detalle también aparece citado por Campo Pérez.

Expedición a Tíbet

Una de las iniciativas más conocidas llevadas a cabo por el nazismo antes de la II Guerra Mundial fue la expedición al Tíbet. Obviamente y pese a algún filme con intención más o menos divulgativa, no se trataba de un viaje filantrópico o con la mirada puesta en el idealismo humanitario del nacionalsocialismo.

Todo lo contrario. Arrastrados por las teorías de Hans Hörbiger, Himmler y algunos jerarcas nazis creyeron en el asentamiento de fracciones de raza aria en determinados lugares de la tierra. Tales gentes ocuparían aquellos lugares debido a que no quedaron afectadas por la catástrofe que se produjo —siguiendo su manera de entender el desarrollo del universo— al chocar una segunda luna de hielo tras la expulsión del sol.

Esta teoría, por supuesto sin fundamento alguno, perseguía establecer la lucha primordial de los opuestos: nada podía permanecer en presencia de su contrario. Era, desde una perspectiva celeste, la misma idea que llevaría años después a justificar el holocausto, esto es, la aplicación sobre la tierra de lo que sucedía en el cielo. La destrucción del que se consideraba contrario como medio indiscutible para la pervivencia de lo propio: los arios en oposición a las razas[59]

59 Hoy sabemos, gracias a los estudios de paleoantropología, que el concepto de raza

tenidas por inferiores, y eso nada más exigía un simple cambio de perspectiva, en vez de astros en perpetuo litigio, seres humanos en pertinaz combate. Quedaba, por tanto, asumida la erradicación de buena parte del contingente humano porque, precisamente, no se consideraba humano a ese conjunto.

Uno de los lugares donde supuestamente habían permanecido los arios, según semejantes temeridades, fue Tíbet, en la cordillera del Himalaya. Descartada Thule por razones obvias tras el viaje de Rahn y no pudiendo hacer prevalecer ningún argumento en torno a la Atlántida, quedaba un remoto rincón en Asia que acaso pudiera aportar la ansiada restauración. Además, organizar una expedición a tan remotas latitudes iba a proporcionar un prestigio considerable a Himmler, y ponerla en manos de un célebre explorador le otorgaba enormes beneficios publicitarios, por muy costosa que resultara en términos financieros.

El proyecto, naturalmente, fue a parar a las oficinas de la Ahnenerbe que, como ya se ha dicho, estaba incluida dentro de la red de organizaciones que dependían de las SS, presentándose como una sección dedicada al estudio de vestigios ancestrales arios a través de investigaciones científicas y trabajos arqueológicos, por más que su propósito era demostrar fehacientemente las teorías de Hörbiger, la lucha entre el fuego y el hielo y el consecuente asentamiento de una raza de seres superiores de la que se derivarían los arios, la herencia atávica trasmitida por la sangre a través del tiempo y las generaciones.

Himmler pensó en dejar el asunto a cargo de Ernst Schäfer, que había estudiado en la Universidad de Gotinga —cuya facultad de Matemáticas, si se recuerda, sufrió particularmente el zarpazo nacionalsocialista— y era un naturalista experto en zoología, miembro de la American National Academy of Sciences desde

no existe aplicada a la humanidad, si acaso existen etnias, pero pertenecemos a una única estirpe, la humana, pues todos evolucionamos del *sapiens sapiens*, que apareció sobre la faz de la tierra hace aproximadamente 200 000 años.

1932[60]. El aspecto propagandístico y, en consecuencia, la dimensión internacional del proyecto quedaban cubiertos: nada más la presencia del doctor Schäfer al frente de la expedición otorgaba un prestigio indiscutible, una especie de declaración mundial de la seriedad del entramado nazi y una fuente de publicidad enorme momentos antes de la entrada en guerra de la Alemania de Hitler.

Schäfer había viajado con anterioridad a Tíbet, escribiendo sus vivencias y vendiéndolas con extraordinario éxito. Uno de sus laureles fue el haber establecido definitivamente que el célebre yeti de Tíbet no era en absoluto una anomalía monstruosa sino una subespecie de oso pardo, el *Ursus arctos pruinosus.*

En 1933, Ernst Schäfer se había alistado en las SS, siendo de inmediato derivado a la Ahnenerbe con el rango de *Obersturmführer,* equivalente a teniente. Ante tal oportunidad, Himmler no dudó en financiar otra expedición con un propósito particularmente específico, encontrar pruebas en la población tibetana que demostraran su ancestral origen ario. Además, para arrancar el proyecto, al Reichsführer lo estimuló el hecho de que los acompañantes de Schäfer eran también miembros de las SS, destacando uno, Bruno Berge, por sus entusiastas inclinaciones nacionalsocialistas, un tipo fanático y extremadamente racista, como veremos. Lo componían cinco tipos de antropólogos, entomólogos, geógrafos, etnólogos y operadores de cine y fotografía.

Antes de dar inicio a la expedición, Himmler se reunió con el doctor Schäfer, al que instruyó acerca de sus ideas, diciéndole que estaba convencido que los arios no habían seguido el curso de la evolución, sino que habían venido del cielo tras la catástrofe lunar —puntual exposición de lo dicho por Hörbiger—, asentándose en el norte de Europa y en Asia, en la cordillera del Himalaya, y que los tibetanos eran sus directos sucesores, por eso usaban todavía la cruz gamada en sus rituales, por más que virada, o sea, en sentido levógiro.

60 No confundir con el Ernst Schäfer, hispanista y erudito alemán, autor de *El Consejo Real y Supremo de las Indias,* que se carteaba con Marcelino Menéndez Pelayo a primeros del siglo XX.

No sabemos la reacción que pudo tener Schäfer ante estas palabras —al fin y al cabo, un científico serio, pese a sus veleidades políticas—, pero el caso es que le convenía estar a bien con el Reichsführer, primero porque iba a financiar la expedición y segundo porque, como miembro de las SS, le debía esmerado acatamiento.

La expedición partió desde el puerto de Génova el 18 de abril de 1938 en el *Gneisenau*[61], bajo mando del capitán de navío Erich Förste, acorazado de la Kriegsmarine que estaba en periodo de pruebas a fin de dotarlo de mayores elementos artilleros. Atravesando en su periplo el canal de Suez y bordeando el golfo de Adén, el buque alemán se adentró en el mar arábigo hasta desembarcar, a primeros de mayo, en Colombo, la capital del antiguo Ceilán, actualmente Sri Lanka, para cambiar de barco y dirigirse a Madrás, hoy Chennai.

Sin embargo, y ya desde el principio, la susceptibilidad anglosajona vio, no a unos científicos en tareas facultativas, sino a oficiales de la Gestapo, y en aquellos momentos las relaciones entre ambos países presentaban una rigidez notable. La apreciación no era, desde luego, exacta, pero guardaba alguna similitud, pues los británicos sospecharon que, lejos de ser un viaje con propósitos antropológicos, fuera una añagaza alemana destinada a promover una sublevación en el norte del territorio y crear de ese modo un foco de rebelión que costaría grandes esfuerzos mitigar.

Solo la intervención de Himmler, a través de medios diplomáticos y simpatizantes británicos, de los que obtuvo documentos laudatorios y presentaciones encomiásticas, convenció a las autoridades coloniales para franquearles el paso, otorgar las credenciales que los facultaban para adentrarse en la India y acercarse al Himalaya.

Desde Madrás, la intención de los expedicionarios era cubrir los mil seiscientos kilómetros de distancia en ferrocarril hasta Calcuta, posición que les iba a permitir llegar a Tíbet por el pasillo de Sikkim, evitando Nepal. Por otra parte, debido a la guerra entre chinos y

---

61 El acorazado *Gneisenau* tuvo un papel destacado en operaciones del Mar del Norte durante la II Guerra Mundial, acabando hundido por su tripulación en Noruega en marzo de 1945.

japoneses de 1937, cualquier otra ruta hubiera resultado impracticable, a eso hay que añadir que la llegada de la temporada monzónica y la posibilidad de hallarse en circunstancias poco convenientes también era motivo de preocupación.

Una vez consiguieron los necesarios consentimientos y las aprobaciones de un sinfín de funcionarios que veían con harta desconfianza la intención de unos científicos europeos empeñados en llegar a Lhasa, consiguieron entrar en Tíbet.

En aquellos momentos, el Dalái Lama, Trinle Gyatso, había fallecido y se encontraron con el gobierno administrado por un regente o *reting rimpoche*, Jamphel Yeshe Gyaltsen, dado que el sucesor, Tenzin Gyatso, tenía escasos cuatro años. La acogida tibetana fue extraordinaria y el propio *rimpoche* no dudó en hospedar a los extranjeros con todo el boato que entendió pudiera ser revelador de la ostentosidad del reino que dirigía. Como se puede imaginar, la perspectiva científica de los alemanes enseguida despertó ilusiones entre lamas y auditorio habitual, buscando remedios para dolencias y desatando facetas sanitarias que los germanos para nada ostentaban, aunque seguramente fue necesario. Por eso, los que hasta hacía poco eran antropólogos o geólogos, pronto tuvieron que terciar en asuntos odontológicos y demás temas terapéuticos, pues cada día se presentaba ante ellos una concurrida tropa de tullidos, enfermos de todo tipo, gente con cataratas y hasta huérfanos que buscaban protección y cobijo.

Mientras tanto y, apoyándose en tales prácticas, los alemanes fueron midiendo cráneos, inspeccionando fisionomías y tomando infinidad de anotaciones acerca de las características orgánicas de la población que con tanta facilidad se les ofrecía. Además, escudriñaban el territorio, atentos a la fauna, la flora y las aves. Incluso Ernst Schäfer, que era notable cazador, pudo disparar viejos fusiles de chispa en batidas de cabras. En medio de aquellas tareas, Bruno Berger comparaba huesos y realizaba molduras craneales buscando similitudes que certificaran el parentesco racial de tibetanos y germanos como la prueba indiscutible del origen ario de la auténtica humanidad. En otras palabras, Berger llevaba la teoría de Hörbiger fuera de los auditorios, realizando un concienzudo trabajo de campo.

Todo, sin embargo, quedó suspendido por la invasión de Checoslovaquia en marzo y por el inicio de la guerra en Europa el 1 de setiembre de 1939, cuando las tropas alemanas cruzaron la frontera polaca.

Alertados por el cambio de circunstancias, los exploradores iniciaron una rápida retirada, llegando a Lhasa habiendo conseguido cumplir buena parte de su objetivo y regresando a India con miles de metros de película, fotografías y un sinfín de semillas y muestras botánicas, helechos, hongos y diversos ejemplares vegetales. Pero el tiempo se echaba encima y la guerra en Europa se extendía cuando volvieron a tocar territorio británico, por eso, otra vez poniendo en marcha cuantos medios diplomáticos tuvo a su alcance, Himmler consiguió que los expedicionarios y toda su logística subieran a un avión en Calcuta que los llevó hasta Irak, donde otro aparato, este de la Luftwaffe, los trasladó a Viena para, el 4 de agosto de 1939, aterrizar en Berlín.

Posteriormente, en 1943 buena parte de aquellas filmaciones dieron lugar a un documental de hora y media titulado *Geheimnis Tibet* (*El enigma de Tíbet*), sufragado también por la SS, que dirigió Hans Albert Lettow y presentó Ernst Schäfer, donde se recogían imágenes de la vida cotidiana de Tíbet, con monasterios enclavados en riscos prominentes y poblaciones que ocupan bancales al pie de las montañas, fiestas, danzas, lanzamiento con arco y diversas ceremonias, y también algunos fotogramas de la ciudad prohibida, Lhasa.

Hasta aquí llega, digamos, la ilación y la inferencia aventurera de la expedición, la parte quizá más presentable y aseada, pero hubo más. Todas aquellas mediciones tan escrupulosamente realizadas por Bruno Berger sirvieron a su vuelta para constituir un inventario de huesos que, a modo de comparación, debían confrontarse con otros pertenecientes a las denominadas *razas sucias*, esto es, judíos, gitanos y eslavos.

El antropólogo necesitaba muestras, motivo por el que acudió a lugares donde podía fácilmente extraerlos, a saber, los campos de concentración. De esa forma, a través de Himmler, se seleccionaron ciento cincuenta patrones, es decir, ciento cincuenta personas que serían gaseados, reducidos a la mera osamenta y enviados a la Reichsuniversität de Estrasburgo, fundada en 1941.

El Instituto de Estudios Anatómicos (adscrito a la universidad) estaba a cargo del profesor August Hirt[62], *Sturmbannführer-SS*, que recibió aquellos huesos a fin y efecto de establecer un repertorio esquelético identificativo de la supuesta raza judía. Berger utilizó aquellos datos para demostrar *científicamente* sus teorías, de tal modo que una vez quedó establecido el epítome osteológico para la posterioridad, el antropólogo aconsejó a Himmler en abril de 1943 la total eliminación de los judíos de Europa y, si era posible, del resto del mundo[63].

Después de la guerra, a Bruno Berger se le eximió de cargos que lo vincularan al nacionalsocialismo, pero su causa volvió a ser vista en 1960, cuando se descubrió el asunto de los esqueletos, siendo puesto en libertad al poco tiempo. Diez años después volvió al estrado, resultando condenado a tres años de reclusión, pero tras los consiguientes recursos, se le redujo la pena a libertad condicional. Murió en octubre de 2009.

Por su parte, Ernst Schäfer fue detenido por los aliados en 1945, pero también quedó exonerado de delitos de guerra, saliendo en libertad en 1949. Trabajó en Venezuela como profesor, colaboró en Congo como adjunto de Leopoldo III de Bélgica y, finalmente, en calidad de gestor del Niedersächsisches Landesmuseum Hannover, donde dirigió el departamento de Historia Natural y Etnología. Falleció en 1992.

62 August Hirt se suicidó el 2 de junio de 1945.

63 Charlie Caron, *German Expedition to Tibet (1938-1939)*, Institut de Relations Internationales et Stratégiques, Asia Focus, 2021, pág. 9.

Los expedicionarios en el Tíbet circa 1939.

Mediciones en Tíbet, 1939.

La búsqueda de Hitler

Una vez atendido, por más que someramente, el panorama ideológico y científico del III Reich, queremos retornar al *führerbunker*, es decir, al corazón de la Alemania nacionalsocialista.

A partir de la rendición alemana, la entrada de los soldados soviéticos en las ruinas de la que había sido última residencia de Hitler se consumó, y tras la búsqueda de indicios fehacientes que pudieran confirmar su muerte, se extendió y propagó una leyenda que sin duda ha hecho fortuna y que ha logrado envolver y dar cuerpo durante años a múltiples fantasías en torno a la desaparición del Führer. Tal ilusión empezó a fraguarse ya en los primeros momentos, aquellos que transcurren desde la noche del 1 de mayo de 1945 hasta prácticamente nuestros días.

Semejante argumento, por descabellado que parezca, se apoya en cuatro pilares que lo mantienen con sorprendente fuerza. En primer lugar, las dudas y manifestaciones de Stalin, que llegaron incluso a poner en alerta a los servicios de inteligencia norteamericanos, británicos y franceses. Un segundo apartado estuvo relacionado con la prensa, que supo ver el incalculable valor de mantener vivo el tema y así incrementar ventas. Un tercer factor correspondió a los prisioneros de guerra alemanes que, ante condenas durísimas o ante la posibilidad de terminar en la horca, dieron en inventar incógnitas y hasta a posicionarse como testigos, con el fin de alcanzar algún mérito para evitar lo que parecía irremediable. Y un cuarto factor se debe a cierto tipo de analistas que han visto rentable desde hace tiempo continuar con los arcanos, incluyendo las más sofisticadas invenciones, para hacer de su trabajo un mercado lucrativo.

Todo empezó cuando el 2 de mayo, el jardín y el búnker de la cancillería fue cerrado por piquetes del SMERSH[64], esto es, el contraespionaje soviético creado en abril de 1943 de una sección del NKVD[65], y cuyo responsable era el coronel general Viktor Abakumov. Este debía informar directamente a Stalin a través de una línea telefónica exclusiva, por más que parece que no se olvidó nunca de comunicar previamente a Lavrenti Pavlovich Beria, jefe de la policía y del servicio secreto, el NKVD, de lo que iba a decir a Stalin, asunto que años más tarde, en 1954, siendo ya dirigente del MGB, antecesor del KGB, y con otros añadidos, le costó el paredón.

Tal era el interés de Stalin en las novedades que pudieran llegar de Berlín que Abakumov recibió la orden de inspeccionar minuciosamente cualquier detalle procedente del *führerbunker*, desde pertenencias particulares a, por supuesto, interrogatorios realizados a personas que habían estado en los últimos momentos y que, en el fragor de aquella coyuntura, pudieron ser localizadas y sondeadas.

El día 5 de mayo, miembros del SMERSH encontraron el cadáver de Hitler y de su esposa ocultos en el cráter de una bomba abierto en el jardín de la Cancillería. Imperfectamente incinerados, los habían irrigado con gasolina y, a pesar de ello, todavía mostraban algún detalle que fue crucial para la identificación. Unidades del SMERSH trasladaron de inmediato los restos a un depósito improvisado en un hospital de las afueras de Berlín. Tras un meticuloso examen, localizaron la mandíbula del Führer, con lo que procedieron a identificarlo a través de pruebas odontológicas. Poco después fue hallada

64 SMERSH es la transliteración romanizada del acrónimo ruso СМЕРТЬ ШПИОНАМ, cuyo significado es *muerte a los espías*. Para un estudio minucioso de esta organización, véase Vadim J. Birstein, *SMERSH: Stalin's Secret Weapon, Soviet Military Counterintelligence in WWII*, Biteback Publishing, Londres, 2012.

65 Comisariado del Pueblo para Asuntos Internos.

Käthe Heusermann, auxiliar del dentista del Führer, quien pudo encontrar el historial médico de Hitler, ratificando categóricamente que aquel fragmento pertenecía al dirigente nazi. Mucho después, en 1973, otro examen odontológico forense realizado por doctores de la Universidad de California y de Oslo, corroboraron el dictamen de 1945.

No obstante, ni la certificación del hallazgo del cadáver por el SMERSH ni las concluyentes pruebas posteriores, lograron convencer a Stalin de la muerte de Adolf Hitler. Una especie de pesadilla, circuida de ofuscación, persiguió al líder soviético durante su vida, de tal modo que no dudó en expresar con absoluto convencimiento que el Führer estaba vivo, fuera en España, protegido por el régimen de Franco —por supuesto, para Stalin la representación del mal absoluto— o en algún lugar de América del Sur, asegurando incluso que los soldados soviéticos no habían encontrado pruebas irrebatibles acerca de su muerte.

En la imaginación de Stalin todavía perseveraba, posiblemente, la sorpresa que manifestó al inicio de la operación Barbarroja, cuando tras ser informado del ataque alemán a las fronteras occidentales de la URSS, tardó en aceptar lo que sus colaboradores le decían, convencido de que la Alemania nazi jamás rompería los pactos signados y menos tras años de colaboración militar en la Rusia profunda[66].

En efecto, a pesar de la terrible guerra y de los millones de muertos, Stalin guardaba, como una afrenta personal de imposible olvido, la traición que había supuesto la invasión alemana. De ahí la persistencia convertida en pesadilla, decíamos, del dictador soviético, y el afán de reparación a ultranza, más allá incluso de los límites temporales de la propia vida.

Poco tiempo después, el premier británico, sir Winston Churchill destacó a un oficial perteneciente a la Sección V del Servicio

---

66 Véase al respecto mi libro, *La invención de Vulcano*, Rialp, Madrid, 2020.

Secreto de Inteligencia (SIS)[67], llamado Hugh Trevor-Roper[68] para que investigara y, si ese era su veredicto, confirmara los hechos. Trevor-Roper, nacido en 1914, era ya un destacado historiador vinculado a la Universidad de Oxford cuyos intereses orbitaban acerca de asuntos germanos, habiendo publicado en 1941, y en la Review of Pierre Gaxotte, una reseña sobre Federico el Grande, dictado un curso de historia alemana en 1945 y escrito una crónica acerca del libro de Popper, *La sociedad abierta y sus enemigos*. Visto el currículum del profesor, Churchill entendió que las condiciones que presentaba eran las idóneas para llevar a cabo una exploración concienzuda, con lo que decidió enviarlo a Berlín.

Tras decenas de entrevistas a los testigos que habían entrado o salido del *führerbunker* en fechas más o menos coincidentes con los hechos, Trevor-Roper ratificó el suicidio de Hitler y de su esposa, con lo que dejó cerrada la cuestión para los aliados occidentales. Posteriormente, publicó el 17 de marzo de 1946 y en el New York Times, *Hitler. New Light on a Dark Career* y, ya en 1947, la que iba a ser la versión canónica de los hechos, *The Last Days of Hitler*[69].

A pesar de tales evidencias, la invención de la huida de Hitler y de su supervivencia en la caída de Berlín siguió activa, alimentada en gran medida por las dubitaciones, a veces bastante extremas, de Stalin, que llegó a decir en Potsdam a Harry Hopkins, representante del presidente Truman encargado de disponer los preparativos de la conferencia que se celebró del 17 de julio al 2 de agosto de 1945, que Hitler no estaba muerto, pues había escapado a España o bien se refugiaba en la Argentina del general Perón.

Además, fue precisamente allí, en aquella conversación quizás informal, cuando Stalin citó la idea del submarino capaz de navegar sin ser advertido hasta las costas de Japón, aunque posteriormente

67 E. D. R. Harrison, *British Radio Security and Intelligence*, 1939–43, The English Historical Review, Volume CXXIV, Issue 506, February 2009, pág. 53–93.

68 Hugh Trevor-Roper fue nombrado en 1957 Regius Professor of History de la Universidad de Oxford y rector del Peterhouse College en 1981 en Cambridge. Desde 1989 creado Lord Dacre of Glanton.

69 *Opus cit.*

y una vez consumada la rendición nipona unos meses más tarde, en el argumentario del presidente soviético el país del sol naciente fue sustituido por Argentina. Tras semejante explicación, Stalin cerró con un severo:

«—Estoy seguro de que Hitler está vivo.»[70]

Pero ¿existía en la época un submarino en las U-Bootswaffen capaz de navegar 13 000 kilómetros, unas 7000 millas náuticas, desde Hamburgo hasta las costas argentinas sin asistencia, reparación o repostaje?

El único que había conseguido una proeza similar fue el U-234[71], provisto de dos motores diésel y dos eléctricos que lo impulsaban en superficie a dieciséis nudos (30 km/h) y en inmersión a siete. Tales posibilidades suponían que podría navegar 18 000 millas náuticas y que, finalmente, y por los cambios políticos acaecidos a primeros de mayo de 1945, se rindió a los norteamericanos en aguas de Terranova. Había partido el 15 de abril de 1945, tras recibir previamente una carga de uranio en el puerto de Kiel, desde el puerto noruego de Kristiansand rumbo a Japón, bajo órdenes expresas del jefe de la Gestapo, Heinrich Müller, y del propio Adolf Hitler. Aquel submarino se perfeccionó hasta la extenuación, liberado prácticamente de la mitad de su dotación y convertido en un buque en el que no se podía hablar ni encender una luz innecesaria, con escasez de oxígeno y a temperatura que nunca pasó de los cero grados.

Con todo, la carga del submarino, tanto el uranio 235, como el uranio 233 o el uranio 238 no estaba al alcance de los alemanes, habrían necesitado un reactor nuclear del que, obviamente, no disponían. La estiba posiblemente sería uranio, pero no el necesario para construir un explosivo atómico.

Por otra parte, los U-Boot, dado el potencial de sus baterías, no podían sumergirse y navegar durante mucho tiempo, a pesar

70 Eric Fratinni, *¿Murió Hitler en el búnker?*, Planeta, Barcelona, 2019, pág. 130.

71 Pere Cardona, "El enigma del U-234", Revista Muy Historia, núm. 138, 2021.

de reducir considerablemente la velocidad. Y, además, si algo así hubiera sucedido, los comandantes y la dotación deberían haber soslayado la última orden del almirante Dönitz del 4 de mayo, de ineludible cumplimiento, en la que los conminaba a emerger, izar la bandera negra y rendirse ante el enemigo. Precisamente para no transigir con aquel mandato, bastantes oficiales optaron por seguir la ordenanza Regenbogen —anulada como decimos desde el día 4—, esto es, hundir las naves antes de que cayeran en manos rivales. Esta decisión fue ejecutada por más de doscientas tripulaciones de submarinos.

Poco después, en un receso de la reunión del día 25, Stalin se dirigió espontáneamente al presidente norteamericano, Jarry Truman, y este le preguntó:

> «—Mariscal, ¿qué piensa usted acerca de la muerte de Hitler?».
> Stalin dio una respuesta abrumadora:
> «—No está muerto. Escapó bien a España o bien a Argentina[72].».

Todo aquello reunía los perfiles de la intriga, el compló y la maquinación, un campo perfectamente diseñado para que durante años se estuviera hablando del asunto, dado que ni el mismo Stalin creía las pruebas aportadas por la SMERSH ni, por supuesto, lo dicho por Trevor-Roper. Paradójicamente, tal como veremos después, cuando tratemos acerca de la Operación Mito, la orden que partió de Stalin a finales de 1945 para que el NKVD reconstruyera minuto a minuto los últimos momentos vividos en el *führerbunker*, ya había sido cumplida con primoroso celo por el profesor Trevor-Roper en la documentación que presentó al servicio británico y, por extensión, al conjunto de los aliados, y que después repitió en el libro ya citado.

Estaba, además, el tema de España, punto de no retorno para Stalin, dado que la victoria del general Franco en la Guerra Civil

72 La cita pertenece al libro de Abel Basti, *Tras los pasos de Hitler: La investigación definitiva*, Planeta, 2014, posteriormente el autor publicó *La segunda vida de Hitler*, Planeta, 2019.

había supuesto para sus intereses la catástrofe y el desastre más categórico. Por ello, insinuar o afirmar abiertamente que Franco protegía a Hitler en algún recóndito lugar de la geografía peninsular era un recurso valioso y un modo rotundo de desprestigiarlo ante el mundo, y puede que hasta placentero, por muy arbitrario que pudiera resultar, dada la ausencia de pruebas al respecto y lo que ya sabemos que en aquellas fechas conocía el propio Stalin. Pero, hubo más. Si bien el general Zhukov informó el 6 de junio de 1945 que los restos hallados en el búnker de Berlín pertenecían con total seguridad al cadáver de Hitler, el día 9, y seguramente por instigación de Stalin y del NKVD, enmendó sus afirmaciones ante la prensa, argumentando que todavía no habían podido comprobar con certeza los despojos del Führer, añadiendo a continuación la posibilidad de que, en el último momento, hubiera huido de Berlín en avión, y que tampoco se había conseguido identificar los restos de Martín Bormann[73], sugiriendo una huida desde Hamburgo en barco ante la proximidad de los británicos y advirtiendo que, entre el pasaje, pudo haber una mujer.

La segunda versión a la prensa de Zhukov se produjo prácticamente un mes y medio antes del encuentro de las máximas autoridades aliadas en Potsdam. Por lo tanto, cuando Stalin expresó sus dudas, primero a Hopkins y después al presidente Truman, no incurrió en contradicción ya que, de algún modo, mantuvo la explicación esgrimida por el mariscal Zhukov el 9 de junio.

Tales fluctuaciones llevaban, qué duda cabe, el principio, la señal y los elementos que posteriormente iban a dar paso a toda clase de especulaciones y en las que el efectismo podía anclar durante décadas. Eran, tal y como venimos diciendo, exactamente los ingredientes que conformaban un tipo de literatura a caballo entre la investigación pseudohistórica, el sensacionalismo y el activismo lucrativo que un sector de lectores requería. Hay que estar atentos, por tanto,

73 Que cayó en las calles de Berlín al intentar salir del cerco, según testimonio del jefe de las Juventudes Hitlerianas en aquel entonces, Arthur Axmann, asunto corroborado años más tarde.

a las lecturas y a los laberintos de ciertos autores que se valen de informaciones más o menos rocambolescas, extrañas y, sobre todo, asombrosas, para embaucar al lector y aturdirlo con referencias aproximadamente creíbles (por ejemplo: nombres de personas reales, lugares certificables, momentos confusos) a fin de presentar un elenco de posibilidades que hagan verosímiles sus argumentos.

Por si fuera poco, la cadena *History Channel* presentó un documental titulado *Hunting Hitler*[74] en 2016 en el que se desarrollaba la sorprendente tesis de que el Führer voló a Galicia y se ocultó en el monasterio de Samos para, posteriormente, embarcar en Vigo y trasladarse a Argentina.

En consecuencia, podemos avanzar tres elementos clave que conformarán la leyenda posterior: Hitler desaparece del búnker, es trasladado vivo en avión a algún punto insospechado de Europa —España, por más que también se especuló con Escocia o Irlanda— o es trasferido mediante un submarino a Argentina.

74 *Persiguiendo a Hitler.*

Operación Mito

Tal era la obsesión de Stalin con el destino final de Hitler que probablemente sospechó del informe de Hugh Trevor-Roper, incluso puede que pensara que no era más que una pantalla que los aliados occidentales, con el FBI de por medio, estaban levantando para proteger al Führer y alejarlo de sus obcecaciones, por eso, por encima también de la investigación llevada a cabo por el SMERSH en mayo y cuyas conclusiones simplemente no aceptó, ordenó a Sergei Nikiforovich Kruglov, coronel general recientemente nombrado ministro de asuntos internos de la URSS, que equivalía a jefe de la NKVD, en sustitución de Beria, la reconstrucción detallada de los últimos momentos de Hitler. Quería, de esa forma, hallar un punto de discrepancia con los aliados y hasta con su propio servicio secreto para poder establecer una verdad alternativa. En definitiva, obtener un relato que confirmara su inquebrantable idea.

La investigación recibió el nombre en clave de operación Mito y, en los últimos días de diciembre de 1945, Kruglov entregó a Stalin un volumen de más de cuatrocientas páginas donde se recogían las declaraciones y los interrogatorios de infinidad de testigos acerca de lo que sucedió en los últimos momentos de Hitler en el búnker.

Sin embargo, y pese a la insistencia de Iosif Stalin, la información que contenía el documento de Kruglov, denominado *Informe Hitler*, se ajustaba a la ya conocida. Paralelamente ordenó a Beria que comprobara con escrupulosidad las averiguaciones del ministro.

El *Informe Hitler* confirmaba el suicidio del dictador alemán, poniendo en solfa las repetidas veces que el propio Hitler había intimado a sus próximos con tomar tal decisión, habiendo dado, posteriormente, órdenes expresas para que sus restos fueran incinerados lo más rápidamente posible, en previsión de que pudieran ser encontrados por los soldados soviéticos. El expediente comunicaba que el suicidio se produjo hacia las tres de la tarde y que los cadáveres de Hitler y de su esposa, Eva Braun, fueron hallados por Martin Bormann, jefe del NSDAP y secretario del Führer, y Heinz Linge[75], ayuda de cámara de Hitler. El párrafo del informe donde se detalla el descubrimiento de los cuerpos dice así:

> Los dos [Bormann y Linge] pudieron ver el cuadro que se menciona: a la izquierda del sofá aparecía Hitler, sentado y muerto. A su lado estaba, también muerta, Eva Braun. En el temporal derecho de Hitler aparecía una herida pequeña, con un diámetro parecido a una moneda, y desde el pómulo le resbalaban dos hilachas de sangre. En la alfombra, al lado del canapé, había un charco redondeado. El muro también estaba manchado con sangre. La mano derecha de Hitler reposaba sobre la rodilla, abierta hacia arriba. La izquierda pendía inerte. En el suelo había una pistola Walther, calibre 7,65 ms. Al lado izquierdo otra semejante del calibre 6,35. Hitler usaba guerrera gris y llevaba prendido el emblema de oro del partido.

---

75 Linge publicó unas memorias en 1980, días antes de fallecer, editadas por una editorial holandesa. Posteriormente, en 2009, se publicaron en inglés, *With Hitler to the end*, y en francés con el título *Jusqu'à la chute. Mémoires du majordome d'Hitler*, Perrin, Paris, 2023. Excepto algunas cuestiones cotidianas y poco interesantes, en el texto no se halla nada definitivo ni novedoso, salvo la tan traída mención al desconocimiento de la ideología nazi, punto más que discutible, por supuesto, en un hombre que fue durante diez años mayordomo de Hitler y que en 1933 entró a formar parte de la Leibstandarte, y la constatación de que efectivamente estuvo presente en la incineración del Führer en el jardín de la Cancillería el 30 de mayo.

Probablemente, el *Informe Hitler* no fue suficiente para Stalin y se guardó en secreto en los archivos soviéticos hasta la caída del comunismo. El documento apareció posteriormente, a finales del siglo XX.

La operación Mito concluyó, pues, con similares resultados a los que habían llegado el SMERSH y los servicios de inteligencia occidentales, quedando cerrado el caso, por más que en el ánimo de Stalin nunca se acabó, aspecto que ya de por sí permite ver actitudes, extravíos o turbaciones. Por si fuera poco, la mandíbula con vestigios dentales y un fragmento del cráneo del dictador nazi se conservaron en Moscú durante décadas, el resto quedó olvidado en un bosque de los alrededores de Berlín, después en Rathenow y, finalmente, en algún lugar que los rusos emplazaron en Magdeburgo, Alemania Oriental.

No obstante, en 2009, Vasili Khristoforov, comandante del FSB (Servicio Federal de Seguridad), que había sucedido al KGB, aseguró que en 1970 lo que quedaba del cuerpo del Führer fue nuevamente incinerado y sus cenizas arrojadas al río Biederitz, en Magdeburgo, como decimos, para soslayar que un potencial enterramiento se convirtiera en lugar de culto de posibles neonazis.

Por otra parte, los soviéticos mantuvieron en prisión durante aproximadamente diez años a varios de los sobrevivientes del búnker —con alguna variación y debido a la intervención de Adenauer en 1956, pues Stalin había fallecido en marzo del 53 —, incluyendo al ayudante de cámara de Hitler, *SS-Obersturmbannführer* Heinz Linge, a su asistente, *SS- Sturmbannführer* Otto Günsche, y a su piloto, *Gruppenführer* Hans Baur. Fue precisamente de los interrogatorios a estos individuos, que no debieron ser muy cómodos, podemos imaginar, de donde salió finalmente el grueso de la información que después se tituló *Informe Hitler.*

En su afán por dislocar los hechos, los rusos también apresaron a Käthe Heusermann, la asistenta dental que les ayudó a identificar los dos cadáveres hallados en el jardín de la Cancillería, el de Hitler y Eva Braun. Tras seis años de aislamiento, llegó el juicio y el momento del veredicto, siendo condenada por el delito de haber participado voluntariamente en el tratamiento odontológico del Führer, favoreciendo de ese modo a dilatar la guerra. Fallo, como mínimo, chocante. En 1951, Heusermann sería trasladada a Siberia, donde realizó trabajos forzados en condiciones cada vez peores. Tras ser liberada, regresó a Alemania en 1995. Le esperaba otro juicio por identificar los restos del Führer. Murió en Düsseldorf en 1995, lejos de familia y amistades.

En definitiva, manteniendo su teoría, Stalin enlazaba con el principio de la Guerra Fría, dado que de algún modo estaba acusando a los occidentales de haber escondido a Hitler, incluso puede que la condena, tan insólita, a la enfermera odontóloga Käthe Heusermann fuera en gran medida un castigo personal del dictador georgiano en la persona que definitiva y concluyentemente había desarmado su cálculo.

Con todo, oscureciendo los resultados de la operación Mito y divulgando, como hemos visto, supuestos e hipótesis que favorecían y daban aire a las dudas acerca de la desaparición de Hitler, Stalin auxilió, de alguna manera, la aparición de miles de artículos y de cientos de libros que aprovecharon esa, vamos a llamar, zona gris, para difundir y popularizar enredos y falsedades que la prensa sensacionalista, atenta siempre a buscar el escándalo y el efectismo, aprovechó durante décadas para lucrarse, vendiendo lo que era declaradamente ilusorio como posibilidad real o como indicio de posible fraude. No importó vestir a Hitler de mujer y pasearlo por los Campos Elíseos, hacerlo granjero en Suiza o pescador en Terranova o Canarias, el caso era despachar noticias que sujetaran a un público dependiente y dispuesto a solazarse con reportajes y rumores siempre extraordinarios.

Componendas, maniobras y tenebrosas intrigas eran el tema preferido de Stalin, que sabía perfectamente que Hitler no había escapado, a pesar de que seguía sosteniendo que Japón, Argentina o España podían ser lugares donde se hubiera escondido. Todo ello no suponía más que parte del paisaje que un ufano Stalin, en las postrimerías de la II Guerra Mundial y en los inicios de la Guerra Fría, utilizaba para posicionarse de cara a sus antiguos aliados. Además, pivotaba en la primacía soviética que se vio desde el principio, los rusos fueron quienes habían entrado en Berlín y en el *führerbunker*, y a su cargo estuvieron las investigaciones, al menos hasta la llegada del comandante Hugh Trevor-Roper en julio de 1945.

Hemos dicho que el *Informe Hitler* tardó decenas de años en conocerse, hundido en algún archivo soviético durante décadas. Sin embargo, atento a lo que sin duda consideró una brecha periodística formidable, en 1968, un antiguo soldado, Lev Bezimenski, adscrito a la inteligencia rusa, publicó *The death of Adolf Hitler: unknown documents from Soviet archive*[76], libro que supuso un aldabonazo colosal en las investigaciones acerca de la última peripecia de Hitler y su séquito.

Por fin un autor soviético —que había sido intérprete del mariscal Paulus cuando se rindió en Stalingrado en 1943 y miembro del Estado Mayor de Zhukov, además de traductor en Núremberg— rompía el tabú en torno a un tema que se consideraba prohibido o, al menos excluido del panorama de estudios en torno a la II Guerra Mundial, y daba curso a detalles y referencias que habían estado archivados e inhabilitados tanto tiempo. Por supuesto, el libro de Bezimenski tuvo resonancia mundial, viendo rápidamente versiones en alemán, francés y portugués, además de la inglesa, que se reeditó muchas veces.

Se trataba, sin embargo, de un libro pequeño, de escasas cien páginas, que presentaba pocas novedades. Hacía hincapié en quienes fueron los responsables soviéticos del examen forense y retomaba los manidos temas del examen dental de Hitler y de su esposa, luego se detenía en las autopsias de los restos quemados del Führer, del general Krebs y de Goebbels, y acababa con una investigación acerca de Blondi, la perra que Bormann regaló a Hitler en 1941 y que también murió envenenada en el búnker.

76 Lev Bezimenski, *The death of Adolf Hitler: unknown documents from Soviet archives*, Harcourt, Brace & World, New York, 1968. El apellido del autor aparece escrito en las diferentes ediciones según el modelo ortográfico inglés en su transliteración del cirílico, esto es, Bezymenski.

Poco más. Ahora bien, lo dicho por Bezimenski, aunque no aportaba nada nuevo, salvo alguna pequeña discrepancia con lo dicho años atrás por Trevor-Roper, suponía un latigazo definitivo a lo mantenido por Stalin durante décadas: los soviéticos tenían desde el primer momento conocimiento fehaciente del postrer destino de Hitler y, en consecuencia, Stalin mintió.

Y mintió reiteradamente y sin cortapisas, sirviéndose de aquella quimera para crear un marco supuestamente favorable a sus intereses, además de dar pie a cincuenta años de publicaciones fantasiosas que han llenado las prensas de occidente de falsificaciones, engaños y rumores.

Las declaraciones de los prisioneros

No cabe duda de que las circunstancias de la derrota alemana dejaron en la más absoluta indefensión a millones de personas, cuanto más a los soldados que se vieron obligados a huir al oeste eludiendo la acometida soviética, entregándose a las fuerzas norteamericanas o británicas en la creencia de que serían más indulgentes, como así ocurrió de forma generalizada, salvo algunos casos concretos, generalmente de oficiales reclamados por sus actuaciones en territorio ruso.

Ahora bien, una vez en manos de los aliados occidentales, algunas personas, viéndose perdidas y asumiendo que sus circunstancias eran catastróficas, los que podían argumentar que habían estado cerca del Führer dieron en inventar una suerte de relato que provocó el interés de los diversos servicios de inteligencia, sosteniendo que tenían informaciones esenciales acerca de la última suerte de Hitler.

Así, muchos de ellos se libraron de largas condenas o de las penosas condiciones de los campos de prisioneros. Creando una especie de señuelo que debía reunir cierto grado de sofisticación, podían esperar alguna gracia del vencedor y, en consecuencia, el aligeramiento de las sanciones.

Por eso, ya desde junio de 1945, soldados apresados en diversas circunstancias empezaron a informar a las autoridades militares de ocupación que habían oído que Hitler estaba vivo. Oído, pero también visto, en los casos más excesivos, como el SS que aseguraba haberse encontrado con Hitler en la frontera suiza, o el del también exoficial SS que aseguró haber hablado con el Führer y que, para mayor desasosiego de los investigadores, añadía una fotografía probatoria.

Otras informaciones, siempre de escaso valor, afirmaban que Hitler vivía como un anacoreta en cierta gruta en los Alpes italianos, auxiliado por una comunidad de antiguos emigrantes alemanes. Hubo quien aseguró que Hitler estaba vivo y trabajaba de cocinero en un hotel del lago Leman, en Suiza, cerca de Ginebra. Incluso que descansaba en un establecimiento en Irlanda, cercado por una guardia pretoriana e inaccesible para cualquier fisgón, únicamente los pescadores de Galway podían observarlo mientras se sentaba al sol frente al océano.

Además, salían de los labios de los prisioneros historias referentes a la huida de Hitler por avión con destino a Escocia, con la obvia finalidad de entrevistarse con miembros británicos de la Sociedad Thule y tramar un resurgimiento nazi o, embarcando en un submarino especial, capaz de navegar sumergido desde Noruega hasta las costas japonesas, para ser recibido por las autoridades niponas y proyectar un viaje hacia otro destino más apacible, fuera Borneo o Islandia. En tales revelaciones no solía abundar la coherencia geográfica.

Incluso hubo un telegrama, interceptado en el verano de 1945 por los estadounidenses, en el que se aseguraba que Hitler y Eva Braun vivían en una estancia argentina rodeados por fervorosos nacionalsocialistas que guardaban afanosamente el secreto.

Por otra parte, un oficial de las SS, para el que no queda nombre, manifestó a finales de 1945 a los mandos norteamericanos en Dachau, donde permanecía a la espera de juicio, que antes de su detención se había encontrado con Hitler en una cervecería de Múnich y que, tras una conversación que no fue corta, le confesó que pensaba trasladarse a los Estados Unidos, donde una facción de seguidores nazis le tenía preparado un rancho con todas las comodidades posibles.

Esta información salió de Dachau y llegó a manos de John Edgar Hoover, director del FBI, dado que presentaba matices y detalles sumamente interesantes y muy peligrosos. Por supuesto, el SS recibió a partir de aquel momento un trato especial, no convenía lesionar una fuente tan reveladora y menos dañar su discurso. El oficial de la SS sería cuidado con esmero, atendiendo a cuantas demandas pudieran ofrecérsele, menos la libertad, claro.

La diversión siguió durante varios meses, pues cada día y en cada interrogatorio el SS aportaba nuevos datos. Resultó que antes de la guerra había viajado por los EE. UU. y dominaba muy bien ciertos asuntos que sorprendieron a los investigadores. Habló por ejemplo de fútbol americano y de béisbol, conocía los equipos y las filiaciones de los jugadores, incluso se acordaba de partidos y de jugadas, y hasta confesó haber ganado algunos dólares en determinadas apuestas en compañía de algunos amigos. Todo aquello lo convertía en un sujeto ameno y, lo que era más intrigante, sospechosamente bien relacionado.

Sus palabras no sonaban a montaje ni a mentira, sino a alguien que se codeaba con desenvoltura con otros incondicionales del nacionalsocialismo, pero en Norteamérica. El prisionero, con el ardor de afianzar todavía más su charla, indicó la afición de Hitler por el cine —cosa que en la Alemania del III Reich era cuestión perfectamente conocida, pero no para los inspectores americanos—, hablando con naturalidad de películas de Hollywood como *King Kong* o *Lo que el viento se llevó* y citando algunas piezas de los hermanos Marx.

Quizá el oficial de las SS estaba dando demasiadas pistas a los estadounidenses, sobre todo cuando afirmó que Hitler, en Múnich, aquella tarde y ante unas jarras de cerveza, le había confesado tranquilamente que pensaba arraigarse en Estados Unidos porque creía que era una sociedad nueva, brillante y muy sugestiva, y carente de escrúpulos relacionados con la guerra. Iba a adoptar un nombre nuevo, para el que ya tenía todo preparado, según le habían comunicado sus adláteres desde EE. UU. Pronto iba a recibir la documentación necesaria para subir a un buque en Livorno y trasladarse a Nueva York, y desde allí al destino que le aguardaba.

¿Qué nuevo nombre?, preguntaron los americanos. ¿Qué destino? Pero el oficial callaba, a la espera de obtener más ventajas. Y,

¿por qué desde Livorno?, insistían. Para evitar Génova o Nápoles, donde sin duda habría mucha más vigilancia, contestaba.

Finalmente, y cuando parecía que las explicaciones del SS iban subiendo de nivel, dando datos cada vez más esmerados acerca de lugares e intenciones, aunque sin comprometerse en citar nombres ni fechas, apareció un suboficial norteamericano oriundo de Pisa, un tal Joe —sargento Giuseppe Grisi, de la 45ª División de Infantería del VII Ejército— y le preguntó si tenía certeza acerca de que Hitler le hubiera dicho que pensaba navegar desde Livorno a Estados Unidos. El SS repitió la respuesta anterior sin albergar sospechas:

> «—Efectivamente, el Führer mismo me dijo en Múnich que partiría desde el puerto de Livorno».

Entonces el sargento profirió el anatema:

> «—Este hombre miente, todo es una mentira colosal, jamás un barco ha salido de Livorno en dirección a Estados Unidos».

Y así acabaron las especulaciones, las falsificaciones y el fraude del oficial. A partir de ese momento se vino abajo, sollozó, gimió y pidió clemencia, y se desdijo de cuantos disparates había contado. Jamás vio a Hitler y jamás había sabido nada de grupos nacionalsocialistas en Estados Unidos. Solamente pudo seguir sosteniendo que conocía los equipos de fútbol y de béisbol porque antes de la guerra había viajado a Nueva York como vendedor de maquinaria textil, y que las películas citadas y la afición de Hitler por el cine americano eran tema sabido en Alemania. Recluido en una celda de castigo, las mismas que habían utilizado los presos de Dachau, allí esperó a que se solventara la fecha de su proceso. A principios de abril de 1946 fue liberado.

Otro caso notable, que volveremos a tratar cuando hablemos del arribo de submarinos a aguas y puertos argentinos poco después de la rendición alemana, es el de Heinz Schäffer, capitán de fragata del U-977. Se trata de un hecho paradigmático porque la incertidumbre de los examinadores, que sospechaban que el capitán Schäffer hubiera podido trasladar a Argentina o, incluso, a alguna base secreta nazi de la Antártida a Hitler o a cualquiera de sus secuaces, instruyó al propio prisionero y le dio herramientas para controlar el interrogatorio.

Seguramente, Schäffer no tenía nada que ocultar y quizá hubiera colaborado desde el primer momento, pero en seguida descubrió el escepticismo y hasta el recelo en los miembros del servicio de inteligencia angloamericano. Lo estaban acribillando a preguntas y, en un rapto de temeridad, optó por callar. Suponía un mecanismo defensivo. No se trataba de inhibirse o de otorgar, quizás era más bien un modo de manifestar disgusto, pero su silencio se convirtió en elemento muy valioso, pasando de ser un simple prisionero de guerra al depositario, a ojos de los interrogadores, de un secreto de tremenda magnitud.

Obviamente, no fue Schäffer quien creó el problema, sino los fiscales aliados. En todo caso, el marino alemán únicamente atizó el misterio, pero dejándolo siempre como incertidumbre y sumiendo a los inspectores en la perplejidad y la sospecha.

Tras varios años de arresto y muchos interrogatorios y, añadimos, seguramente también después de que por fin convenciera a los aliados de que en su viaje no había transportado a Hitler, Heinz Schäffer sería liberado, de tal forma que en 1948 regresó a Argentina, donde se radicó con ánimo de iniciar una vida ordinaria, pero nada más lejos, porque en 1950 publicó *Geheimnis um U-977*[77] había descubierto su potencial publicitario y quiso explotarlo. De todos modos, jamás se refirió al objeto de los interrogatorios. Tendremos ocasión de volver a su caso en capítulo posterior.

77 Publicado en español como *El secreto del U-977*, Ediciones Sieghels, Buenos Aires, 2017, Schäffer explica la trayectoria de su vida desde que llegó a la escuela naval, la instrucción que recibió y bastantes detalles acerca de algunas operaciones de los sumergibles alemanes, así como la experiencia de las tripulaciones a bordo.

Erich Kempka, el hombre que incineró a Hitler

A partir de este capítulo tendremos ocasión de revisar los testimonios de personas de menor condición en la jerarquía nazi pero que estuvieron en el búnker hasta el momento final, razón por la que a efecto de testificación valen igual. Empezaremos por el chófer de Hitler, Erich Kempka.

La vida de Kempka estuvo cruzada de arriba abajo por el nacionalsocialismo, dando pie a una existencia dedicada desde los veintitrés años al servicio de una convicción que jamás, a tenor de sus posteriores vivencias, sufrió la menor merma, pues siempre mantuvo relaciones con los veteranos del *Führerbegleitkommando,* cuyo cometido había sido dar escolta y proteger a Adolf Hitler, siendo asiduo partícipe de los círculos de la Iª División Panzer *Leibstandarte SS Adolf Hitler* hasta el final de sus días en 1975.

Con todo, conviene aclarar una cuestión: como buena parte de los testimonios que se presentan en esta obra, Kempka nunca hizo ostentación ideológica, ni emitió juicios, ni expresó ideario alguno y, salvo la confianza, la amistad y el buen trato que asegura siempre recibió de Hitler, asunto que desde luego denota una afinidad más que notable, en sus memorias no dice nada que pueda entenderse como reproche o alabanza del nacionalsocialismo, excepto comentarios menores sobre ciertas personas que se hallaban tanto en el Berghof, la residencia que Hitler adquirió en las montañas del Obersalzberg, en los Alpes bávaros, como después en el *führerbunker*, en los momentos finales del régimen. Las apostillas, digamos críticas, iban referidas al doctor Morell, al parecer un sujeto estrafalario que atendía a Hitler en calidad de médico internista y, sobre todo, contra Martin Bormann, con el que tuvo alguna desavenencia financiera.

Tras su detención, Kempka fue ingresado en diversos campos para prisioneros pertenecientes a las fuerzas de ocupación norteamericanas, asunto que muy probablemente le salvó la vida. Después de participar como testigo en los juicios de Núremberg, sin recibir acusación alguna por crímenes de guerra, salió en libertad a finales de 1947. De hecho, y excepto su mando sobre un grupo de fugitivos el 1 de mayo de 1945, al que dirigió durante la huida del *führerbunker*, y pese a ostentar el rango de *bersturmbannführer* de las Waffen-SS, análogo al de teniente coronel, Kempka nunca participó en actos de guerra, habiendo estado siempre a cargo del parque móvil de Hitler, con cien vehículos a sus órdenes y el consiguiente destacamento de conductores.

El capítulo que presentamos está escrito sobre la base de tres documentos: el interrogatorio al que fue sometido por las autoridades militares estadounidenses en Berchtesgaden el 20 de junio de 1945 y, posteriormente, las indagaciones[78] del 8 de febrero, 22 de marzo y 22 de abril de 1948, junto a sus memorias, publicadas en 1950 con el título *Ich habe Adolf Hitler*[79]. Más de medio siglo después, aquella obra tuvo versión inglesa, *I was Hitler's chauffeur: the memoirs of Erich Kempka,* si bien, como se ve, guardando un poco las apariencias y sin el aparatoso título inicial.

Kempka había nacido en Oberhausen, en el Ruhr, oeste de Alemania, el 16 de setiembre de 1910. Desde muy joven optó por

78 Erich Kempka fue entrevistado el 8 de febrero, el 22 de marzo y el 22 de abril de 1948. Box 1FF33 31. Este documento puede leerse en línea en https://digital.library.duq.edu/digital/collection/mussinter/id/1157.

79 *Ich habe Adolf Hitler*, Kyrburg, Múnich, 1950. Hay dos ediciones con traducción al español: *Yo quemé a Hitler*, Ediciones Rubiños, Madrid, 1954, y otra debida a la editorial Sieghels, Buenos Aires, 2008.

la mecánica, incorporándose a la fábrica de la DKW (*Dampf- Kraft-Wagen*) en Essen y desatendiendo la tradición familiar que lo habría conducido a las minas. El apellido era de raíz polaca, debido al origen de sus abuelos paternos.

A los veinte años, el 1 de abril de 1930, se afilió al NSDAP, siendo el miembro número 225 639. Posteriormente obtuvo una plaza de chofer en el *Essener Nationalzeitung*, el periódico del partido en aquella localidad, trabajo que desempeñó hasta 1932. Dados sus conocimientos y su familiaridad con los automóviles, fue asignado como chófer del *gauleiter* Josef Terboven, director del rotativo que, por otra parte, había participado en el *Putsch* de Múnich y era dirigente regional del partido.

A finales de febrero de 1932, Terboven recomendó a Kempka para el servicio de Hitler. Tras pasar unas pruebas más o menos complejas acerca del discernimiento que pudiera tener de los vehículos que usaba Hitler, Kempka quedó seleccionado como conductor secundario, en compañía del principal, *SS-Brigadeführer*, Julius Schreck.

Al año siguiente ingresó en un grupo de ocho miembros para constituir el *SS-Begleitkommando des Führers* (comando de escolta de las SS), cuya designación se cambió poco después a FBK, *Führerbegleitkommando.*

Ya en plenas funciones, y tras la llegada de Hitler a la cancillería, Kempka fue testigo de lo ocurrido en la *Noche de los Cuchillos Largos*, entre el 30 de junio y el 1 de julio de 1934, con la detención y muerte de Ernst Röhm y buena parte de los jerarcas de las SA. Kempka trasladó a Hitler a la cita que tenía con Röhm en el hotel Hanselbauer de Bad Wiessee, población balnearia al sur de Múnich. Tras una fiera discusión, Hitler le anunció que estaba detenido, siendo llevado de inmediato a la prisión de Stadelheim, en Múnich, donde, tras ofrecerle la posibilidad de suicidarse, Röhm fue asesinado a tiros por miembros del SD, la inteligencia de las SS.

Un par de años después, en 1936, y a raíz del fallecimiento de Schreck el 16 de mayo, Erich Kempka pasó a ser el conductor permanente de Hitler, adquiriendo potestad como jefe de la unidad de vehículos del canciller del Reich.

El 1 de diciembre de 1937, Kempka se adhirió a la *Lebensborn*, una organización dentro del entramado SS destinada a promocionar hogares racialmente puros, en gran parte para hijos de oficiales, donde los niños eran considerados valiosos en virtud[80] de supuestos rasgos genéticos. El propio Himmler otorgó a Kempka el *Totenkopfring*, el anillo honorífico donde, además de la calavera, destacaban signos rúnicos tan del gusto del ocultismo nacionalsocialista.

Dada la costumbre de Hitler de ocupar el asiento delantero, uno y otro, conductor y acompañante, fueron adquiriendo una relación notable, hasta el punto de que, en julio de 1938, Kempka le hizo entrega de un modelo *Mercedes* blindado, diseñado por el propio Kempka y también financiado por él, que tuvo posteriormente varias réplicas más, siendo uno de los éxitos del jefe de la flota de automóviles del Führer. De ahí parte, con toda probabilidad, la animadversión hacia Bormann, dada la reiterada negativa de este a pagar la fabricación del vehículo, asunto que se resolvió tras el beneplácito de Hitler y el consiguiente abono de las cantidades estipuladas. La necesidad de utilizar un automóvil blindado vino a raíz del atentado[80] del 8 de noviembre de 1939, cuando estalló una bomba instalada en la cervecería Bürgerbräukeller de Múnich preparada por Georg Elser para que hiciera explosión durante el discurso que el Führer iba a pronunciar en conmemoración del Putsch de 1923.

Por otra parte, la citada animosidad de Kempka hacia Bormann toca el extremo de considerar que su influencia sobre Hitler pudo *llegar a constituir el más triste capítulo de la historia del III Reich*[81]. Semejante opinión, quizá la única en el libro sobre asuntos meramente políticos, da idea del despiste de Erich Kempka y del grado

80 Hitler sufrió más de cuarenta atentados durante su actividad política, por más que se recuerda casi exclusivamente el protagonizado por el coronel Stauffenberg el 20 de julio de 1944 en la Wolfsschanze, la Guarida del Lobo, Prusia oriental, actualmente territorio polaco.

81 Kempka, *opus cit.*, pág. 41.

de disparate que era capaz de asumir. Con todo, marca posiciones y permite ir desvelando el enfoque del autor.

En el momento del ataque a la capital del Reich del Ejército Rojo, Kempka ocupaba un aposento en las cocheras de la cancillería, pero el día 20 de abril el general Mohnke le dio la orden de preparar los automóviles para trasladar en pocas horas hasta los aeródromos más próximos a muchas personas que residían en la cancillería y en el *führerbunker.* Se trataba, desde luego, de la huida de buena parte de funcionarios y de altos dignatarios del régimen que querían salir de aquella ratonera antes de que fuera imposible. Después de tales viajes, en los días siguientes hubo más, llegando a trasladar a unas cien personas.

En aquellos trayectos, los vehículos regresaban a los garajes con numerosos impactos de artillería, quedando algunos seriamente afectados, con lo que Kempka preguntó si tenía que resguardarlos para evitar que fueran destruidos, pero el *SS-Sturmbannführer* Otto Günsche, asistente de Hitler, le notificó que, según iban pasando las horas, solo se volverían a utilizar los que quedaran en condiciones de circular, respuesta que sirvió a Kempka para concluir que nadie más iba a salir del búnker, y aquello naturalmente implicaba al propio Hitler.

Poco después, cuando el Ejército Rojo estaba a punto de rodear Berlín, Walther Hewel, enlace de Exteriores con la cancillería, presentó una octavilla, que recogió en la calle y que al parecer corría entre las tropas soviéticas, redactada por Ilya Ehrenburg, quizás aquélla en la que se decía, alentando a los soldados rojos para que consumaran actos de venganza y barbarie sin par:

> «Matad, matad, no hay inocentes entre los alemanes. Obedeced las órdenes de vuestro camarada Stalin, destruyendo para siempre a la bestia negra en su guarida. Mancillad el orgullo racial de las mujeres alemanas. Tomadlas como legítimo botín».

Obviamente, Kempka explica el pormenor para mostrar el ánimo que reinaba en el búnker. Quizá, pocas veces, la propaganda de guerra ha podido llegar a extremos tan feroces.

A partir del 25 de aquel mes, y como veremos por otros testimonios, el *führerbunker* quedó sin comunicación con el exterior y solamente a través de informaciones que se recibían en las emisiones de las emisoras de radio británicas, muchas veces oídas a través de los aparatos de los coches, se supo que Himmler había solicitado la suspensión de la guerra con los aliados occidentales, alegando que Hitler estaba impedido y que se preveía un pronto desenlace, asunto que produjo un absoluto revuelo y las consecuencias que inmediatamente veremos.

Sin embargo, el día 26 llegó a Berlín el general Ritter von Greim a bordo de un *Fieseler-Storch*, acompañado por la piloto Hanna Reitsch, habiendo aterrizado en la avenida Unter den Linden, es decir, en la zona todavía no ocupada por los rusos, entre la Puerta de Brandenburgo y la Universidad Humboldt. Tras la visita al Führer y un rato con los niños de la familia Goebbels, ambos aviadores partieron hacia Flensburg para entregarle al almirante Dönitz el testamento de Hitler. Nada hubo, por tanto, de ficticias huidas en avión de Hitler en aquellos momentos del búnker. Las especulaciones que después se han escrito y que constituyen una alarmante profusión son, sencillamente, falsas.

Poco después, Erich Kempka tomó parte, si bien de forma indirecta, en la ejecución del *SS-Obergruppenführer* Hermann Fegelein, que actuaba como enlace de Himmler con Hitler, pues el día 27 había recibido una orden telefónica suya para encontrarse en el búnker a fin de hacerle depósito de documentos transcendentales, bien para destruirlos, bien para esconderlos por temor a los rusos.

Pero cuando Kempka se personó en la cancillería, Fegelein no apareció; sin embargo, se enteró que había solicitado dos automóviles para trasladarse a su casa, cambiarse de civil y quizá abandonar Berlín.

El objeto de la demanda era el portafolios con documentos importantes de Himmler, y dada la confianza con Fegelein, al que Kempka tuteaba, creyó la veracidad de lo dicho. No sabía que semejante connivencia podía ponerlo en serio peligro. Cuando por fin llegó, Fegelein subió al coche y escoltado por otro con varios soldados, los últimos del extenso parque móvil que quedaban en la cancillería, abandonó el recinto, regresando los vehículos poco después.

Entre tanto, se supo la noticia de la oferta de Himmler al conde Bernadotte, que cayó como un bombazo entre los moradores del búnker. Obviamente, si alguien sabía algo, era Fegelein. A medianoche, el propio Fegelein llamó al búnker y pidió hablar con Eva Braun —que al cabo iba a ser su cuñada, pues estaba casado con Gretl Braun—, diciéndole que ella y Hitler debían abandonar aquel lugar inmediatamente y asegurándole que la huida todavía era posible. La futura esposa del Führer lo conminó a regresar al *führerbunker* y le advirtió de las consecuencias que una negativa podía tener, pero Fegelein insistió en su propósito de reunirse con Himmler.

Poco después, un centinela, de servicio en los sótanos de la carbonera de la cancillería, detuvo e identificó a un sospechoso que resultó ser el general Fegelein. Este argumentó, vestido de paisano, que había regresado para recoger el portafolios antes citado. El *SS-Brigadeführer* Wilhelm Mohnke lo interrogó y lo pasó al *SS-Obersturmbannführer* y *Kriminaldirektor* Peter Högl, concluyendo que el portafolios contenía las pruebas testificales de la traición de Himmler.

Tras esto, se procedió a la inspección del aposento del general, donde encontraron varios millones en dólares y libras esterlinas. Se convocó de inmediato un consejo de guerra en el que se condenó a Fegelein al fusilamiento. La sentencia fue presentada a Hitler, que dudó en firmarla, pero Eva Braun le recordó la llamada de la mañana y el plan perpetrado por Himmler y Fegelein, donde no estaba exenta la posibilidad de entregar a Hitler y a ella al enemigo para reafirmar la voluntad de rendición. Ante tales argumentos, Hitler consignó la sentencia y Fegelein fue fusilado en los jardines del Ministerio de Exteriores por un pelotón de la SS. Respecto a estos hechos hay otras versiones que contradicen en parte lo escrito por Kempka: miembros de las SS fueron a su domicilio y lo condujeron al búnker, donde fue interrogado por el jefe de la Gestapo, Heinrich Müller, que decretó su inmediata ejecución. Versión que presenta escasa credibilidad, dado el talante del acusado.

Vistas las cosas y ante la inminencia de las circunstancias, Hitler quiso comprobar la eficacia del veneno que le había entregado días antes Himmler, y lo hizo con *Blondi*, la perra pastor alemán que siempre lo había acompañado. Y sí, el animal cayó fulminado unos segundos después de la inyección.

Posteriormente, Kempka relata, mientras las explosiones se dejaban oír cada vez con mayor intensidad, la ceremonia del desposorio entre Hitler y Eva Braun, con la asistencia de los principales jerarcas reunidos en el búnker, Goebbels, Bormann, Axmann, jefe de las Hitlerjugend, el coronel Below y alguna de las secretarias, oficiando un funcionario del Ministerio de Propaganda. Hubo refrigerio y conversaciones más o menos distendidas acerca de los viejos tiempos, pero los presentes sabían que la voluntad de la pareja era morir en las siguientes horas. Kempka no disimula cierta ternura hacia Eva Braun, a pesar de que, según dice, siempre significó la sujeción y la modestia de un carácter quizá apocado.

Tras la boda y el empeño de Hitler de otorgar la cancillería del Reich a Goebbels, el Führer le ordenó que dejara Berlín, disposición que aquél se negó a obedecer, argumentando que jamás lo abandonaría.

Ese mismo día 29, Hitler recibió a Erich Kempka, al que preguntó por la situación en el exterior. Kempka contestó que los hombres a su cargo estaban a la espera de la llegada del general Wenk y que entendían que la ruptura del cerco de Berlín se produciría en cualquier momento. Ambos se despidieron con un apretón de manos y los deseos del Führer de que el futuro le fuera bien, pero las avanzadillas rusas ya habían rebasado el Tiergarten y progresaban hacia el búnker. Poco después, dos motoristas vestidos de paisano salieron de los sótanos de la cancillería al encuentro de Wenk. Llevaban una nota firmada por Bormann en la que lo conminaban a adelantarse y tomar la iniciativa, pero ninguno de los dos pudo cumplir el objetivo.

Al amanecer del 30 de abril, Hitler y su mujer saludaron a las secretarias y a las personas del servicio, igual que a Bormann y a Günsche, su ayudante, al que el Führer ordenó que buscara toda la gasolina que pudiera encontrar para su incineración y la de su esposa.

> «No quiero ser expuesto —Kempka repite las palabras que Hitler dirigió a Günsche—, después de muerto, en una caseta de feria soviética».

A ello hay que añadir que Mussolini y su amante, Clara Petacci, habían sido ejecutados dos días antes cerca de Como y sus cuerpos colgados en una gasolinera de Milán.

Al mediodía, Otto Günsche llamó a Kempka y le pidió que extrajera y trasladara la gasolina de los vehículos aparcados en los garajes. Iban a ser unos ciento cincuenta litros, que Kempka llevó a los jardines de la cancillería, moviéndose junto a otros cinco chóferes en medio del feroz bombardeo de la artillería soviética.

Después, informado por Günsche del fallecimiento de Hitler, estuvo presente cuando el *SS-Sturmbarmführer* Heinz Linge, ayudante de Hitler y su oficial de protocolo, sacó el cuerpo del Führer cubierto por una manta. Hitler se había disparado en la boca, cayendo de bruces sobre la mesa del despacho. Como se puede ver, hay una discrepancia notable en este detalle, pero seguimos lo apuntado por Kempka[82]. Eva Braun, que también asió una pistola, murió envenenada, sin tiempo para usar el arma. Bormann, Linge y Günsche oyeron la detonación y abrieron la puerta para comprobar los sucesos, sirviendo como testigos el doctor Ludwig Stumpfegger, *SS-Obersturmbannführer,* junto a Goebbels y Axmann.

A partir de aquel momento, se trataba de trasladar los cuerpos al jardín y proceder a la incineración. En el camino, Kempka pudo distinguir los zapatos y el pantalón de Hitler, que estaba cubierto en brazos de su ayudante. Seguidamente, ingresó en la estancia donde permanecía el cuerpo inerte de Eva Braun, no permitiendo que en el último viaje la tocara Bormann, pues había sido su enemigo y en alguna medida su antagonista, llevándolo hasta entregarlo a

---

82 Véase más arriba la nota referida a la biografía de Linge.

Günsche, que lo dispuso en el jardín al lado de su marido, en el hueco producido por una explosión.

Tras empapar los cadáveres, en presencia de Bormann, Goebbels y Günsche, Kempka abrió un bidón de gasolina y humedeció un trapo, lo prendió con una cerilla que le dio Goebbels y lo arrojó sobre los cuerpos, que inmediatamente se inflamaron. A modo de homenaje final, los presentes saludaron con el brazo en alto.

Al parecer, la gasolina se consumió con rapidez, con lo que, una vez apagado el fuego, Kempka volvió a verter más combustible sobre los restos, no consiguiendo, según relata, una incineración completa por el constante bombardeo ruso. Aquella actuación duró cinco horas y media, y todavía hubo que añadir algunos cientos de litros más de gasolina para completar la cremación. Horas más tarde, Linge y algunos soldados recogieron los restos carbonizados de Hitler y Eva Braun y los depositaron en un boquete que una granada había hecho en el jardín, junto a la pared del edificio.

Poco después, el general Krebs hizo una salida, pactada con los soviéticos, para entrevistarse con Chuikov y negociar una posible rendición, pero fue en vano. Los rusos exigían una rendición incondicional y lo único que consiguió fue la promesa de que los prisioneros y heridos serían tratados de acuerdo con el Convenio de Ginebra. Ante tan magros resultados, pocas horas más tarde, Krebs optó por el suicidio.

Kempka regresó a las cocheras e informó a sus hombres de la muerte del Führer. A partir de aquellos momentos, los que todavía permanecían en el búnker empezaron a organizarse para, aprovechando la oscuridad, salir e intentar la fuga. Las circunstancias eran de casi absoluta improbabilidad, pues las vanguardias del Ejército Rojo avanzaban hacia el Reichstag, con lo que quedaban unos escasos metros para buscar una fisura, una mínima rendija entre las columnas atacantes, que ya se habían apoderado de los edificios en las inmediaciones del búnker, además, la puerta de Brandenburgo, convenientemente guarnecida por sacos terreros, tampoco iba a servir de suficiente parapeto. Sin embargo, en la oscuridad, entre el humo de los incendios, el fragor de las explosiones, los cascotes de las construcciones derribadas, las granadas de la artillería y las descargas de las ametralladoras, provistos de armas cortas —algunas pistolas y subfusiles MP 40—, varios grupos decidieron escapar hacia las entradas del metro, dado que en superficie era imposible cualquier oportunidad.

Aprovechando un boquete en el edificio de la cancillería, el 1 de mayo y hacia las veintiuna horas, salieron a la Wilhemstrasse buscando la entrada del U-Bahn (el metro) frente al hotel Kaiserhof, o sea, en dirección sur y hacia el río. Tenían muy pocas posibilidades, Erich Kempka aduce que sólo dos: conseguir atravesar las líneas soviéticas o morir *decentemente* como soldados.

Luego, caminando por los túneles —refugio de miles de personas, militares y civiles, que se habían congregado allí, abandonados a la indolencia más absoluta— llegaron a la estación de Friedrichstrasse, donde Kempka ordenó a los que formaban su tropa —un grupo de unos cien fugitivos integrado por mecánicos, conductores y personal de servicio, en el que se incluía una treintena de mujeres— que se detuvieran mientras inspeccionaba la calle con la intención de cruzar el puente sobre el Spree, pero los rusos disparaban desde los edificios y batían generosamente el sector. Aquello les hizo buscar refugio en el Admiralspalast, que había sido poco tocado por los bombardeos. El teatro se inauguró a principios de siglo para alojar espectáculos de variedades y los famosos music-hall berlineses, y también ofrecía baños termales a imitación de los romanos, salas de billar, boleras y una pista de hielo.

Escondido en el Admiralspalast, pasada la medianoche, se les unió otro grupo procedente del *führerbunker*. Allí Kempka supo que Goebbels y su familia habían muerto. Entre los fugitivos iba Martin Bormann, al que comentó la imposibilidad de cruzar el puente, pero de pronto, surgidos de la oscuridad más profunda, irrumpieron los últimos tres *panzer* que todavía mantenían la defensa. Kempka se dirigió al comandante y, de acuerdo con él, decidieron hacerlos avanzar despacio para proteger al menos un flanco del grupo de evadidos. El destino de los carros era tomar contacto con los restos de una compañía de la 6ª División SS de Montaña *Nord*, que había combatido en Laponia y contra el 3º de Patton en el Sarre. Alrededor de los *panzer*, encaramados a la torreta o resguardados tras el blindado, se apiñaron decenas de personas que, no obstante, sabían que aquella oportunidad, enormemente arriesgada, era la última. Instantes después de iniciada la marcha se produjo una explosión sobre la falda lateral del carro, derribando a los que habían trepado y despidiendo a los que viajaban a su alrededor. Kempka fue ligeramente herido por el estallido, perdiendo el conocimiento, aunque lo peor, cuando volvió en sí, era que no podía ver.

Al cabo de un rato fue lentamente recuperando la visión y, en ese momento, distinguió el cadáver de Bormann que, junto a otros, fue abatido por lo que supuso había sido el disparo de un cañón antitanque. Otros dos carros volvieron a intentar el cruce, pero Kempka entendió que era una opción inútil, con lo que decidió regresar a la protección del Admiralspalast. En aquel momento vio a Arthur Axmann, que posteriormente corroboró la muerte de Bormann, como sabemos. Es interesante porque acerca de este suceso han corrido ríos de tinta, si bien Trevor-Roper lo esclareció desde el primer momento[83].

Ya plenamente recuperado, Kempka comunicó al grupo de conductores que, desde aquel momento, tomaran sus propias decisiones, con lo que se despidieron y cada cual marchó a su antojo. No obstante, Erich Kempka se mantuvo en compañía de varios soldados. Cruzaron el río por el puente del ferrocarril, dado que el Weindendammer estaba bien cubierto por los soviéticos, como había podido experimentar hacía poco. Visto que no se oían disparos, continuaron unos instantes por la vía del tren con la intención de alejarse de los edificios de la cancillería y abandonar lo que parecía la zona principal de los combates, pero pronto optaron por dejar aquella ruta, pues la exposición al fuego enemigo resultaba evidente.

83 En efecto, no son pocos los testimonios que aseguran haber visto y conversado con Martin Bormann en diversos lugares del mundo, desde Argentina a España, EE. UU. o Australia. No incidimos en tales aseveraciones porque caen en la cuenta de lo que estamos tratando.

Descendieron a la calle y, bajo uno de los puentes elevados que soportan el ferrocarril que cruza Berlín, se toparon con varias personas de origen yugoslavo que habían levantado un pequeño depósito para guarecerse y almacenar ropas. Aprovecharon para permutar la indumentaria y, cuando ya estaban vestidos, apareció una patrulla rusa. De inmediato, los conminaron a identificarse, pero una de las mujeres del grupo aseguró que Kempka era su marido, ya provisto de un mono ajado y muy deslucido. Posiblemente la casualidad, y la intervención de aquella mujer, lo salvó.

Los rusos, tras celebrar el encuentro, donde no faltaron abrazos y besos como si de una familia se tratase, montaron una pequeña cocina de campaña y distribuyeron vodka, latas de carne en conserva, pan y mantequilla, disponiéndose a permanecer bastante tiempo. La yugoslava presentó a Kempka al comandante ruso, que lo abrazó y besó como a uno más, mientras decía *¡Tovarich, Berlin kaput, Hitler kaput, Stalin grande hombre!*, afirmando que también quería saludar al resto de trabajadores alemanes allí refugiados.

A la mañana siguiente, y una vez los evadidos del *führerbunker* quemaron todos los documentos que pudieran identificarlos, la yugoslava entregó a Kempka una prenda gastada que lo velaba todavía más. Es notorio el comentario que escribe el autor en sus memorias: los documentos que con inmenso honor había ido acumulando a lo largo de toda la vida, incluso el estandarte y el banderín del coche de Hitler, guardado con celo por Kempka y por supuesto el uniforme, quedaron en un instante convertidos en humo, siendo sustituidos por andrajos que lo asemejaban a un indigente desastrado.

Despidiéndose una vez más de los hombres que lo acompañaban, pues buscar la huida en grupo resultaba imposible, y con aquel aparejo menesteroso, abandonó la compañía de la yugoslava y de los rusos, que nada sospecharon, y salió como si hubiera decidido regresar a su casa en dirección a Hennigsdorf, al noroeste de Berlín, pero al cabo de poco se volvió a encontrar con un pelotón de los mismos soldados rusos de la noche anterior, que lo invitaron a celebrar otra gran fiesta por la victoria conseguida, con lo que retornó al refugio, siendo recibido por la dama yugoslava con muestras de gozosa simpatía.

Bajo la vía del ferrocarril, los rusos bebieron y bailaron sin descanso mientras el recuerdo de Kempka volvía al búnker, donde permanecía carbonizado y enterrado el hombre al que, todavía sin haber pasado ni cuarenta y ocho horas, había dedicado toda la vida. A pesar de tales pensamientos, Kempka no tuvo más remedio que brindar y congratularse por la caída del III Reich con los soldados soviéticos. En aquellos instantes, según cuenta, se acordó del *Infierno* de Dante, donde los demonios danzan y cabriolean alrededor de los condenados. Cabe decir que el comandante ruso lo invitó a bailar con su *esposa yugoslava* mientras el resto cantaba y aplaudía. Accediendo a la proposición y cuando asió a la mujer, se dio cuenta de que un ligero hilo de sangre le manaba por dentro de la manga del mono, con lo que optó por meterse la mano en el bolsillo y seguir la diversión.

Acabado el jolgorio, la yugoslava lo condujo hasta la zona de Tegel, al noroeste de Berlín. Allí, sin mayores alharacas ni compromisos, la mujer lo despidió para volverse con los suyos. Tantos años después, Kempka no se pudo explicar jamás qué vio aquella muchacha en él, por qué lo protegió tan afanosamente y cuál fue el motivo de tanta solidaridad.

Dispuesto a regresar a Berchtesgaden, en el sur y cerca ya de la frontera austríaca, donde tenía su domicilio y vivía su esposa, Kempka cruzó el Elba y continuó por Weimar y Múnich hasta el punto de destino. Todavía tuvo suerte porque otra muchacha, vinculada a los aliados como intérprete, le proporcionó documentación en la que se omitía cualquier relación con Hitler. En Berchtesgaden pudo encontrar a su mujer y permanecer unas horas tranquilo. Su intención era presentarse a las autoridades de ocupación y darse a conocer como jefe del Parque Móvil del Führer, alegando que jamás había tomado parte en unidades de combate ni había colaborado en nada que pudiera serle requerido. Pero fue denunciado y detenido por el CIC (Cuerpo de Contrainteligencia norteamericano, comisionado para la investigación y el enjuiciamiento de sujetos vinculados a delitos de guerra), interrogado durante horas y, por fin, recluido en la prisión de Berchtesgaden, de donde fue pasando por varios campos de prisioneros en los que siempre escuchó las mismas preguntas.

En aquellos momentos, los aliados no podían creer que Hitler se hubiera suicidado y albergaban la sospecha de que permanecía huido en algún destino desconocido. Kempka repitió cientos de veces, reconociendo que nunca sufrió malos tratos, idénticas respuestas a similares preguntas. La oficialía de la Contrainteligencia no entendía que alguien como el Führer pudiera haber desaparecido de la noche a la mañana sin dejar rastro y sin haberse servido de las muchas oportunidades que tuvo. Los interrogadores usaron decenas de estratagemas, como asegurar que un comandante de submarinos había declarado que permaneció en aguas del río Weser, cerca de Bremen, esperando la llegada de Hitler o que una flotilla de pilotos tenía preparados sus *Junkers* para trasladar al Führer a algún lugar lejano.

En este punto, lo dicho por Kempka cobra especial importancia porque reconoce que hubo *locos o imbéciles* —son los términos que utiliza— que declararon haber sacado a Hitler y a su esposa del búnker, con lo que, como ya hemos visto, la huida del Führer empezó a transformase en una pesadilla para la inteligencia aliada.

En tal coyuntura, una atinada reflexión de Kempka aparece en sus memorias: en cierto momento de abril de 1933, esto es, a comienzos del III Reich, Hitler, sentado a su derecha en el automóvil, le confesó en tono dramático que nunca saldría vivo de Alemania, y Kempka lo recordaba mientras volvía a ver cómo la gasolina devoraba el cuerpo del Führer, para el relator, un hombre respetado y hasta querido. Rememoraba aquello mientras el torrente de preguntas de los investigadores americanos tornaba de manera incesante. Ante la avalancha de cuestiones, pensaba, no sin acierto, que los inspectores norteamericanos consideraban a Hitler como al enemigo por antonomasia, a la bestia a la que había que perseguir y dar caza.

Finalmente, desde Darmstadt, Kempka fue conducido en los últimos días de junio de 1946 a Núremberg, donde se había decretado la celebración de los juicios a los nazis, que se oficiaron desde el 20 de noviembre de 1945 hasta el 1 de octubre de 1946. Se eligió Núremberg no por casualidad, sino por el valor simbólico que la ciudad tenía para el nacionalsocialismo, además de albergar un palacio de Justicia relativamente indemne.

Desde el estrado, Kempka declaró bajo juramento, asombrando a los presentes por el enorme arsenal de detalles que conocía. Incluso el fiscal americano, Robert H. Jackson, espetó que le sorprendía que justamente un chófer, en apariencia un sujeto sin apenas importancia ante la magnitud que se estaba ventilando, fuera capaz de aportar tantas referencias y de hacer tantas aclaraciones, *parece curioso que usted, precisamente usted, haya estado en todas partes,* indicó, a lo que Kempka respondió que de aquéllos que pudieron presenciar la incineración del Führer solamente quedaba él, pues Goebbels, Bormann y el resto habían caído o estaban en manos de los soviéticos.

Cuatro semanas después de permanecer como testigo en Núremberg, y tras añadir algunas ingenuas reflexiones acerca de la benignidad del nacionalsocialismo y de su máximo dirigente, al que nunca criticó ni menos vilipendió, se le trasladó al campo de prisioneros de Langwasser y de allí a Ratisbona, y otra vez a Ludwigsburg. Dado que no existía cargo alguno contra él, sería puesto en libertad el día 9 de octubre de 1947.

El testimonio de Erich Kempka resultó clave, pues fue el primero en confirmar de manera clara y definitiva el suicidio de Hitler y su posterior incineración en los jardines de la cancillería. Semejante declaración habría podido resultar definitiva, y más tras la constatación de otros testigos, amén de los trabajos de las investigaciones soviética y británica, si no se hubieran cruzado las dudas que esgrimía Stalin, esparciendo graves incertidumbres entre los aliados e iniciando la leyenda del Führer huido.

Aquellas dudas del mandatario soviético quizá fueran debidas al incontenible recelo ante lo que entendió pudiera ser otra treta del signatario con el que había firmado un acuerdo de no agresión en agosto de 1939, a manos de Ribbentrop y el ministro Molotov. Ese había sido el motivo por el que Stalin, el 22 de junio de 1941, menos de dos años después de la firma del pacto, no llegó a creer que Alemania estaba atacando la URSS.

Como hemos adelantado más arriba, Kempka, tras su puesta en libertad, mantuvo una relación fluida con antiguos miembros del *Führerbegleitkommando,* participando asiduamente en las reuniones de los miembros del *SS Panzerkorps.* Fue en el año 1951 cuando publicó, como también hemos dicho, un libro de memorias que tituló, muy expresivamente, *Ich habe Adolf Hitler verbrannt* (*Yo quemé a Hitler*).

En el colofón del texto revela el objetivo por el que ha sido escrito, destruir falsas leyendas:

> «Hitler no puede volver —dice—, Bormann ha muerto. Yo estaba allí cuando hizo explosión el carro. Arthur Axmann... ha visto posteriormente el cuerpo tendido de Bormann y pudo convencerse de que ya no alentaba resto alguno de vida».[84]

Añade, con posterioridad, que no cree haber escrito un libro político, pero asegura que su experiencia acaso pueda proporcionar cierto relieve a figuras que tan trágico papel desempeñaron en lo destinos de Alemania, facilitando una revisión personal de la imagen del Führer al margen de toda política, y ese es, continúa, el segundo propósito de su libro. Lo que ocurre es que es imposible y, probablemente obsceno, deslindar a Adolf Hitler del canciller del III Reich, del dictador y del autor del *Mein Kampf,* del responsable máximo del Holocausto y de la Segunda Guerra Mundial.

Erich Kempka falleció el 24 de enero de 1975, a los sesenta y cuatro años, en Freiberg am Neckar, al norte de Stuttgart.

---

84 Kempka, *opus cit.,* pág. 96.

Rochus Misch, el último soldado

El relato autobiográfico de Rochus Misch, de origen húngaro, es la narración de un miembro de la *Leibstandarte SS Adolf Hitler* absolutamente plano. Tanto es así que, si no fuera porque se trata de explicar la vida de un sujeto que vivió, principalmente en los postreros momentos, en un lugar como el *führerbunker* y junto a individuos de las características que conocemos, pasaría desapercibido. En gran medida, esa es la clave: la normalidad.

La normalidad y el completo acatamiento a unos hombres que estaban rigiendo la mayor calamidad de la historia de la humanidad, entre el Holocausto y la guerra en dos frentes simultáneos —dado que la aventura africana de Rommel acabó prácticamente con la caída de Túnez a primeros de 1943—, mientras proseguían, con excelente estilo de comportamiento y conducta, hábitos obsequiosos y hasta atentos en un ambiente correcto donde al parecer, al menos mientras no llegó el desastre final, el refinamiento de las costumbres era habitual y en absoluto se hubiera permitido la menor sombra de insolencia o tosquedad. Lo que explica Misch, un buen soldado, cumplidor y cuidadoso, deja lejos la ferocidad atribuible a la división a la que pertenecía, permitiendo ver a un muchacho disciplinado en una esfera donde la brusquedad o la arbitrariedad, por no decir la violencia, estaban erradicadas.

Misch fue seleccionado para el *Begleitkommando SS des Führers*, una unidad de escasos veinte integrantes destinados al servicio personal de Hitler, por haber sido herido en Polonia y por carecer de familia. Usaba, como todos los miembros de su división, el símbolo de la ganzúa en el parche izquierdo del cuello de la guerrera, mientras que en el derecho figuraban las runas de la SS y en las bocamangas la cinta con el nombre bordado de Adolf Hitler caligrafiado en tipografía *Sütterlinschrift*, típica germana[85].

Respecto a los emblemas de la *Leibstandarte*, acaso convenga aclarar otro detalle: el parche del cuello reproducía una ganzúa, como

85 La relación de las autoridades nacionalsocialistas con la tipografía es un campo al que se ha prestado escasa atención, pero refleja un estado de cosas altamente problemático. En 1933, hubo una exposición en el *Schriftmuseum Rudolf Blanckertz* de Berlín sobre escritura alemana en la que se ensalzaron las caligrafías y tipografías *Frakturschrift*, gótica, y *Sütterlinschrift*, que había de ser la propia de textos manuscritos, más redonda y de caracteres ciertamente infantiles. Todo ello iba dirigido a eliminar la *antiqua* o latina, es decir, la habitual y de uso común, pese a que se siguió usando ampliamente, sobre todo en textos propagandísticos destinados a los países ocupados. En 1934, el Ministerio de Educación del Reich dictó una regulación para el uso de la tipografía y caligrafía y, tres años después, Goebbels prohibió a los editores judíos usar caracteres góticos en sus publicaciones. Pero el 3 de enero de 1941, Martin Bormann, por iniciativa de Hitler, mandó una circular —cuyos caracteres del membrete eran, en manifiesta contradicción, precisamente góticos— en la que erradicaba el tipo *Frakturschrift* por considerarlo originariamente judío, dado que habían sido los judíos quienes los utilizaron en el siglo XV en los primeros libros impresos como mera evolución de los tipos *Schwabacher*, asunto más que discutible desde luego, pues ésta muestra formas redondeadas, por más que mantiene las eses largas. El cambio de tipografía en el III Reich favoreció de alguna manera las comunicaciones, pues se optó por la *littera antiqua*, como queda dicho, derivada de la romana, y posibilitando enormemente la comprensión. Por otra parte, la mención de Bormann a los primeros tiempos de la imprenta en manos judías era absurda, pues precisamente por decreto eclesiástico la imprenta quedó regularizada en exclusiva para los cristianos. Hubo también un serio problema para integrar el grafema ß, denominado *eszett*, pero Hitler personalmente decidió mantenerlo en las minúsculas de la *antiqua*, aplicando su desarrollo SS cuando se tratara de escritura en mayúsculas. A partir de 1941 la *littera antiqua* pasó a denominarse *deutsche Normalschrift*, asunto que certificó Hitler en uno de sus discursos, conocidos como *Monologe im Führerhauptquartier*, el 19 de noviembre. Para seguir esta línea de información, léase a Peter Rück, *Paläographie und Ideologie. Die deutsche Schriftwissenschaft im Fraktur- Antiqua-Streit von 1871–1945*, Signo nº 1, Universidad de Alcalá de Henares, 1994.

se ha dicho, y no una llave, dado que no tenía dientes en el paletón. En alemán, ganzúa es *dietrich*, con lo que hacía referencia al apellido de su creador, Josef Dietrich, *SS-Oberstgruppenführer* y, al mismo tiempo, quería significar la función de la unidad, o sea, proteger al Führer como escolta personal. Y así fue hasta que la división se integró en las *Waffen*, entrando en combate en Austria y en los Sudetes, pero principalmente desde 1939, durante el inicio de la invasión de Polonia, cuando cayó herido Rochus Misch, y en 1942, momento en que se convirtió en unidad acorazada. Sin embargo, el *Begleitkommando SS* permaneció como destacamento de seguridad de Hitler, y allí fue a parar Misch.

Con todo, se trata, desde luego, del testimonio de un soldado en funciones no tanto de guardaespaldas[86] como de guardia de seguridad, pues hace plantones en lugares destacados y atiende a servicios como el teléfono y el envío o recogida de paquetes a diversas personas allegadas al búnker y al Führer, que viaja en el tren especial de Hitler, denominado *Amerika* hasta el momento del desembarco en Normandía, y que permanece tras la puerta mientras se desarrollan las reuniones y que, por lo tanto, se percata de lo que se dice muy concisamente, sin contexto ni tejido explicativo. Dada esa particularidad, debe tomarse el testimonio con prudencia, pues estamos ante segmentos de conversaciones o, incluso, ante deducciones que disemina el propio Misch con la aportación de sus conjeturas personales.

Visto lo anterior, observemos que Misch cuenta minucias poco importantes, como el día que se casó y la felicitación particular que recibió de Hitler o alguna ocasión en la que el propio Fuhrer

86 Y ahí hemos de discrepar de las diversas traducciones que su libro ha tenido tanto en español como en otras lenguas, anteponiendo la palabra guardaespaldas cuando realmente Misch no lo era. Véase *Yo fui guardaespaldas de Hitler*, Taurus, Madrid, 2007 y *Hitler's last witness: the memoirs of Hitler's bodyguard*, Frontline Books, Londres, 2014. La versión francesa, *J'étais garde du corps d'Hitler, 1940-1945*, Le Cherche Midi, Paris, 2012, adolece del mismo problema. Cosa que también sucede con la traducción rusa, Я был телохранителем Гитлера (Yo era el guardaespaldas de Hitler), editorial Текст, Moscú, 2010.

lo autorizó para abandonar el servicio y tomar un refresco con una compañera.

Sin embargo, en la medida que iban llegando a Berlín noticias de Stalingrado, el ambiente se deterioró, convirtiendo al propio Hitler, al que denomina *jefe*[87], en alguien muy distinto: envejecido, gastado, irascible y mucho más reservado, de tal forma que es habitual ver a Misch de guardia en la puerta de los aposentos del Führer, que permanece recluido en el búnker, sin más quehacer que vigilar entradas y salidas que, además, no se producen.

A partir del atentado de julio de 1944, las circunstancias son todavía peores. Misch no recoge las discusiones con Guderian y pasa muy por encima, aunque citándolo, el asunto de la destitución de Göring, pero se detiene en la eliminación del *SS-Guppenfuehrer* Hermann Fegelein, la noche del 28 de abril de 1945, unas horas antes de la boda entre Hitler y Eva Braun —ya hemos dicho que Fegelein era el cuñado de Hitler *in pectore*, dado que estaba casado con una hermana de su futura esposa—, eso sí, sin ofrecer opinión ni enjuiciamiento alguno, por más que presenta el intento de negociación de Himmler como el motivo que desencadenó la ejecución, que según Misch fue una ráfaga de subfusil *MP40* por la espalda en un corredor del *führerbunker*. Para nada habla de juicio sumarísimo ni de la situación del acusado, al que habitualmente se presenta ebrio. Aduce que un compañero le comunicó el suceso, apuntando que hizo gesticulaciones sobre el hecho y onomatopeyas al indicar la descarga. En este punto es interesante observar que, a pesar de lo dicho, en el año 2022 todavía se imprimían noticias[88] acerca de la vida de Hermann Fegelein en Brasil, después de haber vivido en Argentina, añadiendo reveladoras reseñas en torno a un supuesto desembarco de Hitler en la costa argentina el 20 de junio de 1945.

87 *Capo* en la versión italiana que leemos, *L'Ultimo. Il memoriale inedito della guardia del corpo di Hitler*, Castelvecchi, Roma, 2007.

88 Marcelo Netto, *Rastros de um nazista, Perícias e relatos indicam que Hermann Fegelein, integrante do círculo íntimo de Hitler, morreu impune no Brasil...* Carta Capital, nº 1206, 4 de mayo de 2022, São Paulo, Brasil.

Posteriormente, Hitler y Eva Braun se casaron. La ceremonia, celebrada en la sala de conferencias, apenas duró unos minutos y el funcionario municipal, Walter Wagner, cerró el acto sin mayores encomios bajo la mirada de Bormann y Goebbels. Después, los esposos volvieron a sus habitaciones. Hasta ahí llega Misch que, naturalmente, se quedó de plantón en la entrada, viendo, sin embargo, que una de las secretarias de Hitler, Traudl Junge, pasaba a máquina el testamento del Führer.

La situación se fue desintegrando en la medida que se acercaba el momento final. En el búnker, un sarcófago de cemento, dice Misch, regía un silencio absoluto, de plomo, «todos esperaban —y seguimos citando las palabras textuales de Misch— que Hitler pusiera fin a su vida en las horas sucesivas»[89]. No cabía la menor esperanza; los soviéticos se acercaban por la puerta de Brandenburgo y desde el otro lado, por la avenida Unter den Linden. Las escasas defensas de Berlín ya estaban pulverizadas, muchos allegados huían y cada vez el búnker se iba quedando más vacío, solo Hitler y Eva Braun, Bormann, Axmann y los Goebbels, algunos generales como Keitel, Jodl, Krebs y su ayudante, pocos más, y la guardia del Führer, sus secretarias y el chófer, permanecían en los sótanos del *führerbunker.*

Los fugitivos intentaban llegar hasta las bocas del metro, donde se había aglomerado la población, para avanzar por debajo de las calles, en los túneles, a oscuras y entre las vías, y salir más allá de lo que pensaban pudieran haber ocupado las vanguardias rusas. No imaginaban, desde luego, que el Ejército Rojo ya dominaba todos los rincones de Berlín. Únicamente el río, el Spree, relativamente próximo a la zona del búnker, ofrecía alguna posibilidad. El metro tenía dos paradas cercanas a la corriente y, desde allí, y dejándose deslizar por las aguas, cabía alguna opción, como veremos cuando hablemos de la huida del comandante Loringhoven. Los túneles del metro eran, por lo tanto, las únicas líneas de fuga.

89 *L'Ultimo. Il memoriale...* opus cit, pág. 148. La traducción es nuestra.

Pero antes, en aquellos minutos postreros, el matrimonio Goebbels iba a perpetrar su postrer acto de barbarie asesinando a sus seis hijos. Antes todavía se sentaron en torno a una mesa para cantar la marcha *Die blauen Dragoner,* una melodía de 1914 debida a Gustav Wilhelm Harmssen. Una alegre canción de soldados para momentos trágicos, a modo de fervorosa despedida de un mundo que fenecía.

Un despacho, quizás de los últimos, llegó al búnker y Misch lo atendió: Mussolini había sido ajusticiado por partisanos italianos. Al amanecer, los cañones soviéticos volvieron a romper el silencio de las ruinas, el frente estaba a trescientos metros del búnker. Hitler y Eva Braun se retiraron a sus habitaciones y, de pronto, alguien grito: ¡Ya lo ha hecho! Tras unos segundos, Heinz Linge y Günsche abrieron la puerta de la cámara del Führer y fue cuando Misch pudo echar una mirada, distinguiendo el cuerpo inerte de Hitler, tal como dice en su testimonio. Era la tarde del 30 de abril de 1945.

No entró, quedándose a seis u ocho metros de distancia. Eva Braun, caída sobre las rodillas, estaba a su lado, y Misch se fijó que llevaba un vestido azul oscuro con flores blancas. Linge, Günsche y Kempka extendieron el cuerpo de Hitler y de su esposa y los taparon con una manta. Después, los sacaron al jardín de la cancillería, los rociaron con gasolina y les prendieron fuego. Misch explica que, pese a recibir permiso para ir a ver la cremación, tuvo miedo porque Müller, el jefe de la Gestapo, andaba por allí.

Pasados unos instantes, un técnico de transmisiones le comunicó que había un contacto telefónico con el mando soviético y que el general Krebs iba a tomar el auricular para solicitar un encuentro con el general Chuikov. Hay que señalar que Krebs no utilizaba intérpretes, ya que hablaba ruso desde los tiempos en que había servido en Moscú como delegado militar alemán. El encuentro y la subsiguiente entrevista, que duró tres horas, resultaron un fracaso, los soviéticos rechazaban categóricamente cualquier propuesta patrocinada por Goebbels para una negociación separada. Ese momento, escribe Misch, simplemente *era el jaque, el fin.*

Antes del alba del día siguiente, los que todavía permanecían en el búnker organizaron una escapatoria formando diversos grupos. Misch tenía la intención de unirse a ellos, pero antes debía cortar la centralita y desconectar los cables. En aquel momento estaba solo, ya no había soldados en el búnker, deambuló unos instantes y, por más que resulte espinoso creerlo, halló sobre una mesa restos de comida, con lo que tomó un bocado y, tras haberse sentado, se quedó adormecido.

Se hace difícil entender cómo en aquellas circunstancias, alguien que sabía lo que se estaba jugando, pudo sucumbir al sueño y permanecer dormido mientras a pocos metros se luchaba con denuedo en un combate feroz. El caso es que, al cabo de varias horas, Misch despertó. Asombrado de sí mismo y sin noción de lo que estaba ocurriendo en el exterior, tomó una linterna y pistola en mano, saltó por una ventana que daba a la Wilhelmstrasse y corrió hacia la entrada de metro cerca del hotel Kaiserhof, que encontró atestada de gente. Siguiendo los raíles y con ayuda de la linterna, consiguió llegar hasta Stadtmitte, donde volvió a ver a varios compañeros del búnker. Alertado por ellos, entendió que era imposible pasar el Spree por el puente de Weindendammer, situado al norte de su posición y que cruza el río siguiendo en línea recta la Friedrichstrasse, con lo que decidió dirigirse a Nord, hacia Charlottenburg, esto es, al otro lado de la puerta de Brandenburgo y atravesando el Tiergarten y el edificio de la Ópera, pero alguien objetó que era más seguro ir a Stettiner, mucho más al norte y lejos de lo que se suponía era el centro de las operaciones rusas en torno al búnker.

Después de un largo peregrinaje por los túneles, un compañero salió para observar la situación y, viendo que había soldados alemanes en las inmediaciones, animó a los demás a marchar en aquella dirección. Grave error, porque los soldados que había visto eran cautivos que los soviéticos encuadraban para trasladarlos fuera del frente. Misch explica cómo Heinz Linge, que llevaba un reloj de pulsera, se lo quitó y lo tiró a unos escombros, declarando a media voz que se trataba de un recuerdo del Führer. Posteriormente, los rusos los detuvieron, pero buscaron mezclarse con el resto de los prisioneros, principalmente para que nadie pudiera identificar al grupo como miembros del *Begleitkommando* e integrantes del *führerbunker*.

A partir de ese momento, el relato de Misch transcurre mucho más rápido. En escasas veinte páginas refiere los diez años de cautiverio en la URSS, empezando por el inmediato traslado a Woldenberg, donde fue identificado y enviado a Posen, un campo ruso para prisioneros de guerra donde fue encontrando antiguos conocidos, como el piloto de Hitler, Hans Baur que, herido y manco, esperaba su ingreso en una clínica rusa en Moscú para tratar sus lesiones. Baur convenció a Misch para que lo acompañara porque, según le había asegurado un cirujano soviético, tenía derecho a un enfermero. Ciertamente ambos serían conducidos a Moscú en ferrocarril, pero no a un hospital, sino a la Lubianka, sede del KGB.

Allí empezaron los interrogatorios. Según cuenta Misch, los rusos no tenían certeza respecto de la muerte de Hitler, incluso sospechaban que el Hitler que se suicidó en el búnker no era más que un doble. Misch sufrió innumerables castigos, golpes y torturas, manteniendo siempre la misma versión de los momentos que había vivido. Pero en diciembre de 1945, y siempre según su propio relato, llegó un nuevo interrogador, Sawaliew[90], comisario que cambió el foco de las investigaciones, pues quería saber qué ocurrió en el búnker durante los últimos días y no solo la suerte que debió seguir el Führer.

En este punto, conviene fijarse precisamente ahí, en las fechas. A finales de 1945, dado que el búnker de Hitler había quedado en territorio dominado por los rusos, estos habían investigado hasta la extenuación tanto en las ruinas como a los supervivientes que pudieron apresar. Había habido una indagación detallada por parte del NKVD y también, todavía con mayores pormenores, otra llevada a cabo por el SMERSH. Además, por si fuera poco, existía un

90 No hemos podido hallar referencias de este comisario del KGB, seguramente porque la siempre complicada transliteración del cirílico al alfabeto latino dificulta la investigación. Al fin y al cabo, Савалиев se convierte en Sawaliew. entorpeciendo cualquier exploración.

informe que presentó Trevor-Roper en aquellos días a la comisión cuatripartita aliada.

¿Qué suponía, entonces, la insistencia de Sawaliew en pretender dilucidar lo sucedido en el búnker en los últimos días de vida de Hitler? Suponemos que una invitación, si se pudiera denominar así, una incitación y un estímulo a que el reo confesase algún dato capaz de confirmar la extenuante sospecha rusa: Hitler estaba vivo y había huido en el último momento.

Misch presenta a un interrogador que da pistas al interrogado: ¿Quién facilitó la fuga? ¿Dónde se halla Hitler? Todo se fundamentaba, naturalmente, en la certeza, al menos durante la interpelación, de que el Führer seguía vivo. Para apretar más, Sawaliew recurrió a la tortura, a los golpes, a la interrupción del sueño, al frío y a cuantas coerciones e intimidaciones se le pudieron ocurrir. Tanto fue así que, en un momento, Misch escribió una nota a Lavrenti Beria —o esa era su intención—, asegurando que había dicho todo lo que sabía. Tal documento, por supuesto, no sirvió para nada.

A mediados de 1946, Misch sería trasladado a Berlín a fin de participar como testigo en el juicio de Núremberg. Sin embargo, su presencia sería anulada, con lo que nuevamente lo desplazaron a Moscú para pasar después a Karlag, uno de los campos de trabajo del sistema Gulag situado en la región de Karagandá, en Kazajistán, donde se habían congregado otros muchos prisioneros alemanes.

Unos años después, todos aquellos reos fueron condenados a muerte a través de un veredicto conjunto sin que mediara sumario ni juicio alguno, pero en 1950 la pena máxima fue rebajada a veinticinco años de trabajos forzados ante el cargo de haber mantenido el régimen nazi. Transferido a otro campo de prisioneros en los Urales, cerca de Stalingrado, a finales de 1953 sería liberado junto con miles de antiguos soldados alemanes favorecidos por la intervención diplomática del presidente Konrad Adenauer, que visitó la URSS el 7 de junio de 1955 tras la invitación de Nikita Kruschev, una vez Stalin había desaparecido dos años antes.

Cabe decir que, de los aproximadamente tres millones de prisioneros de guerra apresados por el Ejército Rojo, sobrevivieron unos dos millones, muriendo el resto en diferentes localizaciones del Gulag.

Cuando Misch volvió a Alemania fue llevado a un lugar de internamiento en el este de Berlín para, tras verificar la identidad y provisto de ropa, salir a la calle, bajar al metro y pasar al lado occidental, llegando a su antigua casa el 31 de diciembre de 1953.

En lo que resta del relato, el autor asegura no haber sabido jamás absolutamente nada de las atrocidades nazis, afirmando que nunca se sintió culpable: había cumplido su deber de soldado en el lugar y en el momento que le tocó, nada más.

Guardó silencio durante muchos años, hasta enviudar, pero en 2004 se estrenó la película *Der Untergang* (*El hundimiento*) de Bernd Eichinger, con Bruno Ganz en el papel de Hitler, donde se daba cuenta de los últimos momentos del dictador en el *führerbunker*. El argumento gravitaba sobre un trabajo de idéntico título del historiador Joachim Fest, autor de una biografía esencial sobre Adolf Hitler y considerado entre los grandes estudiosos alemanes del nazismo. Además, Eichinger tuvo en cuenta la aportación de las memorias de Traudl Junge, una de las secretarias del Führer. Con tales apoyos, *Der Untergang* parecía reunir las más altas cuotas de seriedad histórica; sin embargo, Misch se apresuró a decir en sus memorias que la película no era más que una opereta: todo es exagerado[91], no hubo fiestas ni festejos ni orgías de champagne en lugar tan minúsculo. Nadie de la producción, ni Fest ni ningún otro, tuvo a bien consultarle. En aquellas fechas, y precisamente para contrarrestar lo que consideró un despropósito, se decidió a escribir sus recuerdos. Como consecuencia, fue entrevistado por numerosos periodistas que quizá buscaban detalles que jamás confirmó, ya que nunca expresó opiniones ni dio un paso más allá de la prudencia más elemental. Rochus Misch falleció en Berlín el 5 de septiembre de 2013, a los noventa y seis años.

91 Misch, opus cit., pág. 208.

Bernd Freytag Von Loringhoven, el testigo imperfecto

Una vez detenido por los aliados en Leipzig, el comandante Bernd Freytag von Loringhoven fue enviado a Eselheide, en Renania, y poco después a un campo de prisioneros militares en Ostende para, posteriormente, viajar a Bad Nenndorf, cerca de Hannover. Fue allí donde recibió la visita de un oficial británico del servicio de inteligencia que se hacía llamar mayor Oughton.

A pesar de la frialdad que el interrogatorio exigía, la conversación entre ambos soldados no debió resultar displicente, principalmente porque Loringhoven hablaba un inglés aceptable[92] y no tenía nada que ocultar, toda vez que en ningún momento se vio implicado —según propia confesión y examen posterior— en crímenes de guerra, violaciones o asesinatos. Tanto fue así que, dadas las condiciones a las que era sometido en el cautiverio, llegó a pedir al mayor Oughton que interviniera respecto de alguna complicación en el trato recibido. Y, efectivamente, Oughton terció con un sargento que al parecer mostraba excesiva pasión en su quehacer. Tras su mediación, los ímpetus y las tensiones se apaciguaron.

92 En sus memorias recuerda que, estando prisionero, recibió un diccionario inglés-alemán.

Aquel oficial en realidad era el comandante Hugh Trevor-Roper, el investigador comisionado, a instancias de Churchill, por los servicios de inteligencia británicos para esclarecer los últimos acontecimientos vividos por Hitler en el *führerbunker.* Como ya hemos dicho más arriba, con posterioridad, Trevor-Roper será uno de los más lúcidos y ponderados historiadores que aparecieron inmediatamente después de la contienda y que durante años dedicó sus desvelos a explicar el aterrador panorama alemán.

Oughton —es decir, Trevor-Roper— preguntó durante horas factores y detalles muy precisos a Loringhoven, siempre en un estilo reservado y parco, sin sentimentalidades ni admitiendo alegrías emotivas. Se trataba de entrevistar a un prisionero alemán y de indagar en sus recuerdos, no de iniciar una amistad, y Trevor-Roper, que cita en su libro a Loringhoven, en absoluto destaca nada en particular acerca de las vicisitudes habidas con el entrevistado.

Por el contrario, es Loringhoven quien en su libro de memorias[93] da escuetamente la cita de lo ocurrido, añadiendo la dificultad que mostraban los británicos —donde posiblemente se incluya a Trevor-Roper, a pesar de que se trata de interrogatorios efectuados en Ostende, en el verano de 1946— para entender que un oficial de Estado Mayor alemán, edecán de Guderian y posteriormente ayudante del general Krebs, que había permanecido en el *führerbunker* hasta unas horas antes del suicidio de Hitler, no era ni mucho menos nacionalsocialista . Y así fue, Loringhoven jamás hizo gala de nazi, por más que sirvió en la Wehrmacht como un soldado que respondía lealmente a la deriva que su país había seguido.

Tras pasar casi cuatro años en cautividad, se le liberó a inicios de 1948 y, después de algún tiempo, se pudo integrar en la Bundeswehr, donde progresó hasta ser representante de Alemania en el Standing Group de la OTAN, en Washington, con rango de general.

Bernd Freytag von Loringhoven provenía de una familia aristocrática de Wesfalia que por diversas razones se había asentado

93 Bernd Freytag Von Loringhoven, *En el búnker con Hitler*, Altaya, Barcelona, 2007.

en Arensburg, en la actualidad Kuressaare, ciudad sita en la isla de Saaremaa, Estonia. Su padre combatió contra el bolchevismo en 1920 y, tras el triunfo de la revolución, tuvo que huir a Alemania. Había, por tanto, un poso anticomunista en la familia que hacía encajar en Loringhoven ciertos postulados de cariz conservador contrarios a cualquier corriente izquierdista. Por otra parte, en aquellos momentos la república de Weimar no ofrecía alternativa válida alguna, salvo su desempeño democrático, dado que el paro y la inflación campaban libremente.

En ese ambiente, la figura de Hitler aparecía encarnando actitudes solícitas, incluso acaso eficaces, a pesar del antisemitismo que irradiaba, motivo por el que Loringhoven y su familia, que guardaba viejos lazos con personas judías, lo veía como mucha precaución. A pesar de ello, para ascender en la universidad, y más en un ámbito como el derecho, que era lo que deseaba estudiar el joven Loringhoven, asociarse al NSDAP era imprescindible, asunto que posteriormente se completaba con indispensables cursos de captación nacionalsocialista en campamentos organizados por el partido con programas diseñados en base a tres parámetros: nacionalismo, antisemitismo y resarcimiento de los acaecido en 1918.

Por otra parte, uniéndose al ejército tales obligaciones quedaban subsumidas, pues oficiales y soldados juraban la constitución de Weimar y no lealtad a ningún partido, motivo por el que, en noviembre de 1934, Loringhoven ingresó en el 7º Regimiento de caballería de Breslau. Hay que añadir que un primo suyo, Wessel —que estuvo implicado con el atentado del 20 de agosto de 1944— era capitán, con lo que Bernd pudo incorporarse con mayor facilidad. Pero las cosas iban a cambiar a partir de las elecciones de 1933 y del fallecimiento del presidente Hindenburg el 2 de agosto, pues desde ese momento los militares debían jurar fidelidad a Hitler. Este asunto, aparentemente una cuestión administrativa, se convirtió en tema de suma importancia cuando el almirante Dönitz, en su orden del día 1 de mayo de 1945, validó el juramento de fidelidad al Führer dirigido a su persona.

Con todo, en 1933, aquéllos eran síntomas preocupantes, pero en un entorno conservador como el del 7º de Breslau, el cambio se entendió como un mero trámite sin apenas consecuencias, dado que la oficialía creía poder preservar su apoliticismo más allá de fórmulas y ceremonias.

Sin embargo, al año siguiente, Hitler rompió el Tratado de Versalles, convirtiendo el regimiento donde servía Loringhoven en el 2º de carros, siendo trasladado a Turingia. Se trataba de la disolución de la Reichswehr y su trasformación en la Wehrmacht, asunto, ahora sí, extraordinariamente obscuro y peligroso que a muchos oficiales puso en alerta, y más si se atiende a que el 1 de septiembre de 1939 se inició el ataque a Polonia.

De una fuerza pequeña, bosquejada después de la guerra por los aliados para mantener la defensa de la república de Weimar, se pasaba al ejército del III Reich, y con ello daba comienzo la política expansionista alemana invadiendo territorios en Prusia oriental y repartiéndose Polonia en connivencia con la URSS.

A partir de ese momento arranca la vida en campaña de Freytag Von Loringhoven, destinado en calidad de asistente del teniente coronel Walther Wenck —muy posteriormente, el 16 de abril de 1945, comandante del 12º Ejército— en la 1ª División Panzer, integrada en el grupo de Ejércitos Sur. La rápida victoria trajo cierto relajamiento en los cuarteles, a pesar de que, según el relato del autor, nunca supieron las tropelías causadas por la Gestapo, la SS o los Einsatzgruppen. Es asunto difícil de creer, pero las continuas advertencias en ese sentido de Loringhoven pueden darle alguna solvencia.

Además, en ese punto aparece un tema quizá menor, pero de enorme repercusión si se sabe entender: Loringhoven cuenta que en el regimiento un grupo minoritario de oficiales leía a Jünger y a Erich Maria Remarque[94]. Se trataba, desde luego, de las novelas *Tempestades de acero* y *Sin novedad en el frente,* respectivamente. Leer a tales autores en aquel momento implicaba indiscutiblemente echarse encima toda la presión nacionalsocialista que, unos años antes, a mediados de diciembre de 1930 y por mano de Goebbels y sus instigadores de pri-

94 Loringhoven, *opus cit.*, pág. 23.

mera hora, habían interrumpido la exhibición de la versión cinematográfica de *Sin novedad en el frente,* no pudiendo impedir el imponente éxito de la novela, que vendió un millón de ejemplares en dos meses. Así era, Loringhoven y aquellos jóvenes oficiales asimilaban, en la víspera de la II Guerra Mundial, una novela profundamente antimilitarista que escarnecía ideas que el nazismo exaltaba y encumbraba: el heroísmo, la violencia, el fanatismo y el nacionalismo.

Estacionado en Renania en octubre de 1939, Loringhoven asistió al arranque de la campaña de Francia el 10 de mayo del año siguiente, pero ya en septiembre estaba en Berlín como asistente del teniente coronel Bayerlein, en la 3ª sección del 2ª Ejército Panzer del general Heinz Guderian. Fue allí donde empezó a oír las primeras palabras respecto de la operación Barbarroja, comentarios, en definitiva, que acentuaban la debilidad soviética después de la Guerra de Invierno, a pesar de las ganancias territoriales rusas.

En la madrugada del 22 de junio de 1941 empezó la batalla y Loringhoven, por entonces capitán, siguió el avance de las tropas alemanas integrado en el cuartel general de Guderian. Da nota en su trabajo de las adversidades climáticas que ya se manifestaban en el primer diciembre que se acercaron a Moscú, con temperaturas próximas a los 40 grados bajo cero y donde ni los fusiles ni los carros arrancaban, encendiendo hogueras bajo los chasis para que los tanques se pusieran en marcha y teniendo que introducir grasa caliente por los mecanismos de los fusiles para que se movieran las piezas.

Antes de la destitución del general Guderian, que se produjo el 26 de diciembre, Hitler había tomado el mando de la operación. El avance del ejército siguió adelante y a mediados de diciembre del ano siguiente, Loringhoven se hallaba en las cercanías de Stalingrado. Viendo la arremetida soviética, el general Paulus no se atrevió a salir del cerco y Hitler le negó cualquier posibilidad de capitulación: Stalingrado tenía un valor simbólico muy alto, además de suponer un contingente alemán en el sur de Rusia de enorme interés. Por otra parte, la rendición ante el Ejército Rojo significaba para Hitler una humillación que no quiso consentir, prefiriendo la destrucción a la derrota.

El 20 de enero llegó una orden a los sitiados para que un oficial llevara el correo del 6º Ejército hasta las posiciones de Manstein, en el mar de Azov, con lo que Loringhoven, al que se había designado para la misión, voló en un Heinkel 111, salvando de ese modo la vida. Cuenta en sus memorias que en el momento en que subía al avión, los soldados le dieron las gracias por transportar sus últimas cartas y, de alguna manera, por cerrar definitivamente el lazo que los unía a sus familias. Allí, aislados por la nieve y rodeados por los rusos, quedarían unos miles de hombres prácticamente abandonados a su suerte y cuya única esperanza fue, al menos, poderse despedir de sus seres queridos a través de la correspondencia que se llevaba Loringhoven.

Una vez en destino, tuvo una larga entrevista con Manstein y Richthofen acerca de las posibilidades de organizar la salida de los soldados alemanes del cerco de Stalingrado y comprobó, pese a las promesas del Führer, que ninguno de los dos creía en semejante contingencia.

Posteriormente, y tras la entrevista que citamos, fue nuevamente destinado al frente ruso, pero ahora en Ucrania, al Estado Mayor de la 111ª División de infantería. Sin embargo, las cosas volverían a tomar un cariz atroz. Abandonado por su coronel, que se perdió en la batalla, Loringhoven, en funciones de comandante de tropa, consiguió replegar en el último momento a toda la división gracias a la información que obtuvo de un croquis lanzado desde un avión, donde se indicaba el único camino libre sobre el río Mius.

En el verano de 1944 sería enviado al cuartel general del OKH en Mauerwald, Prusia oriental, cuando recibió una llamada telefónica del OKW anunciando el inicio de la invasión en Normandía.

En ese punto, surge el complot del atentado contra Hitler del 20 de julio y Loringhoven, pese a todas las señales que ha ido observando a lo largo de su experiencia, testifica que no participó en el mismo, a pesar de que su primo Wessel —aquel capitán del regimiento de Breslau que le facilitó el acceso al ejército— estuvo implicado, suicidándose unos días después del fusilamiento del coronel Stauffenberg.

El 20 de agosto le llegó una orden explícita: trasladar el cuartel general del OKH a Zossen, cerca de Berlín, pero tuvo que regresar inmediatamente a Mauerwald porque lo designaron ayudante de campo del jefe de Estado Mayor del Ejército de Tierra, Guderian.

A partir de aquel momento, y de alguna manera como consecuencia del atentado contra el Führer, aparecieron los ya citados *Nationalsozialistiche Führungsoffiziere* o NSFO, oficiales encargados de alentar a las tropas en el credo nazi y de prevenir cualquier desviación al respecto. A pesar de presentar una imagen casi de amotinamiento en el espíritu de la oficialía en aquellos instantes, lo cierto es que Guderian iba a ser uno de los más firmes estimuladores de los NSFO, aspecto por el que Loringhoven pasa de puntillas, indicando que el general mantenía una actitud ambigua[95]. En cierta medida, parece que quiera dispensarlo de responsabilidades, dando a entender que sin duda padeció la represión hitleriana en las filas de oficiales, pero es tema que en buena medida queda diluido.

Como ayudante de Guderian, Loringhoven asistía a las reuniones diarias en la Guarida del Lobo, en Rastenbourg. Posteriormente, y a medida que los rusos avanzaban hacia el oeste, aquellas sesiones se ubicaron en la cancillería y, después, en el búnker. Tenemos las notas que dejó el autor: largas exposiciones de Hitler sobre las características técnicas de los tanques o acerca de la organización de un frente que ya estaba quebrado, junto a reflexiones encabezadas por Himmler en torno a la voluntad de combate de las Waffen-SS.

En fin, y como cálculo final, cantilenas de dirigentes lenguaraces e ineptos que seguían discutiendo y oyendo largas peroratas, mientras el espacio se reducía y el enemigo avanzaba por todas partes, únicamente contenido por soldados que combatían al borde del desabastecimiento y la penuria, y prácticamente sin órdenes claras.

Las grandes victorias en Polonia, Bélgica o Francia, y la primera parte de Barbarroja, eran cosa del pasado, ahora el tiempo apremiaba y seguir apostando por la llegada de armas milagrosas o por movimientos extremos —como el que se supuso podría hacer el general Wenck— no era más que solazarse y distraerse en medio de

95 Loringhoven, *opus cit.*, pág. 53.

la vorágine. ¿Cómo pudo ser que en tales circunstancias nadie, ningún alto oficial, pusiera punto final a aquellos enredos y sentara de una vez las condiciones para tratar de salvar Alemania del desastre y de la calamidad más feroces? Si hemos de responder, digamos que, como primer elemento, se puede confirmar el miedo a Hitler, profundamente extendido entre los oficiales y el generalato después del atentado del 20 de julio y de las tremendas consecuencias que tuvo.

Si bien el dictador desde siempre había mantenido una relación nada cordial con sus generales, a partir de entonces, un terror cerval, prolongable a cualquiera que pudiera proferir una palabra considerada derrotista que, por supuesto, ponía en jaque también a las familias respectivas, se esparció como una sombra entre las tropas e, indudablemente, y más todavía, entre los generales y la oficialía. A ello debe añadirse la absoluta hegemonía de la policía, en manos de Goebbels y Himmler, del pánico a la represión y del talante de los miembros de las NSFO, presentes en todo momento.

Por otra parte, y no es baladí en absoluto, estaba el fulgor que Hitler seguía despertando, incluso en aquel contexto. Ciertamente, y a pesar de la pobre imagen que el Führer irradiaba, muy lejos de sus anteriores manifestaciones, todavía era capaz de alucinar a los presentes e incluso a los visitantes que raramente recibía en el búnker.

Tampoco se trata de pensar que gente tan sumamente inclinada al propósito hitleriano —nos referimos a los Himmler, Goebbels, Bormann, Keitel, Jodl o Burgdorf— fuera capaz de elaborar aisladamente una alternativa, ni siquiera de ver y entender la realidad. Nos referimos a generales en otro momento competentes, como el citado Guderian o el propio almirante Dönitz, cuya presencia era habitual en las largas meditaciones del Führer frente a su elenco de sátrapas. Pero nada de esto sucedió, a pesar incluso de las reiteradas ocasiones en las que Hitler pronosticaba su fin inmediato: el suicidio.

Pues bien, entre las labores de Loringhoven destacaba la obligación de elaborar un parte diario de la situación de los frentes, debiendo enviar telefónicamente las órdenes de Hitler a los comandantes respectivos, así como también ordenar la mesa de trabajo con los mapas que el Führer utilizaba para mandar los movimientos, incluso a nivel de compañía, asunto que desde luego distaba mucho de ser sensato. Como algunas veces encontraba opiniones diversas, principalmente expuestas por Guderian, Hitler descargaba los peores agravios, llegando a acusar de traición y perjurio a sus generales[96].

Sin embargo, Heinz Guderian, a quien se había nombrado jefe del Estado Mayor del Ejército de Tierra en julio de 1944, era un incuestionable seguidor de Hitler, pero las afinidades con el Führer se habían ido rebajando desde la ofensiva contra la URSS. Posteriormente, entendía las noticias de forma muy diferente a las conclusiones del dictador.

El principal objetivo de Guderian en aquellos debates era rescatar a las tropas estacionadas en el istmo de Curlandia, entre el golfo de Riga y el Báltico, en Noruega, en el norte de Italia y en los Balcanes para poder formar un bloque capaz de chocar con los soviéticos, pero ahí entraban diferentes maneras de entender la situación, dado que Dönitz abogaba por mantener soldados alemanes en el Báltico a fin de favorecer el despliegue de la flota submarina.

Por otra parte, en el momento en que Guderian defendió un repliegue para enfrentar a los rusos, Hitler lanzó la operación Herbsnebel en el oeste, con la intención de entrar en Amberes atravesando las líneas anglonorteamericanas. Semejante decisión en momento tan delicado, además de la obsesión hitleriana por asistir el frente húngaro y echarse sobre los rusos en los Cárpatos, llegó cuando la situación reclamaba justamente lo contrario, pues faltaban pocos días para que el levantamiento en Budapest tuviera efecto, además de que todas las informaciones recibidas hablaban claramente de ello.

Guderian tuvo poco después otro desencuentro con el Führer, afirmando el 9 de enero del 45 que los soviéticos habían acumulado casi diez mil cazas y bombarderos para atacar Alemania. Göring, cuya Luftwaffe era ya prácticamente incapaz de defender el cielo germano, negó ante Hitler la veracidad de lo que decía el jefe del

96 Loringhoven, *opus cit.*, pág. 66.

ejército. En ese punto, el Führer, vociferando, tildó de idiotas a los responsables del servicio de información militar, dándole la razón al Reichsmarschall.

Tales discrepancias se encresparon todavía más cuando Hitler ordenó retirar el cuerpo de tanques de la división *Grossdeutschland* hasta Polonia. Guderian se negó a obedecer, por más que el repliegue se produjo.

En febrero hubo más desavenencias respecto a los soldados detenidos en Curlandia, pero entre Hitler y Dönitz cerraron la cuestión, obligando a Guderian a callar, aunque en aquella ocasión parece que, según cuenta Loringhoven, ambos hombres —Hitler y Guderian— llegaron al cara a cara, sin que ninguno de los presentes se atreviera a interponerse.

Advertido por tantas señales luctuosas, Heinz Guderian se entrevistó a finales de enero con el ministro de Asuntos Exteriores, Ribbentrop, exponiéndole la necesidad de buscar un armisticio en el oeste. Obviamente, no obtuvo la menor aquiescencia, informando Ribbentrop de inmediato a Hitler de la visita del general. Aquel mismo día, el Führer vapuleó al jefe del Estado Mayor, acusándolo públicamente de reo de alta traición. Sin embargo y sorprendentemente, no pasó de ahí.

Después, Guderian intentó una maniobra similar con Albert Speer, ministro de Armamento, pero a pesar de compartir pareceres similares, no se decidió a emprender ninguna maniobra ante Hitler. Luego, Guderian volvió a intentarlo con Himmler, seguramente conociendo que el Reichsführer ya había contactado con los suecos en el mismo sentido, pero obtuvo una respuesta dilatoria: «Es demasiado pronto para todo eso»[97], fue la contestación de Himmler.

Como conclusión, no era posible, ni de forma directa ni indirecta, no ya convencer al dictador, sino al menos poderle exponer cualquier propuesta tendente a entablar negociaciones. Ligado a todo ello y con el añadido de la retirada de Varsovia, Guderian fue

97 Loringhoven, *opus cit.*, pág. 110

interrogado por la Gestapo. Cada día que pasaba, la posición del general Heinz Guderian estaba más cuestionada. Y el final llegó el 28 de marzo, cuando fue destituido[98] fulminantemente, siendo remplazado por su adjunto, el general Krebs.

Loringhoven pensó en ese momento que su presencia en el búnker habría acabado, pero sufrió una gran desilusión cuando le informaron que pasaba a ser edecán de Krebs, un hombre seguramente anticuado, con monóculo y habla pausada, completamente plegado a las demandas de Hitler, muy distinto de Guderian.

Por entonces, las vanguardias acorazadas de Konev ya se acercaban a Berlín, con lo que se impuso la necesidad de la evacuación. Hitler, a pesar de estar informado de la situación, se negó en redondo, nunca iba a abandonar Berlín, moriría en el búnker y su cuerpo sería quemado para no dejar señales a los soviéticos. Y el 22 de abril, Krebs comunicó a Loringhoven que había recibido la orden de mantenerse en el búnker, asunto que lo obligaba también, de acuerdo con sus funciones militares, por eso escribe en sus memorias que recibió aquella noticia como una sentencia de muerte[99].

Fue en aquellos días cuando el Führer reiteró ante sus generales que se mataría antes de caer en manos soviéticas. Las siguientes horas iban a ser obsesivas, Hitler recluido en su cuarto y solo presente en las reuniones de generales y Loringhoven escuchando emisiones inglesas para poder redactar algún comunicado congruente con la situación, pues prácticamente no existían ya transmisiones con las unidades todavía combatientes.

A pesar de todo, en las reuniones en el *führerbunker*, que todavía se mantenían, Hitler seguía ordenando movimientos de tropas

---

98 El día 10 de mayo de 1945, Guderian se entregó a los norteamericanos. Durante los juicios de Núremberg, no fue condenado ante la ausencia de pruebas suficientes. Negó su fidelidad al nazismo y los estadounidenses evitaron en todo momento que fuera extraditado a la URSS. Liberado tres años después, escribió unas memorias en las que se presenta poco menos que como el inventor de la Guerra Relámpago, obviando de ese modo a cualquier otro teórico. Falleció en mayo de 1954.

99 Loringhoven, *opus cit.*, pág. 121

imaginarias y mandando batallones a puntos ya rebasados por los rusos, mientras el búnker se iba convirtiendo en una especie de cantina, pues tanto Krebs como Bormann y el general Burgdorf iban dando cuenta abundantemente del arsenal de bebidas de la bodega. Así ocurría si el Führer no salía de sus habitaciones, pues cuando deambulaba por los pasillos se le veía abatido y decrépito, y podía estar tanto indolente como virulento.

En tal estado se recibió un mensaje del *Reichsmarschall* German Göring en el que conminaba a Hitler a traspasarle la jefatura del Estado, tal como estaba estipulado. El Führer entró en cólera y ordenó la detención de Göring por una patrulla de las SS. Fue cuando recibió la visita del general Ritter von Greim y Hanna Reitsch. De inmediato, y vistas las circunstancias, Hitler elevó al general a la condición de mariscal y acto seguido le entregó el mando de la Luftwaffe. Después de una intervención quirúrgica, pues Greim había sido herido durante el vuelo, el 29 de abril ambos consiguieron salir otra vez de Berlín en dirección al aeródromo de Rechlin, al norte, despegando de la misma Puerta de Brandeburgo, en medio de una granizada de disparos rusos, para presentarse en las cercanías de Kiel ante el almirante Dönitz y entregarle el testamento político de Hitler.

La noche del 26 de abril, viendo que los soviéticos estaban aproximadamente en la Postdamerplatz, a escasas cuatro calles del búnker y en línea recta por la Stresemannstrasse[100], el general Weidling propuso la huida nocturna de Hitler y de las personas que todavía permanecían allí. Se trataba de forzar un pasillo en dirección oeste protegido por los últimos blindados disponibles y unos cientos de soldados. Era, desde luego, y si tenía éxito, la postrera posibilidad, pero el Führer se negó. Jamás iba a huir de Berlín.

Al día siguiente, el general Wenck, con las tres únicas divisiones que le quedaban del 12º Ejército, sin blindados y sin defensa antiaérea, logró posicionarse cerca de Ferch, al sudoeste de Potsdam y a

100 En aquel momento, la calle llevaba el nombre de Saarlandstrasse por la integración del Sarre en el Reich, posteriormente, en 1947, se volvió a cambiar.

cuarenta kilómetros de Berlín. A pesar de las dificultades, Wenck consiguió que la noticia llegara al búnker a media mañana y una vez más, aquel comunicado sonó a milagro, pero fue Krebs quien observó, impasible:

«Mein Führer, Ferch no es todavía Berlín»[101].

De hecho, cuando los restos del 12º Ejército de Wenck, soldados bisoños, cadetes y heridos todavía combatientes, llegaron a Ferch, les hubiera faltado perforar las líneas formadas por doscientas divisiones rusas y más de seis mil carros de combate que completaban el cerco de Berlín y, en concreto, el perímetro donde estaba instalado el *führerbunker*.

La ilusión no tardó en disiparse cuando se supo que el ataque de Wenck[102] se había detenido y que sus soldados marchaban al oeste. Era la constatación del desengaño más palmario, Berlín no iba a ser librado de la embestida soviética. Volvieron a sonar las alarmas y Hitler insistió en su intención de suicidarse junto con Eva Braun.

La noche del 28 de abril, Loringhoven captó un comunicado de Reuters que confirmaba una noticia procedente de Estocolmo: Himmler, el Reichsführer de las SS, había formulado a los occidentales la capitulación sin condiciones, siendo rehusada por los comandantes aliados[103].

---

101 Loringhoven, *opus cit.*, pág. 137.

102 Después de la guerra, el general Walther Wenck se incorporó a la industria y, tras la creación de la República Federal de Alemania en 1949, fue llamado por el presidente Konrad Adenauer para incorporarse al nuevo ejército, pero al parecer le planteó condiciones que no aceptó, con lo que continuó su trabajo en el ámbito privado. En 1982 falleció en un accidente con su vehículo.

103 Ante la negativa aliada, Himmler huyó disfrazado de sargento de la policía, sin su atuendo habitual y habiendo querido cambiar de aspecto, pero fue apresado por los británicos el 23 de mayo e ingresado en un campo de interrogatorios en Lüneburg, Baja Sajonia, noroeste de Alemania. Finalmente, descubierto, pese a sus reiteradas negativas, y cuando ya era indiscutible la auténtica personalidad del falso sargento, optó por suicidarse con una cápsula de cianuro que guardaba en el puente de una muela.

Fue la indicación que precipitó los sucesos inmediatos. Hitler, viéndose traicionado por sus hombres más leales, primero Göring y ahora Himmler, renunció definitivamente a cualquier tipo de resignación y tomó la decisión que tantas veces había anunciado. Sin embargo, antes, en una especie de lance insólito, se casó con Eva Braun y, casi de forma simultánea, dictó el testamento político a su secretaria, Traudl Junge.

Aquel fue el documento que trasladaron el mariscal Greim y Hanna Reitsch y al que posteriormente aludió Dönitz como credencial que le otorgaba la presidencia del Reich. No era tampoco la única copia que se intentó hacer llegar a manos del almirante. Hubo al menos dos más, una dirigida al general Schörner y otra al cuartel general del NSDAP en Múnich.

Sin embargo, en aquellos momentos lo que apremiaba más al comandante Loringhoven era, ni más ni menos, salvar la vida. Habiendo acabado sus tareas en el búnker, dado que ya no se recibían informaciones de los frentes ni había contacto alguno con las escasas unidades en combate, se planteó la duda, peligrosa en tales circunstancias, de solicitar autorización para abandonar el puesto y emprender la huida. Sabía que una palabra mal dicha o peor entendida le supondría el fusilamiento inmediato, pero tuvo suerte. Krebs contactó con el general Burgdorf —juntos se suicidarían horas más tarde—, y en seguida obtuvo permiso, aunque, eso sí, le pidió que se despidiera de Hitler.

Fue la última vez que Loringhoven pudo ver al Führer y según cuenta, en aquellos momentos, estaba tranquilo. Le expuso el plan, en el que iban a embarcarse dos oficiales más, un teniente coronel y un capitán. Hitler dio instrucciones al respecto y les entregó un salvoconducto para el general Wenck. Después, estrechó sus manos. Veinticuatro horas después, escribe Loringhoven [104], Hitler había muerto.

Importante detalle y motivo por el que hemos escogido el título en este capítulo, *el testigo imperfecto:* Bernd Freytag von Loringhoven no

104 Loringhoven, *opus cit.*, pág. 145.

fue testigo del suicidio de Hitler ni vio su cadáver; sin embargo, fue de los pocos que asistieron al dictador hasta momentos antes de su óbito.

Tras la despedida y sin tiempo que perder, Loringhoven salió del *führerbunker* el 29 de abril en dirección al Tiergarten junto a sus acompañantes, el teniente coronel Weiss y el capitán Gerhard Boldt. Una vez eliminados los distintivos que lo distinguían como oficial de Estado Mayor (las bandas rojas laterales del pantalón) y armados con una ametralladora, municiones y provistos de casco, junto con algunos víveres y varios mapas, fueron saltando por los agujeros que las granadas rusas habían dibujado en el antaño hermoso jardín que albergaba el zoo de Berlín. Un poco más lejos comprobaron que una multitud se arremolinaba en torno a un búnker de defensa antiaérea y, aprovechando la oscuridad, se dirigieron hacia Charlottenburg buscando el río Havel, donde pasaron la noche en el reducto que mantenía un pelotón de las Juventudes Hitlerianas. En la alborada del día 30, bordearon el Havel y se toparon con tres carros rusos que no los advirtieron, seguramente —apostilla Loringhoven— porque las tripulaciones se habían dormido.

El día 1 de mayo lograron llegar a la Pfaueninsel, al suroeste de Berlín —una isla en el río de escasas sesenta hectáreas donde se ubica una construcción de aire romántico levantada a finales del siglo XVIII por Federico Guillermo II—, con la intención de adentrarse en el lago Wannsee y alcanzar las líneas de Wenck, situado al sur de Potsdam.

En el trayecto perdieron al teniente coronel Rudolf Weiss[105], refugiándose en un foso durante la jornada del 2 de mayo. Posteriormente, vadearon el lago y se metieron en una cabaña, donde localizaron un saco con copos de avena, que comieron con fruición. Tras unas horas de espera y después de abandonar las armas y los uniformes, y cambiarlos por ropa vieja que pudieron encontrar, divisaron un grupo de obreros luxemburgueses —dado que hablaban francés— y se unieron a ellos.

105 Rudolf Weiss permaneció hasta 1950 en un campo de prisioneros soviético en Polonia.

Hubo alguna interrupción porque columnas de vehículos rusos circulaban en dirección contraria, deteniéndose un oficial y preguntando en alemán la dirección de Jüterborg, a lo que Loringhoven contestó, usando voluntariamente un pésimo francés, que no lo entendía. Pasadas unas horas, se detuvieron cerca de Trebbin, al sur de Potsdam, pero fueron sorprendidos por una patrulla soviética que los inspeccionó, no hallando nada comprometedor. Un poco más adelante fueron detenidos por tropas del NKVD. Les quitaron las botas, pero siendo 8 de mayo, día de la rendición alemana, y con la alegría reflejada en las caras, los rusos los dejaron marchar únicamente con calcetines, hasta que en el siguiente pueblo se hicieron con unos zuecos.

En las proximidades de Wittenberg, otra patrulla soviética los detuvo y uno de los soldados les preguntó algo en lengua luxemburguesa. Le respondieron, en un francés mezclado con palabras alemanas, que hacía mucho que no habían podido regresar y que ya ni lo entendían, con lo que el curioso se dio media vuelta y desapareció.

Tras cobijarse en los bosques, contactaron con soldados procedentes del 9º que se desplazaban hacia el oeste, apoyándose en lo que quedaba del 12º de Wenck y buscando el Elba para entregarse a las fuerzas americanas.

Una vez en la orilla del río descubrieron que el antiguo puente había sido destruido por los bombardeos y que entre los escombros se habían parapetado los soviéticos. Ya no era el lugar de encuentro entre rusos y americanos que sirvió para la confraternización el 2 de abril. Ahora, unos y otros recorrían las orillas impidiendo evasiones y patrullando con determinación.

Tras un largo merodeo por la zona, ocultándose de la presencia de los destacamentos, por fin consiguieron la ayuda de un pescador que los cruzó en barca. Pero había otro impedimento, el río Mulde, de casi cien metros de anchura y que desemboca en el Elba a la altura de Dessau. Al otro lado estaban los americanos, pero algunos del 9º les habían advertido que los estadounidenses abrían fuego contra cualquier cosa que flotara en las aguas. Sin embargo, el 11 de mayo decidieron echarse a nadar, a riesgo de resultar ametrallados. Sorprendentemente, llegaron a la orilla oeste sin apenas contratiempos.

Horas después, todavía celebrando la hazaña, Loringhoven y el capitán Gerhard Boldt se despidieron. Este último todavía tuvo que encaminarse hacia el norte, en dirección a Lübeck, por encima de Hamburgo, mientras Loringhoven se dirigió a Leipzig, donde en las cercanías vivían su mujer y su hijo. Por el camino se cruzó con bastantes columnas de soldados norteamericanos, quizá del 1er Ejército al mando del general Courtney Hodges, que recorrían la zona para remplazar a los que estaban en primera línea, sobre el Elba.

No obstante, al llegar a Leipzig, prácticamente en el centro de la ciudad, cerca del Völkerschlachtdenkmal, el monumento conmemorativo de la victoria sobre Napoleón de 1813, un soldado estadounidense lo abordó y, ante el argumento del obrero luxemburgués desplazado, no quiso saber nada. Tras despojarlo de un reloj que había pasado desapercibido a los rusos y de dos mil marcos, lo mandó a un sótano que hacía de prisión provisional para posteriormente ser trasladado al campo de prisioneros de Helfta, donde se habían reunido veinticinco mil soldados de la Wehrmacht, por más que habían llegado a casi a cien mil.

Bajo la jurisdicción del 1er Ejército de los Estados Unidos, Helfta, al noroeste de Leipzig, fue un campo militar de pésima reputación donde las condiciones de reclusión y de manutención resultaron desastrosas, por eso se cerró el 23 de mayo de 1945, es decir, pocos días después de haber llegado Loringhoven. Lo que vio el prófugo del *führerbunker* fueron los momentos finales de aquella instalación, por eso dice, entre otras cosas, que les daban una lata de guisantes al día para cada cinco cautivos.

Desilusionado por no poder contactar con su familia, al menos estaba contento de haber escapado de los rusos en tres ocasiones, en Stalingrado, en Taganrog y durante la fuga de Berlín. Para Loringhoven, la guerra había llegado a su fin y, tal como dice, no se sentía en absoluto intimidado, no tenía cargos por crímenes de guerra, así que, pudo pensar, la libertad le llegaría pronto. En aquel momento, pese a las malísimas disposiciones, estaba en manos occidentales y eso ya era mucho.

El 15 de mayo acudió al registro de prisioneros y fue donde, aconsejado por un diplomático alemán preso también, se decidió a dar su filiación auténtica, con lo que, por el hecho de ser oficial de Estado Mayor, se le condujo al campo de Eselheide, en el norte de Renania para, poco tiempo después, ser trasladado a Ostende, en Bélgica. Allí coincidió con el general Wenck, y gracias a la información que iba recibiendo de los británicos, pudo enterarse de la dimensión del Holocausto.

En sus memorias siembra el texto de justificaciones personales respecto de los crímenes de guerra que ha ido viendo en todo el tiempo que ha estado en Rusia. Por ejemplo, comenta la orden de dispensa prescrita por Keitel en 1941 para los soldados alemanes en relación con los crímenes cometidos contra la población. Pero, cuidado, afirma que el ejército sabía el trato que los judíos recibían en Alemania desde el principio de la dictadura, aunque asegura que desconocía que se tratara de un exterminio metódico. Por supuesto, niega cualquier percepción de las iniquidades de los Einsatzgruppen.

Aturdido por las referencias que iba recogiendo, se le comunicó que lo llevarían a un centro de interrogatorios en Bad Nenndorf, cerca de Hannover. Durante el viaje, el oficial que lo escoltaba, un mayor británico, le advirtió que su arma estaba cargada y que no dudaría en hacer fuego. Loringhoven tenía la ventaja de hablar un inglés ciertamente fluido, asunto que le facilitó el tratamiento con los carceleros, soldados más o menos inexpertos y capaces de escasos detalles.

En Bad Nenndorf coincidió con el general Zeitzler, que había sido antecesor de Guderian, y que no se beneficiaba de excepción alguna para hacer los trabajos propios de una prisión: fregar, limpiar las cocinas y atender la carbonera.

Allí fue donde el comandante británico que le interrogaba, mayor Oughton, y que le dirigía preguntas muy concretas a lo largo de muchas horas, resultó ser el historiador Hugh Trevor-Roper, como ya hemos dicho al principio de este capítulo, quizá el hombre que estableció con más exactitud, y antes que cualquier otro, el fin de Hitler. Sin embargo, debido a la proximidad al Führer y a todo lo que podía relatar, a Loringhoven le costó afianzar su auténtica manera de pensar y convencer a los investigadores: no era ni había sido nunca nazi.

Transcurrió mucho tiempo hasta que los británicos entendieron que un oficial de Estado Mayor alemán, veterano de guerra y que había participado en muchos combates, ayudante de varios de los generales más decisivos de la Wehrmacht y testigo de los últimos días de Hitler en el búnker de Berlín, sencillamente, no era nacionalsocialista. Por fin, tras sufrir otros traslados, se le liberó en enero de 1948.

El libro de Bern Freytag von Loringhoven se escribió sesenta años después de aquellos hechos y tras una vida dedicada a servir en la Bundeswehr, representando a Alemania en la OTAN con el grado de general. En las páginas finales, el autor muestra sin menoscabo sus posiciones políticas respecto del III Reich: un atajo de criminales que merecían sin duda el castigo más riguroso. Otra cosa era la propuesta de los soviéticos para diezmar al ejército alemán y principalmente a la oficialía, donde a los mil oficiales de Estado Mayor podían culpárseles en conjunto como organización de malhechores. Sin embargo, en Núremberg se decidió que no habría castigo colectivo. Indiscutiblemente, aquella decisión lo salvó de la purga.

Por otra parte, desde el momento de la liberación, Loringhoven, como tantas otras vidas en la Alemania posthitleriana, debía buscar medios de subsistencia adaptándose a la realidad creada por la ocupación. Ese fue el motivo para huir de Leipzig, en aquel momento en zona soviética y después integrada en la RDA. Hasta unos días antes de la reunificación de 1989, no aparecieron en la ciudad síntomas y manifestaciones que reclamaran abiertamente los cambios políticos que condujeron a la caída del muro de Berlín y a la disolución del régimen comunista.

Antes, sin embargo, Loringhoven ya se había integrado en el nuevo ejército, exactamente en el Führungsstab III, sección a cargo de asuntos estratégicos y de relaciones con la OTAN. Según se desprende de lo explicado por el propio autor, ese mismo itinerario fue seguido por otros militares de alta graduación en cuyo expediente no había la menor sombra de haber mantenido connivencia alguna con el nazismo, por más que la mayoría había combatido en la antigua Wehrmacht. Por otra parte, durante algún tiempo fue el único oficial alemán incluido en el Standing Group de la OTAN en Washington, entre cuyos miembros figuraba el general André Beaufre, insigne autor de *Introduction à la stratégie*[106], libro de eminente cariz filosófico que aportó innumerables novedades teóricas para entender los conflictos y que, de alguna manera, rediseña el lenguaje de la guerra y lo convierte en sutilidades propias de un manual clásico, profundamente alejado de los planteamientos de Clausewitz y otros.

Tras muchos años de servicio y habiendo cumplido el cargo de inspector del ejército, el general Bernd Freytag von Loringhoven pasó a situación de reserva en 1973. Casi treinta años después vio la luz de la imprenta la obra que nos ha servido de referencia, falleciendo en Múnich el 27 de febrero de 2007.

No nos abstenemos de repetir las líneas con las que el general Loringhoven cierra su escrito:

> «Cuando la historia ilumina la memoria se da el mejor antídoto contra la intolerancia y el retorno de las ilusiones».

Pensamos que tal idea no supone un canto a la memoria histórica, sino todo lo contrario, dado que antepone la historia a la memoria como elemento rector, ya que la memoria siempre padece la fatiga de las pasiones, pero véase que se refiere al retorno de las ilusiones, esto es, y Loringhoven debió saberlo, a la construcción de relatos en torno a leyendas como la aparente huida de Hitler y los suyos.

---

106 André Beaufre, *Introduction à la stratégie*, Paris, 1963. Existe una versión española publicada en Caracas en octubre de 2002 por Editorial Rioplatense.

La tergiversación en el vuelo de Ritter Von Greim y Hanna Reitsch

No cabe duda que las investigaciones llevadas a cabo acerca de la muerte de Hitler guardan en conjunto al menos dos posiciones encontradas: la de los autores que aportan pruebas, junto a datos fehacientes y rigurosos, y la de los que se muestran magnánimos con la especulación y el sensacionalismo. Veamos cómo funcionan los segundos, puesto que ya hemos hablado de los primeros.

Advierte Eric Frattini en su libro *¿Murió Hitler en el búnker?*[107], que seguramente el escrito que presenta no contiene más allá del 33 % de verdad, otro 33 % de leyenda y, finalmente, un 33 % de ficción[108]. Pues bien, el capítulo 3º se abre con un título inquietante, *El misterioso vuelo de Hanna Reitsch.* Se trata, desde luego, de una explicación en clave hermética de lo que pudo pasar con un avión que consiguió aterrizar en el Berlín asediado por los soviéticos y donde únicamente una aviadora de la talla de Hanna Reitsch —que había

107 Eric Frattini, *¿Murió Hitler en el búnker?* Planeta, Barcelona, 2019. El autor reúne con admirable precisión cuantos argumentos pueden afectar al tema, esmerándose en no develar posicionamiento alguno, dando como resultado un valioso compendio de informaciones.

108 *Opus cit.*, pág.28.

conseguido varios premios y cuya habilidad resultaba indiscutible— iba a ser capaz de posar su aeroplano.

En efecto, la protagonista de esta historia era una experimentada piloto que habitualmente cumplía un servicio excepcional: probar los modelos *Junker J 87* en Rechlin am Müritzsee, la escuela de pruebas de la Luftwaffe.

Reitsch escribió su autobiografía[109] e, incluso, existe un libro[110] en el que se recogen algunos coloquios con ella donde queda claro que la protagonista era nazi apasionada y que su disgusto fue no morir junto a Hitler en el búnker, pese a que después desarrolló una vida en la que continuó con sus afanes aéreos.

Pues bien, el 26 de abril, junto al general Robert Ritter von Greim, que había recibido una llamada de la cancillería y que iba a ser propuesto comandante en jefe de la Luftwaffe, dado el arresto de Göring, a bordo de un *Fi 156 Storch*[111] se presentaron en los alrededores de la Puerta de Brandenburgo. El vuelo había sufrido toda clase de accidentes, pues la artillería e incluso la fusilería soviética había disparado a mansalva contra la aeronave, sufriendo el general una herida en el pie, asunto por el que se le intervino quirúrgicamente en el búnker.

Nada más llegar, Ritter von Greim se presentó ante Hitler, que le mostró el telegrama de Göring y le hizo algunas confidencias acerca de la traición del mariscal y de lo que suponía haber solicitado la transferencia en la sucesión de la jefatura del Reich. Hitler también le dijo que Göring estaba destituido y detenido. Obviamente, Greim se indignó, como no podía ser menos, siendo en el acto nombrado mariscal y jefe de la Luftwaffe, pero atendiendo a la fecha, el nuevo mariscal tomaba posesión de un ejército imaginario, la Luftwaffe ya sólo existía en la mente de Hitler.

109 Hanna Reitsch, *Flying Is My Life*, Pickle Partners, Londres, 2016.

110 Sophie Jackson, *Hitler's heroine: Hanna Reitsch*, The History Press, Londres, 2014.

111 El mismo tipo de aparato que utilizó el coronel Skorzeny para liberar a Mussolini en el Gran Sasso.

Con todo, nada se dice de un posible transporte de Hitler o de una evasión de mandatarios nazis. Cierto es que, en el momento que el mariscal Robert Ritter von Greim decidió salir del bunker junto con Hanna Reitsch, parece que había dos aeroplanos en las inmediaciones que a duras penas podrían llevarlos. Uno era un *Ju 52*, de transporte, y otro un caza *Ar 96*, biplaza. Reitsch oscila en sus memorias acerca del aparato que utilizaron para volar desde el Berlín asediado hasta el aeródromo de Rechlin, y desde allí al norte, a entrevistarse con Dönitz y con Keitel. ¿Por qué no utilizaron el *Storch* para el viaje de salida? Dos razones: estaba dañado por el estallido de un proyectil soviético, el que hirió a Greim, o el alcance del avión, unos trescientos kilómetros, atendiendo a lo que ya hubiera consumido en los ciento sesenta kilómetros desde Rechlin a Berlín, imposibilitaba cubrir los casi cuatrocientos kilómetros hasta Plön, cerca de Kiel, en la frontera con Dinamarca, donde esperaba el almirante Dönitz.

Pues bien, en uno de los interrogatorios a los que fue sometida posteriormente Hanna Reitsch por el servicio de inteligencia norteamericano, y que luego reiteró en su biografía, se pregunta si quizá en aquel vuelo no hubiera sido concebible apartar a Hitler del búnker. Por si fuera poco, añade que en algún momento de 1934 se había hablado en reuniones privadas, a las que asistía el almirante Canaris, Peter Riedel y la aviadora, respecto de un posible exilio de Hitler en América del Sur. Se trataba, desde luego, de una conversación mantenida once años atrás, un comentario hecho en los inicios de la cancillería y mucho antes de los motivos que condujeron al desastre de 1945. No obstante, aquella simple cita hizo crecer la especulación de forma y manera enfática, otorgando a Reitsch un tono hermético e inescrutable y hasta creando el escenario suficiente como para albergar un secreto que permaneció reservado mucho tiempo, y que ha sido el arranque de numerosos trabajos de corte fantástico, quimérico y caprichoso.

En su momento, el devaneo de Hanna Reitsch causó la duda entre los investigadores, llenando de inmediato periódicos y libros con arcanos viajes y destinos insospechados, tanto es así que todavía se sustenta como una de las fantasías privilegiadas de según qué autores.

Este tipo de revelaciones es el que fascina a los escritores que indicamos. Analistas a su manera, son capaces de dotar un texto de misterios y de incógnitas, y de presentarlo con clara intención artificiosa. Textos o palabras que, depende cómo, permiten sobreentendidos, significados subrepticios, y de los que se llega a deducir el amarillismo más evidente en torno a unas palabras seguramente dichas o escritas también con innegable intención de crear un ambiente de fascinación, de duda o de mera especulación. En eso consiste precisamente la tergiversación de los presuntos investigadores.

Sin embargo, en las ya citadas memorias del almirante Dönitz se lee un dato sucinto, pero más que relevante. El 2 de mayo llegaron a Mürwik, junto a Flensburg, y lejos de los bombardeos de la caza británica en Holstein, el mariscal Ritter von Greim y la piloto Hanna Reitsch. Ambos habían arribado en avión para tomar contacto, siguiendo órdenes de Hitler, con el almirante como nuevo presidente del Reich y, seguramente, para despedirse, dada la situación.

El flamante jefe de la Luftwaffe llevaba el pie sujeto con vendajes y caminaba con apoyo de muletas. Los tres estuvieron departiendo acerca de las desastrosas circunstancias que en aquellos momentos soportaban: una Alemania en escombros, invadida por el este y por el oeste, las ciudades en llamas, millones de soldados aislados y la población desesperada. Dönitz escribe que Greim manifestó abiertamente que no deseaba seguir viviendo, al fin y al cabo, el sucesor de Göring heredaba un empleo de la máxima exigencia sin la menor oportunidad de aprovecharlo pues, tal como al parecer dijo más tarde, era el jefe de la Luftwaffe, pero ya no existía la Luftwaffe[112]. Tras una despedida angustiada, se separaron[113]. Ritter von Greim fue capturado por tropas americanas el 8 de mayo en el Tirol e ingresado en un hospital militar bajo el auspicio de las fuerzas estadounidenses, pero ante la perspectiva de ser entregado a los soviéticos, se suicidó veinte días después en Salzburgo.

112 Palabras dichas a los interrogadores en el momento de la detención.

113 Dönitz, *opus cit.*, pág. 717.

Por tanto, y volviendo al tema que marca nuestro interés, entre Dönitz, Greim y Reitsch nada se habló acerca de terceros pasajeros, huidas del *führerbunker* ni cosa semejante, a pesar de que la propia Hanna Reitsch intentó convencer a Magda Goebbels para que le permitiera sacar a sus cinco hijos del búnker, insistiendo en que haría todos los viajes que fuera necesario para llevarse a los niños, pero todo fue en vano. Los Goebbels estaban absolutamente convencidos que el mundo posterior a Hitler no iba a valer la pena, con lo que decidieron permanecer en el búnker y suicidarse, y antes ejecutar a sus hijos.

El mariscal y la piloto eran viajeros que cumplían con la última misión ordenada por Hitler y que, ante la perspectiva de lo que se les venía encima, disertaron largamente acerca de la monumentalidad del desastre y quizá un atisbo de humanidad surgió en algún momento: los niños Goebbels no tenían por qué correr la suerte de sus padres, pero estos no dejaron opciones, desaparecerían todos, como así fue.

Queda otro testigo de la visita de Ritter von Greim y Hanna Reitsch, el comandante Loringhoven, ya tratado. Su testimonio ratifica tanto la visita como la situación que se vivía entre las paredes del *führerbunker*. En efecto, en los últimos momentos de vida de Hitler, Greim fue ascendido a comandante de la Luftwaffe por un dictador incapaz de entender las circunstancias de su aniquilamiento. Si bien no había perdido autoridad, pues seguía dando órdenes —absurdas e irracionales— a ejércitos que ya no existían y a oficiales sin soldados y sin armas ni municiones que se movían en marcos inexistentes y en situaciones cercanas a la inmolación, Hitler continuaba creyendo que la Luftwaffe todavía era capaz de aplastar a los invasores. Por eso, tras el gimoteo por la carta que Göring le envió pidiéndole el traspaso de poderes, asunto que el Führer consideró alta traición y que al Reichsmarschall le costó el arresto, elevó a Ritter von Greim a mariscal y lo hizo jefe de la aviación alemana, un arma irreal e imaginaria, ni aparente ni teórica.

Hanna Reitsch saluda a Hitler.

¿Suponía aquello alguna otra cosa que la mera constatación de la ingenuidad más irreflexiva y del delirio más evidente? El nuevo mariscal era un nacionalsocialista de enjundia, un hombre levantado sobre el nervio del nazismo más acrisolado, poseedor de muchas condecoraciones, combatiente en la batalla de Inglaterra y en Rusia, obviamente no se iba a negar, a pesar de las circunstancias, que había podido constatar durante su vuelo. Jamás, ni siquiera entonces, rehusaría a obedecer una orden del calado de la propuesta hitleriana. ¿Qué opciones tenía? Ninguna. Tal vez, Greim, que no era estúpido, pudo ver con perfección que el traspaso no suponía más que una venganza, una añagaza del Führer contra su antiguo camarada Göring, y que en realidad no suponía nada, nada en absoluto.

Pero, quizá, el interés de lo que cuenta Loringhoven sea precisamente que Ritter von Greim acepta, sin ninguna concesión a la épica, despegando en penosas circunstancias mientras intenta evitar el impacto de los numerosos proyectiles soviéticos en tanto el aparato toma velocidad desde la misma Puerta de Brandenburgo y en dirección al Tiergarten, por lo que entonces se conocía como Ost-West Achse (Eje Este-Oeste) y hoy es la *Strasse des 17 Juni.*

Pero ¿qué se llevaron en el avión Ritter von Greim y Hanna Reitsch? El testamento político de Hitler. Y, ¿cuál era la misión? Contactar con Dönitz que, por obra de tal trasmisión, se convertía en jefe del Reich como sucesor a título político del Führer.

En consecuencia, se puede afirmar con seguridad suficiente que nadie acompañó a Greim y Reitsch. Aquel 29 de abril volaron desde Berlín al aeródromo de Rechlin para, posteriormente, presentarse en Kiel al almirante Dönitz y entregarle en mano el testamento. Asunto concluido. Pero, ahora bien, las incertidumbres, las dudas e incluso las imprecisiones que Hanna Reitsch supo insertar en sus posteriores declaraciones fueron suficientes para dar pábulo a las especulaciones más inverosímiles durante mucho tiempo.

El FBI

A partir de mayo del 1995 tuvo lugar la desclasificación y, en consecuencia, puesta a disposición del público de los legajos y expedientes que la FBI había guardado desde el final de la II Guerra Mundial respecto a las investigaciones que se hicieron por la muerte de Hitler.

En esos documentos pueden percibirse varios detalles. Uno, quizá de forma muy prematura, pues data de septiembre de 1944, advierte de la posibilidad de la huida de Hitler a Argentina. Es, desde luego, muy precoz, pero nos da idea de la inquietud y el cuidado que la agencia norteamericana puso en su trabajo.

Sin embargo, inmediatamente después de la caída del Reich, los agentes del FBI y su director John Edgar Hoover no prestaron excesiva atención al hecho de la muerte del dictador alemán. No obstante, poco después, el propio Hoover escribió una nota a mano, hallada tras dicha apertura, en la que se lee:

> «Los oficiales del ejército estadounidense en Alemania no han localizado el cuerpo de Hitler ni hay ninguna fuente fiable que pueda afirmar sin dudas que Hitler está muerto».

Añadiendo posteriormente,

> «Cabe la posibilidad de que esté vivo».

La nota era parte de las más de doscientas páginas que cubren las investigaciones llevadas a cabo por el FBI respecto a una posible fuga de Hitler a Suramérica. No se trataba, pensamos, más que de una sospecha o de una prevención. Al fin y al cabo, Berlín había quedado en manos de los soviéticos y eran estos quienes habían cerrado el acceso al complejo del búnker y, en consecuencia, les correspondía dar información acerca de lo que habían hallado entre sus ruinas.

Pero en el momento en que los rusos permitieron la entrada de investigadores aliados, tal como pasó con Trevor-Roper, los norteamericanos iniciaron también sus averiguaciones. Tanto es así que el periódico del SHAEF (Supreme Headquarters Allied Expeditionary Force), *The daily organ of Supreme Headquarters,* presentó una nota el 30 de julio indicando, de forma más o menos ambigua, la muerte del dictador alemán y de su esposa. Con todo, en el libro de Forrest C. Pogue, *United States army in World War II, The European Theater of Operations, the Supreme Command*[114], que en definitiva es una concienzuda historia de cuantos actos llevó a cabo el SHAEF en Europa y el Pacífico, se habla siempre del suicidio de Hitler:

> «On 30 April, when it became clear that no German defense against the Red advance was possible, Hitler committed suicide»[115].

Como decorado de todo aquel maremágnum sobrevolaban las dudas que habían sembrado los propios soviéticos, declaraciones y contradeclaraciones de Zhukov y reflexiones de Stalin a unos y otros. De hecho, había un hermetismo que el líder ruso supo jugar a su favor: si lograba proyectar una supuesta huida de Hitler a territorio occidental tendría una baza muy sugerente para poderla echar en cara a los que en aquel momento eran sus aliados y que, muy pronto, iban a enfrentarse en la Guerra Fría.

114 Forrest C. Pogue, *United States army in World War II, The European Theater of Operations, the Supreme Command,* Center of military history United States army, Washington, D. C., 1954, (reimp. 1989), págs. 457, 469 y ss.

115 *Opus cit.,* pág. 474.

Con todo, los informes del FBI revelan un nivel de exploración bastante primario, dado que en ocasiones se fundamentan en comentarios secundarios y procedentes de personas de credibilidad sospechosa.

Por ejemplo, describen la reunión mantenida en septiembre de 1945 entre un reportero del diario californiano *Los Angeles Examiner*, perteneciente al grupo Hearst, que cultivaba el más puro sensacionalismo y amarillismo, con un agente del FBI.

En la entrevista, el corresponsal cuenta como en julio de aquel año habló con un miembro del gobierno argentino que pretendía huir tras el golpe de Estado de octubre de 1945. A modo, quizá, de salvoconducto, mencionó un encuentro que había tenido con Hitler, junto con varias personas más, en algún lugar del litoral argentino, aproximadamente quince días después de la caída de Berlín. Al lado del mandatario germano, continuaba, había decenas de jerarcas alemanes que consiguieron cobijarse en las propiedades que algunas familias de origen alemán mantenían en diferentes localidades. Al parecer, la salud de los aludidos no era boyante. A fin de afirmar con mayor contundencia la veracidad de lo que decía, el informante mandó una nota al director del FBI en la que detallaba sin precisión la supuesta ubicación del Führer: un refugio subterráneo a setecientos kilómetros de Buenos Aires.

Tal confidencia podía suponer una pista muy seria, dado que guardaba perfiles ciertamente viables, sobre todo desde la rendición de varios submarinos alemanes en aguas argentinas, con lo que el *Federal Bureau of Investigation* atendió el asunto con esmero. Por de pronto, retribuyó al informador con quince mil dólares y, poco después, el corresponsal de *Los Angeles Examiner* buscó la manera de citarlo para tratar de saber la localización exacta del refugio. Sin embargo, a partir de ese momento se perdió la pista y, por supuesto, los billetes.

Otro documento, firmado en Washington y fechado el 17 de septiembre, procedente de la desclasificación realizada en 1995, permite saber que, para el director del FBI, Hoover, la pista argentina no se cerraba en ese punto —siempre sustentada por la oportuna llegada de los sumergibles a Mar del Plata—, sino que se extendía hasta un cierto hotel en La Falda, Córdoba, en el Valle de Punilla y en el centro del país, donde se hubieron podido refugiar buena parte de los jerarcas nazis huidos de Berlín.

De hecho, más de mil alemanes se arraigaron en La Falda a finales de la guerra. Incluso, ya en 1934 se había establecido una Unión Germana, entre cuyos fines estaba la difusión de propaganda nazi, haciendo instrucción castrense en un campamento cedido por el matrimonio Eichhorn[116].

Aquel hotel, llamado El Edén, era propiedad de Walter e Ida Eichhorn, amigos de Hitler y miembros del partido, que habían visitado la cancillería en mayo de 1935, donde los recibió el Führer, condecorándolos y haciéndoles donación de un pergamino firmado por el propio canciller. Posteriormente, los Eichhorn siguieron cultivando la amistad durante el *Parteitag*, la fiesta anual del partido nazi, dado que el matrimonio visitaba regularmente Alemania.

Tales relaciones y lo que pudiera ser un indicio interesante, fueron objeto de muy celosas pesquisas por parte de los agentes del FBI, más todavía cuando se supo que los Eichhorn transferían importantes sumas de dinero a la causa nacionalsocialista, incluso desde los tiempos en que el NSDAP era un embrión.

Posteriormente, y tras la declaración de guerra de Argentina al Eje en marzo de 1945, El Edén fue expropiado y convertido en prisión para los miembros de la embajada japonesa y sus familias, al igual que para la oficialía del acorazado Graf Spee, hundido en 1939 en Río de la Plata. En 1947 el hotel fue devuelto a los Eichhorn, que lo vendieron de inmediato. Actualmente constituye una atracción para turistas. Sin embargo, entre los opinadores fantásticos que se atribuyen leyendas, existió un sujeto que afirmaba sin cortapisas que en El Edén diariamente llevaba el refrigerio al Führer[117].

116 Ronald Newton, *El cuarto lado del triángulo. La amenaza nazi en la Argentina 1931-1947*, Editorial Sudamericana, Buenos Aires, 1995.

117 Al parecer, existe un libro de Carlos Panozzo, *El Hotel Edén de La Falda*, edición privada, que no hemos podido leer.

Las investigaciones norteamericanas se saldaron con un fracaso absoluto, lo que no fue óbice para que la patraña siguiera viva, dando motivo a innumerables artículos en la prensa e incluso a libros dedicados al asunto.

Ulteriormente, otro agente del FBI mandado por Hoover sostuvo la opinión de que Hitler y su esposa no habían llegado a la Argentina, sino que estaban en algún remoto lugar de los Alpes, pero tal sospecha jamás pudo confirmarse.

Tan tarde como 1973, llegó a las oficinas del FBI una delación que aseguraba que Bormann, Müller, Schellenberg, Hans Wagner e incluso el coronel Otto Skorzeny —el hombre más peligroso de Europa según los norteamericanos a partir de la batalla de las Ardenas y de la llegada del general Eisenhower a Europa—, residían en Zúrich bajo el amparo de falsas identidades. Por supuesto, tales ficciones tampoco pudieron demostrarse nunca.

En aquellas denuncias solía haber un grado inmenso de ignorancia por parte del confidente: Skorzeny se entregó a los norteamericanos en 1945, pasó por Núremberg y fue declarado inocente. En el 1948 viajó a España, estuvo en Egipto con Nasser y después se integró en el Mossad, falleciendo finalmente en Madrid el 7 de julio de 1975. Como ciudadano libre que era, absuelto por los jueces de una corte internacional, Skorzeny podía radicarse donde quisiera, con lo que la denuncia no habría tenido ningún valor porque, además, su domicilio era perfectamente conocido.

Por otro lado, la masiva llegada de emigrantes alemanes a Argentina entre los años 1946 a 1955, cerca de setenta mil personas, puso en alerta a los norteamericanos y supuso un acicate más en sus desvelos. Naturalmente, no todos iban a ser nacionalsocialistas, pero era más que posible que en toda aquella colectividad se ocultaran criminales de guerra, mandos del ejército, funcionarios del partido y gentes afines al nazismo. Además, la aparición de submarinos alemanes en Argentina estimuló la creencia de que en medio de tal multitud se pudiera ocultar Hitler con relativa facilidad. Por supuesto, la prensa explotó tal posibilidad publicando bastantes artículos y contribuyendo a extender los bulos. Tanto fue así que el

FBI tuvo que ir desgranando y respondiendo todas y cada una de las noticias que aparecían en la prensa. La consecuencia es que no solo el asunto de El Edén supuso una efectiva alarma, hubo muchas más, decenas, hasta miles de señales que perturbaron durante mucho tiempo las actividades de la institución.

A tales empeños se unía la perspectiva rusa que, seguramente a sabiendas de la falsedad de todo, mantenía incluso actividades de cierto calado para averiguar el paradero de Hitler. Puede parecer extraño o incluso grotesco, dado que habían sido los primeros en llegar al *führerbunker* y tenían en su poder todas las pruebas que consiguieron requisar, pero la actitud de Stalin, confiado no ya en demostrar la huida de Hitler, sino en humillar y deslucir a los aliados, pesaba con intensidad.

Por eso se desarrolló la operación Niebla[118], en la que agentes del NKVD investigaron la posibilidad de que Hitler hubiera desembarcado en la costa colombiana. Atendiendo al punto de vista de la verosimilitud, no era una barbaridad, dado que desde 1944 existía un campo de concentración para japoneses y alemanes en el reconvertido hotel Sabaneta en Fusagasugá, entre Bogotá y Cali, pues en el verano de 1943 un submarino alemán hundió una embarcación colombiana cerca de la Isla de Providencia, en el Caribe. Finalmente, los funcionarios soviéticos cerraron el caso sin haber obtenido el menor resultado, como era de esperar. Todo ello, no obstante, hizo que el FBI tuviera que enviar a sus agentes para corroborar el asunto.

A pesar de lo visto, todavía hubo prensa, particularmente norteamericana, que insistió en la cuestión hasta principios de 1977. En todos los casos los informantes mantuvieron su argumento por mucho tiempo, inventando incluso que Eva Braun había sido arrojada al mar tras sufrir un ataque cerebral.

Tras la creación de la CIA en 1947, buena parte de las investigaciones respecto a la desaparición de Hitler se centralizó en sus departamentos, sin dejar de colaborar con el FBI, desde luego.

118 No confundir con el intento alemán de eliminar a Stalin en el Bolshoi en 1944.

Durante muchos años, la nueva agencia de inteligencia norteamericana recibió avisos de gente que declaraba haber visto a Hitler en los lugares más recónditos, desde Venezuela a Mallorca y, añadimos, quizá todavía ocurriría si no fuera porque las fechas desaconsejan proseguir con semejantes dislates. Valgan como demostración los millones[119] de documentos que pueden verse en su página electrónica y que acreditan la notable voluntad de la agencia, dispuesta a averiguar las pistas denunciadas en los testimonios recibidos.

Uno de esos últimos alegatos desembocó en la investigación que llevaron a cabo agentes del FBI y la CIA en Canarias, en los postreros días de la dictadura franquista. En efecto, el asentamiento de muchos alemanes en aquellos días en Fuerteventura no pudo dejar de sorprender y de dar motivo de recelo a la inteligencia americana, y más si atendemos a las fechas. De tal modo que el 26 de noviembre de 1973, la CIA publicó un escrito extraordinario: Martin Bormann, secretario del Führer y jefe del partido, había sido visto por un confidente anónimo —cosa bastante usual en tales denuncias— y vivía con una identidad secreta en Zúrich (Suiza), respondiendo al nombre de doctor Husner.

En aquellos momentos, la CIA pudo haber interpretado la información como lo que era, un bulo, dado que había pruebas suficientes, y no conjeturas, como para asegurar que Bormann nunca consiguió huir de Berlín. Como está explicado, Martin Bormann salió del *führerbunker* al atardecer del 1 de mayo de 1945 en compañía de Artur Axmann e intentó atravesar las líneas soviéticas, pero no lo logró, cayendo debido a la explosión que produjo un cañonazo sobre el *panzer* en el que se había subido, según testimonio ya traído del mismo Axmann —jefe de las Juventudes Hitlerianas en sustitución de Baldur von Schirach desde 1940— y cuya evidencia fue recogida por Trevor-Roper en el libro tantas veces citado. Tal delación tenía poco recorrido, a pesar de que en 1954 se publicaron unas memo-

119 Las cifras citadas son doce millones de documentos desclasificados. Véase archivo 65-53615 del FBI. Documentos desclasificados en 1998.

rias de Bormann[120] que, por supuesto, bien pudieran ser quiméricas o, simplemente, póstumas.

Respecto al paradero de Bormann, la denuncia de 1975 contradecía abiertamente la huida frustrada del jefe del partido nazi, asegurando que desapareció unos días antes de la caída de Berlín con cien millones de dólares y varios lienzos procedentes de diferentes saqueos. Tales aseveraciones entran en abierta incompatibilidad con los hechos acaecidos en el *führerbunker* en los últimos momentos, pues todos los testigos aseguran que Bormann permaneció junto a Hitler y salió en la fuga que se preparó la noche del 1 de mayo, cayendo en el intento, como hemos indicado.

El anónimo informante que, en definitiva, era el origen de la investigación, daba un dato incierto acerca de la colonia alemana radicada en Fuerteventura, asegurando que se trataba de antiguos nazis que, en aquellos momentos, se dedicaban a diversas actividades comerciales, destacando las transacciones inmobiliarias, y en cuya cúspide estaba un ingeniero alemán llamado Gustav Oskar Winter, fallecido en 1971. Al parecer, la presencia de Winter produjo, ya desde los tiempos de su arribo a la isla, innumerables comentarios que lo vinculaban al Reich. De hecho, el ingeniero construyó una mansión descomunal en la península de Jandía, extremo de la isla de Fuerteventura, en un lugar sembrado por la lava y de acceso difícil. Aquellas consideraciones llegaron al punto de creer que Winter había ordenado edificar una base submarina destinada a dar apoyo a los sumergibles germanos en sus misiones atlánticas. Todavía, hoy en día, sigue persistiendo el temor acerca de la relación entre Winter y el nazismo, alentado por diversos relatores.

Sin embargo, la pieza principal de la delación era Bormann, el resto no parecía ser más que material secundario que pretendía confirmar, de ese modo, la veracidad de lo dicho anteriormente. Por supuesto, el anónimo pedía un rescate sustancial por su información, aunque finalmente cambió de parecer y pidió autorización de

120 Martin Bormann, *Memorias*, AHR, Barcelona, 1954.

residencia en los EE. UU., lejos de las inquinas de los denunciados. Usaba, de ese modo, otra fórmula para, probablemente, hacer más efectiva su denuncia.

Finalmente, tanto la investigación de los supuestos nazis en Fuerteventura como la presencia de Martin Bormann en Suiza se diluyó en nada, pasando a formar parte de la multitud de avisos, denuncias e indicaciones diversas que tanto el FBI como la CIA fueron recibiendo a lo largo de los años.

El Edén en los años 40.

Submarinos

Como si se tratara de un guion perfectamente escrito, en el verano de 1945, o sea, dos meses después de la rendición del Reich, varios submarinos alemanes aparecieron en aguas argentinas. El U-530 surgió en la base naval de Mar del Plata en julio, y en agosto sería el U-977. Semejantes circunstancias parecían dar consistencia a las dudas expresadas por Stalin en Potsdam en relación con el escape de Hitler a través de sumergibles.

Al principio hubo una cierta disposición a creer que el Führer hubiera podido escapar a Japón, pues, mientras las opciones parecieron fiables, habían tenido lugar comunicaciones, que recogió la inteligencia aliada, sobre planes alemanes para alejar a Hitler de Europa, incluso se produjeron declaraciones de ciudadanos japoneses que dieron fe de haber visto al Führer en su país.

En estas comunicaciones se mezclaba a vivos —supuestos vivos— con muertos, pues Bormann siempre aparecía en tales registros, mostrando las más estrafalarias teorías acerca de armas formidables que los nazis desplazaban a Japón para ayudar a ganar la guerra y, posteriormente, regresar a conquistar Europa. Tras la rendición japonesa del 15 de agosto, el destino nipón se desvaneció, apareciendo desde entonces la posibilidad argentina que, si bien había declarado la guerra a los países integrantes del Eje, durante los años precedentes siempre mantuvo una relación más o menos amigable, por no decir proalemana.

Con todo, aquellos submarinos, en ambos casos e independientemente de las capacidades técnicas —asunto que ya hemos tratado más arriba—, eran naves que no habían obedecido lo ordenado por el almirante Dönitz y que, por lo tanto, navegaban a su albedrío por los océanos.

El U-530 presentó la capitulación en la base militar argentina de Mar del Plata el 10 de julio. Dos días después, la prensa rusa, que vio el cielo abierto con semejante noticia, difundió las primeras sospechas. Del mismo modo, algunos medios británicos acogieron la información con notable sentido oportunista.

¿Había alguna relación entre la llegada del U-530 y el destino final de Hitler? Nada, absolutamente nada, excepto las reiteradas denuncias de Stalin y el ambiente de paranoia y conspiración que la prensa creó y ayudó a expandir. Tanto fue así que, durante la semana siguiente, se pudo leer en los diarios londinenses que ciertos políticos y militares británicos daban por seguro que Hitler había desembarcado en algún lugar de la costa argentina a últimos de junio, dejando que a continuación el U-530 siguiera rumbo a Mar del Plata y se rindiera.

A primeros de agosto, el FBI se hacía eco de los rumores —siempre rumores, hablillas, confidencias secretas, mensajes sigilosos—, indicando incluso un lugar preciso donde acaso pudiera guarecerse el Führer: Puerto San Julián, provincia de Santa Cruz.

Otro informador refirió que Hitler desembarcó seguido de dos mujeres y cincuenta individuos de su séquito, argumento que ya de por sí desmontaba la teoría, pues ni por asomo cabía tal muchedumbre en un sumergible de 1945, dado que a los cincuenta viajeros había que añadir los tripulantes, otras cincuenta personas, por término medio.

Tras la capitulación, el comandante del U-530, teniente de navío Otto Wermuth, prestó declaración ante las autoridades argentinas el 24 de julio, estando también presentes los agregados navales aliados. En su relato especificó sus señas de identidad y las circunstancias en las que se había alistado en la Kriegsmarine, su periodo de formación y sus condecoraciones, asegurando que no conocía a nadie en Argentina y certificando que se trataba de su primer viaje.

Según el teniente, el U-530 partió de la base Christiansand, Noruega, el 19 de febrero 1945, con una reserva de combustible de 245 toneladas, veinte menos de las habituales en aras de una mejor maniobrabilidad. Las cargas de las baterías se realizaban por la noche mediante el *schnörkel*, un sistema de respiración que permitía a los submarinos de última generación permanecer sumergidos largos periodos, eliminando de ese modo la necesidad de subir a superficie para renovar el aire[121]. Wermuth comunicó también que la provisión completa de torpedos habitual se hallaba a bordo. Notificó el mal estado de los motores, que había averiado intencionadamente poco antes de rendirse, como era preceptivo. Wermuth expuso que, una vez decidió entregar el buque, había destruido, lanzando al mar, los libros de las claves, los códigos, el radar y su antena, las cabezas de los torpedos no utilizados, el giroscopio y la munición de las ametralladoras. Se negó a notificar si navegaba en compañía de otros submarinos y cuál era su zona asignada para maniobras de combate.

Aseguró haber recibido dos comunicados desde Berlín, el 26 de abril y el 8 de mayo, en los que se le informaba del final de la guerra, debiendo confinar su barco en el puerto más cercano, una vez inutilizadas las armas o arrojadas al mar. Las instrucciones coinciden aproximadamente con las fechas del mensaje radiado por el almirante Dönitz, la noche del 5 de mayo, en el que desactivaba las instrucciones *Regenbogen*, destinadas a la prohibición de hundir las naves.

El aviso era parco, decía, simplemente:

> «Regenbogen umgestürzt»[122].

121 Francisco Cavalin Neto, *Kriegsmarine. Os corsarios do III Reich*, Biblioteca 24horas, Sao Paulo, Brasil, 2010, pág. 253.

122 *Regenbogen anulado.* La palabra *regenbogen* era el nombre en clave de la operación, traducido al español, *arcoíris*.

Wermuth objetó, sin embargo, que el cable recibido el 8 de mayo le pareció sospechoso, obra del enemigo, con lo que hizo caso omiso. Dönitz, con acertada prevención, ya explicaba en sus memorias que tal mensaje pudo hacer considerar a los comandantes de los submarinos que la fuente, o sea, él mismo, estaba siendo forzado, con lo que, añade, produjo escasos resultados[123].

Con todo, el teniente de navío Otto Wermuth decidió tocar aguas argentinas porque le pareció que la tripulación recibiría un trato mejor, y únicamente cuando salió a la superficie supo que estaba en un país que había declarado la guerra a Alemania. Añadió que la dotación se componía de cincuenta y cuatro hombres en el momento de la partida y que se presentaba con los mismos tripulantes. Nunca hubo pasajeros, ni tampoco había transportado mercancía alguna, fuera de los elementos necesarios para el periplo. Agregó que viajaba con dos receptores de onda corta, uno seguramente dañado. Después explicó las vicisitudes climáticas del viaje[124].

Lo significativo es que en los informes que enviaron los representantes aliados a sus respectivos centros de inteligencia en los días siguientes, sí se hablaba de supuestas llegadas de ocupantes del submarino a San Julián, añadiendo, incluso, por parte británica, que Hitler y su esposa habían desembarcado en el sur de Argentina. ¿Es posible creer que personas sensatas se dejaran arrastrar por rumores, comidillas y murmuraciones, amplificando asuntos tan trascendentales, cuando Otto Wermuth nada había dicho al respecto?

Posteriormente, el 28 de julio, toda la tripulación del U-530 sería enviada a los EE. UU. como prisioneros de guerra, y allí otra vez volvieron a empezar los interrogatorios.

Aquellas sospechas, que algunos alentaban, se reforzaron todavía más cuando el 17 de agosto llegó al mismo lugar otro submarino, el U-977 al mando del teniente de fragata Heinz Schäffer, asunto que hemos tratado someramente más arriba. Esta vez, el sumergi-

123 Dönitz, *opus cit.*, pág. 725.

124 *Resume of Interrogation of Lieut Otto Wermuth, Commanding Officer of the German submarine U-530*. Office of Naval Intelligence, Washington DC.

ble se presentaba con la dotación de combate incompleta, pues dieciséis miembros habían preferido desembarcar en Noruega. Una vez más se activaron las incógnitas, y los norteamericanos requirieron de inmediato que la tripulación fuera transferida a los EE. UU. a fin de ser examinada. Tal entrega se produjo el 18 de septiembre. Al día siguiente se iniciaron los interrogatorios. Los oficiales de la ONI (Oficina de Inteligencia Naval) presentaron al comandante Schäffer un cuestionario. No obstante, al parecer, hubo interpelaciones verbales de cierta enjundia, con acusaciones directas de haber transportado a Hitler y de buscarle cobijo en algún lugar de la costa argentina.

Semejantes preguntas pusieron en guardia al comandante que, sin duda, pronto advirtió la inquietud de los examinadores, su inseguridad y, lo que era más interesante, sus incertidumbres. No es difícil pensar que aquella situación le daba instrumentos fundamentales y que, si los sabía emplear bien, podría obtener beneficios. Una negativa tajante lo hubiera dejado inerme en el acto, por eso, a modo de blindaje, Schäffer jugó las cartas, extendiendo un tenebroso velo de silencio acerca de sus propósitos.

Tales requerimientos y exigencias llegaron en cierto momento a la intimidación, con lo que Schäffer, mostrando una calma absoluta, fue deduciendo la impaciencia y el desasosiego de los enviados. Aquellos hombres mostraban un terror manifiesto a sus respuestas: cualquier dubitación, un dato técnico repetido u olvidado, una respuesta reiterada varias veces, una insistencia esporádica, una vacilación, cualquier cosa era motivo de enojosas peroratas.

Atento a la disposición de los investigadores, Schäffer descubrió que su nerviosismo y agitación no era otra cosa que pánico, un espanto producido por la ingente cuantía de informes que en ese momento se recibían acerca de la huida de Hitler y, a pesar de que no tenía nada que decir, usó el silencio como artimaña para presentarse como indispensable ante la comisión de analistas. En el fondo, ya lo decíamos antes, no estaba lejos de ser una forma de defensa frente a posibles castigos: se trataba de un prisionero y Schäffer, en aquellos momentos, no podía saber si un tribunal de guerra lo condenaría a la pena capital.

Por eso calló. Por eso y porque respecto a lo que le preguntaban cada día con más ahínco, no sabía nada. Aquellas preguntas no iban a responderse más que con silencio. El comandante advertía cada día más que los examinadores tenían un grave problema, con lo que la conclusión fue fácil: simplemente, optó por enmudecer, conservando, eso sí, la serenidad y un cierto aire de imperturbabilidad que acabó por desarmar a los investigadores.

Con todo, y hasta su liberación en 1947, a Schäffer se le investigó innumerables veces en los EE. UU. para, a continuación, trasladarlo a Gran Bretaña, donde tuvo que soportar más interrogatorios.

Tiempo después, Heinz Schäffer escribió un libro de memorias en cuyo prólogo incluyó las siguientes palabras:

> «[...] mi aventura personal de guerra tuvo un final especialmente interesante, por haber sido uno de los primeros viajes de larga distancia de la historia naval realizados en inmersión, y por las conjeturas de alta política que del mismo se derivaron»[125].

Jamás dijo nada más. Prudente, enmudeció, y solo se refirió a las conjeturas —vale decir, suposiciones y sospechas— que algunos dedujeron y que la prensa difundió. Años después, su viuda, requerida por corresponsales argentinos, mantuvo la incógnita, siguiendo la estela que su marido había marcado. Por supuesto, nunca se pudo añadir nada a lo dicho por el comandante Schäffer en los interrogatorios ni en lo escrito después. Las ficciones y las fábulas, incluso las leyendas a las que el U-977 dio lugar se diluyeron, y con ello, la ofuscación que creó.

Los titulares de los periódicos también callaron, nunca se pudo confirmar ni por asomo la menor sombra de recelo, pero mientras duraron, ¿quién fue el inductor de tales quimeras? ¿Por qué perduraron, quién las alimentó?

Veamos, casi de forma simultánea y en los días en que Argentina vivía jornadas muy convulsas —verano de 1945, con la destitución

---

125 Heinz Schäffer, *El secreto del U-977*, opus cit., prólogo.

del general Juan Domingo Perón, su detención y posterior puesta en libertad debido a la presión popular—, el 16 de julio, seis días después de la capitulación del U-530, Ladislas Szabo, periodista de origen húngaro afincado en Argentina, publicó un artículo en el diario *Crítica* de Buenos Aires acerca de la llegada de Adolf Hitler a la costa antártica.

Tal noticia produjo un gran revuelo, como no podía ser menos, y dadas las circunstancias —arribo de los submarinos alemanes a la base de Mar del Plata—, rebotó en la prensa extranjera. Tras un tiempo de inquietud, la noticia se desvaneció, sin embargo, en 1947, por tanto, año y pico después, Szabo publicó *Hitler está vivo*[126], ofreciendo toda clase de detalles acerca de los submarinos que habían trasladado a Hitler a América del Sur.

Tuvo mucho éxito y sus casi doscientas páginas se tradujeron al francés, *Je sais que Hitler est vivant,* y al inglés, *Hitler Is Alive.* Aquellos detalles que Szabo especificaba convertían los submarinos en naves con autonomía suficiente como para alcanzar los treinta nudos en inmersión, además, dudaba de la veracidad de los nombres de los comandantes y, por supuesto, añadía una interrupción en la costa antártica para desembarcar viajeros. No obstante, no hubo ni una sola prueba que pudiera sustentar semejantes argumentos.

Posteriormente, en 2011, Gerrard Williams y Simon Dunstan publicaban *Grey Wolf: The Escape of Adolf Hitler*[127] en línea similar, arguyendo que los norteamericanos mostraron en 1945 cierta indulgencia con los alemanes, hasta el punto de permitir la huida del Führer y añadiendo que Hitler y su esposa vivieron en Argentina e incluso que tuvieron varios hijos.

Estamos, en consecuencia, en los límites del amarillismo más puro y del sensacionalismo más acabado. Nunca hubo la menor evidencia que pudiera admitir aquellos devaneos, nada respecto a los

126 Ladislas Szabo, *Hitler está vivo,* El Tábano, Buenos Aires, Argentina, 1947.

127 Gerrard Williams y Simon Dunstan, *Grey Wolf: The Escape of Adolf Hitler,* Sterling, Nueva York, 2011. El libro fue convertido en documental en 2012, con todo, fue acusado de plagio por Abel Basti.

pseudónimos que pudieran haber empleado los comandantes de los submarinos, tampoco respecto a la autonomía de las naves ni a las prodigiosas características de sus motores, nada respecto a las fechas de partida de sus respectivos puertos de anclaje, nada tampoco relativo a convoyes y ni la menor prueba que pudiera verificar detenciones en las costas antárticas para dejar viajeros, civiles o militares.

Por otra parte, y a diferencia de lo que pasó con el U-530, toda la documentación relativa a la navegación del U-977 llegó completa con el buque, tal como dijo Schäffer en los interrogatorios, con lo que examinar y detectar cualquier anomalía en su periplo era sencillo. La tripulación fue listada por las autoridades argentinas, coincidiendo con la dotación en el momento del arribo, excepción hecha de aquellos dieciséis miembros que habían decidido descender en la costa noruega al principio del viaje.

Ahora bien, tanto los protocolos de navegación como el libro de bitácora pudieron haber sido falsificados adrede: ¿cabe la posibilidad, entonces, de que el U-530 y el U-977 hubieran recalado en las costas antárticas, adulterando *a posteriori* la documentación para ocultar posibles secretos?

Atendiendo a los plazos, la estación y la velocidad de los navíos, no fue posible que ninguno de los submarinos tocara la costa antártica atendiendo, además, a que las fechas se correspondían con lo más riguroso del invierno en el hemisferio sur. Seguidamente, basamos nuestro relato en la opinión de Carlos Mey Martínez[128].

El primer obstáculo habría sido el famoso océano del sur propiamente dicho. El segundo obstáculo la masa flotante de hielo de uno a dos metros de espesor que rodea la Antártida en el invierno.

> «Datos satelitales recolectados por la NASA y por la India muestran que frente a la Tierra de la Reina Maud la masa de hielo flotante se extiende hasta 500 km de la línea costera a fines de mayo y junio, y a 1665 km en julio, agosto y septiembre. Para alcanzar la

128 Carlos Mey Martínez, *¿Visitaron la Antártida los submarinos U-530 y U-977?*, Fundación Histarmar, s.d. Existe versión electrónica.

costa y regresar *en route* a la Argentina, el U-530 hubiera tenido que viajar unos 1000 km bajo hielo, y el U-977 otros 3300 km también bajo el hielo».

Además, sigue Carlos Mey:

«Bajo el hielo, el problema principal para el U-977 o el U-530 habría sido el acceso al aire fresco... A falta de una capacidad independiente para producir aire, los submarinos diésel no son adecuados para realizar estas operaciones. El esnórquel del U-977 habría sido inútil. Para procurar aire fresco, la nave habría tenido que abrirse camino hacia arriba a través del hielo y emerger por lo menos cada dos días, porque estas naves no contaban con depuradores de CO 2 para limpiar el aire. Una vez que obtuviera aire suficiente, teóricamente habría sido capaz de sumergirse y continuar su viaje. Considerando paradas para obtener aire, su velocidad promedio no podría haber sido mayor de 3 a 5 nudos.

La navegación también habría sido prácticamente imposible. Aun si el U-530 o el U-977 hubieran emergido a través del hielo, ver el sol o las estrellas habría sido difícil a causa de la nubosidad. En invierno, en la base Maudheim de la Expedición NBSA, en la costa de la Tierra de la Reina Maud, el sol apenas se asomaba en el horizonte alrededor del mediodía en mayo, y no aparece en el horizonte en todo junio y julio. La oscuridad de veinticuatro horas y la cobertura nubosa habrían aumentado enormemente el peligro de navegar entre hielos cerca del litoral era que no se poseían buenos mapas. Hasta ver la costa habría sido difícil, porque comprende el acantilado de hielo de 10 a 30 m de alto en el borde de la plataforma helada, que sería más o menos invisible en la oscuridad desde la cubierta inferior de un submarino, sin olvidarse de que los mares helados estarían salpicados de témpanos».

Poco después, continúa Mey con notable acierto:

«Suponiendo que el U-977 hubiera alcanzado la costa, ¿con qué circunstancias se habría enfrentado la tripulación? La temperatura promedio en invierno en la base Maudheim de la Expedición NBSA era de alrededor de –26° C. La velocidad promedio del viento era de 15 nudos o, aproximadamente, 28 km/h. La sensación térmica inducida por esa velocidad del viento combinada con una temperatura promedio de –26° C habría bajado la temperatura real a los -40° C, sin olvidar que podrían producirse tormentas de nieve. Bajo estas condiciones de frío y oscuridad, los hombres de Maudheim en los inviernos meridionales de 1950 y 1951 tenían el buen tino se mantenerse puertas adentro todo junio, julio, agosto y la mayor parte de septiembre. Cualquier persona que desembarcara de un submarino habría enfrentado las dificultades más extraordinarias para caminar 250 km atravesando el hielo penetrado por grietas ocultas, en la oscuridad y sin ayuda para la navegación hasta llegar a una guarida en las montañas donde las temperaturas habrían sido más bajas, quizá hasta los -50° C».

En conclusión, y siguiendo lo dicho por el especialista[129], el supuesto alto en la Antártida hubiera sido físicamente imposible y las tentadoras sugerencias de unos y de otros —Szabo, Williams, Dunstan y de bastantes más que no citamos— son un relato imaginario que no aporta prueba alguna merecedora de atención, más allá de reconocer un probado morbo informativo. Queda, además, por resolver la parte más delicada de la ecuación y que no era el viaje ni la aproximación de los submarinos, sino el paso posterior: ¿adónde se iban a dirigir los supuestos prófugos de Berlín y qué podrían hacer? ¿Qué tipo de construcción los podría proteger, tras tan largo viaje, en una inhóspita masa helada que podía rondar los 40 grados bajo cero? ¿Quién y en qué condiciones los esperaba? ¿Qué les ofrecía? Como decimos, se trata de un relato imaginario sin solvencia alguna que se derrumba con tan solo examinarlo con un poco de atención.

129 Carlos Mey fue fundador y presidente de la fundación Histarmar y miembro de la Comisión Náutica de Buques Museo.

Teniente de navío Otto Wermuth.
http://u-boatargentina.blogspot.com/2010/09/otto-wermuth-oberleutnant-zur-see-no.html

El U-977 fotografiado en navegación de superficie, quizá tras su rendición.
https://es.wikipedia.org/wiki/Archivo:German_submarine_U-977_as_a_target_ship_off_Cape_Cod,_Massachusetts_(USA),_13_November_1946_(80-G-703417).jpg

El U-977 atracado en la base Mar del Plata.
https://es.wikipedia.org/wiki/Archivo:Submarino_Aleman_U-977.jpg

Finalmente, el U-977 fue hundido el 13 de noviembre de 1946 por el USS Atule frente a la costa de Massachusetts.

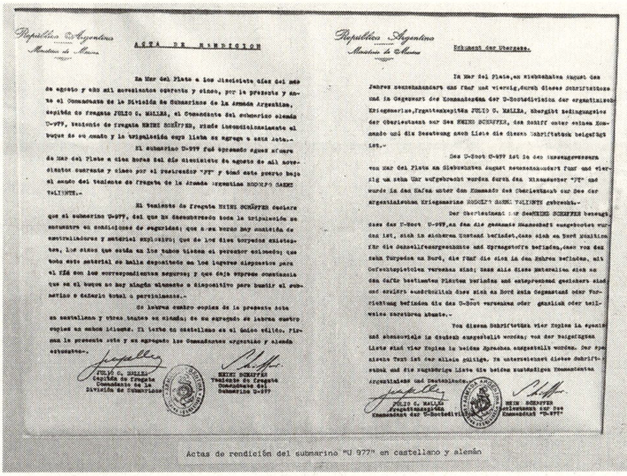

República Argentina
Ministerio de Marina

ACTA DE RENDICION

En Mar del Plata a los diecisiete días del mes de agosto y año mil novecientos cuarenta y cinco, por la presente y ante el Comandante de la División de Submarinos de la Armada Argentina, capitán de fragata JULIO C. MALLEA, el Comandante del submarino alemán U-977, teniente de fragata HEINZ SCHÄFFER, rinde incondicionalmente el buque de su mando y la tripulación cuya lista se agrega a esta Acta.-

El submarino U-977 fué apresado aguas afuera de Mar del Plata a diez horas del día diecisiete de agosto de mil novecientos cuarenta y cinco por el rastreador "PY" y tomó este puerto bajo el mando del teniente de fragata de la Armada Argentina RODOLFO SAENZ VALIENTE.-

El teniente de fragata HEINZ SCHÄFFER declara que el submarino U-977, del que ha desembarcado toda la tripulación se encuentra en condiciones de seguridad; que a su bordo hay munición de ametralladoras y material explosivo; que de los diez torpedos existentes, los cinco que están en los tubos tienen el percutor colocado; que todo este material se halla depositado en los lugares dispuestos para el fin con los correspondientes seguros; y que deja expresa constancia que en el buque no hay ningún elemento o dispositivo para hundir el submarino o dañarlo total o parcialmente.-

Se labran cuatro copias de la presente Acta en castellano y otras tantas en alemán; de su agregado se labran cuatro copias en ambos idiomas. El texto en castellano es el único válido. Firman la presente acta y su agregado los Comandantes argentino y alemán actuantes.-

JULIO C. MALLEA
Capitán de fragata
Comandante de la
División de Submarinos

HEINZ SCHÄFFER
Teniente de fragata
Comandante del
Submarino U-977

República Argentina
Ministerio de Marina

Dokument der Übergabe.

In Mar del Plata, am siebzehnten August des Jahres neunzehnhundert und fünf und vierzig, durch dieses Schriftstück und in Gegenwart des Kommandeurs der U-Bootsdivision der argentinischen Kriegsmarine, Fregattenkapitän JULIO C. MALLEA, übergibt bedingungslos der Oberleutnant zur See HEINZ SCHAFFER, das Schiff unter seinem Kommando und die Besatzung nach Liste die diesem Schriftstück beigefügt ist.-

Das U-Boot U-977 ist in den Aussengewässern von Mar del Plata am Siebzehnten August neunzehnhundert fünf und vierzig um zehn Uhr aufgebracht worden durch den Minensucher "PY" und wurde in den Hafen unter dem Kommando des Oberleutnant zur See der argentinischen Kriegsmarine RODOLFO SAENZ VALIENTE gebracht.-

Der Oberleutnant zur See HEINZ SCHAFFER bezeugt, dass das U-Boot U-977, an dem die gesamte Mannschaft ausgebootet worden ist, sich in sicherem Zustand befindet, dass sich an Bord Munition für die Schnellfeuergeschütze und Sprengstoffe befinden, dass von den zehn Torpedos an Bord, die fünf die sich in den Rohren befinden, mit Gefechtspistolen versehen sind; dass alle diese Materialien sich an den dafür bestimmten Plätzen befinden und entsprechend gesichert sind und erklärt ausdrücklich dass sich an Bord kein Gegenstand oder Vorrichtung befinden die das U-Boot versenken oder gänzlich oder teilweise zerstören könnte.-

Von diesem Schriftstück vier Kopien in spanisch und ebensoviele in deutsch ausgestellt worden; von der beigefügten Liste sind vier Kopien in beiden Sprachen ausgestellt worden. Der spanische Text ist der allein gültige. Es unterzeichnet dieses Schriftstück und die zugehörige Liste die beiden zuständigen Kommandanten Argentiniens und Deutschlands.

JULIO C. MALLEA
Fregattenkapitän
Kommandant der U-Bootsdivision

HEINZ SCHAFFER
Oberleutnant zur See
Kommandant "U-977"

Actas de rendición del submarino "U 977" en castellano y alemán

El acta de rendición del U977 en una de las paredes del Museo de la Fuerza de Submarinos en Mar del Plata.

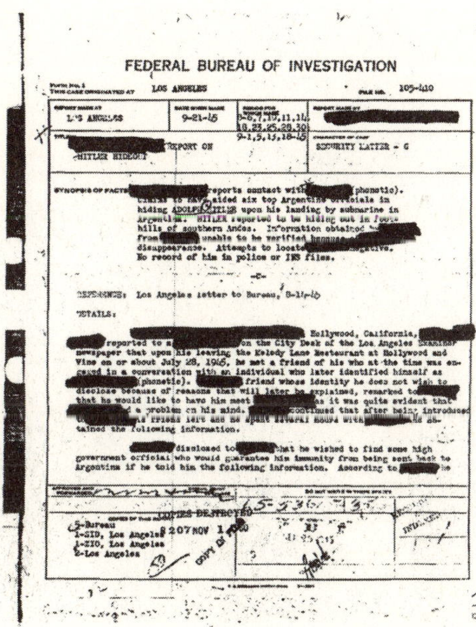

FEDERAL BUREAU OF INVESTIGATION

Form No. 1
THIS CASE ORIGINATED AT LOS ANGELES FILE NO. 105-410

REPORT MADE AT	DATE WHEN MADE	PERIOD FOR WHICH MADE	REPORT MADE BY
LOS ANGELES	9-21-45	8-6,7,10,11,14,18,23,25,28,30; 9-1,5,15,18-45	[redacted]

TITLE	CHARACTER OF CASE
[redacted] REPORT ON HITLER HIDEOUT	SECURITY MATTER - G

SYNOPSIS OF FACTS: [redacted] reports contact with [redacted] (phonetic). Claims to have aided six top Argentine officials in hiding ADOLF HITLER upon his landing by submarine in Argentina. HITLER reported to be hiding out in foothills of southern Andes. Information obtained [redacted] from [redacted] unable to be verified [redacted] disappearance. Attempts to locate [redacted] negative. No record of him in police or INS files.

- C -

REFERENCE: Los Angeles letter to Bureau, 8-14-45

DETAILS:

[redacted] Hollywood, California, [redacted] reported to a [redacted] on the City Desk of the Los Angeles Examiner newspaper that upon his leaving the Melody Lane Restaurant at Hollywood and Vine on or about July 28, 1945, he met a friend of his who at the time was engaged in a conversation with an individual who later identified himself as [redacted] (phonetic). [redacted] friend whose identity he does not wish to disclose because of reasons that will later be explained, remarked to [redacted] that he would like to have him meet [redacted] as it was quite evident that [redacted] a problem on his mind. [redacted] continued that after being introduced [redacted] friend left and he spent several hours with [redacted] obtained the following information.

[redacted] disclosed to [redacted] that he wished to find some high government official who would guarantee him immunity from being sent back to Argentina if he told him the following information. According to [redacted] he

APPROVED AND FORWARDED:
DO NOT WRITE IN THESE SPACES
65-53615-35
COPIES DESTROYED
COPIES OF THIS REPORT
5-Bureau
1-SID, Los Angeles
1-ZIO, Los Angeles
2-Los Angeles
207 NOV 1
COPY DI FILED
INDEXED

Informe del FBI desclasificado que describe la supuesta fuga de Adolf Hitler a Argentina con la ayuda de un submarino. https://es.scribd.com/document/292962306/Declassified-FBI-documents

El obispo Alois Hudal y la fuga de las ratas

Si bien Hitler jamás salió con vida del *führerbunker* y buena parte, al menos los generales y jerarcas que allí permanecieron hasta los últimos instantes, tampoco, un elenco de segundos y terceros jefes del nazismo sí consiguió huir del Berlín asediado y de la Alemania que se debatía entre la ocupación y la ruina más evidente, y no nos referimos al efímero gobierno de Dönitz, cuyos miembros fueron detenidos por los aliados y posteriormente juzgados en Núremberg.

Mencionamos a un grupo, seguramente miles de oficiales de las SS —los cálculos más arriesgados hablan de cinco mil personas—, que se habían distinguido en los campos de exterminio y que, no obstante, encontraron ayuda en instancias vaticanas bajo el amparo del obispo Alois Hudal, cuyo cometido como director del Pontificio Instituto Teutónico Santa Maria Dell Ánima y como delegado de la Conferencia Episcopal Alemana, era atender las necesidades espirituales de los sacerdotes de habla germánica.

Junto a Hudal debe figurar la colaboración del sacerdote Krunoslav Draganović, teólogo y secretario de la *Confraternita croata di San Girolamo* y partidario del movimiento *ustasha* —el nazismo croata liderado por Ante Pavelić— y, en gran medida, con la ayuda de las redes de la Cruz Roja Internacional[130].

De alguna forma, el auxilio de los fugitivos pivotaba para los citados dentro de sus planes de lucha contra el avance del comunismo que, en aquellos momentos, principios de las Guerra Fría, se había adueñado de buena parte de Europa, además de admitir una delgada pátina teológica de atención a los perseguidos en aras de la misericordia.

Detrás y por encima, desde luego, está la conducta que pudo seguir el papa Pacelli, Pío XII, asunto que siempre permanecerá, pese a los estudios realizados al respecto, y citaremos más adelante uno de los libros de Johan Ickx, en una flemática sombra rodeada de interrogantes. Por otra parte, se hace difícil de creer, por no decir que entra en el perímetro de lo imposible, que Hudal o Draganović fueran capaces de administrar el perdón a semejantes personajes, conocidos criminales cuyos actos no eran en absoluto ignorados, por más que dispusieron refugio para ellos, igual que salvoconductos y ayuda monetaria en los traslados.

Si bien, como decimos, la indulgencia y la misericordia pueden quedar en un plano estrictamente personal, ese lugar de la conciencia donde se atan y desatan las tormentas internas de los sujetos, no sucede lo mismo, por más derivado que resultara, con la falsificación. Y en efecto, de eso se trataba, de dotar a los solicitantes de un nombre adulterado y de unas credenciales igualmente aparentes. Semejante compromiso corría a cargo de las prensas que manejaba el padre Dominik Mandić, integrante de la orden franciscana en Roma y su administrador económico, además de encargado de asuntos franciscanos en los países eslavos.

Mandić, bien conectado con los partisanos anticomunistas de Yugoslavia, junto con otros sacerdotes vinculados a San Girolamo, como el citado Draganović, Dragutin Kamber, Vilim Cecelja y

130 Mario Feferbaum, *El "pasaporte" de Eichmann*, Nuestra Memoria, Fundación Memoria del Holocausto, año XIII, nº 29, Buenos Aires, diciembre de 2007, pág. 7 y ss.

Karlo Petranović, además de filtrar importantes sumas de dinero a través de bancos suizos, puso en marcha una extensa red de imprentas para falsificar la necesaria documentación a los que huían tanto de la llegada de los soviéticos como de las indagaciones de británicos y norteamericanos.

Tal vía de escape se denominó Ruta de las Ratas, y entre los beneficiados estuvieron Pavelić, Mengele, Barbie y Eichmann, los más destacados, si bien, como dice Dario Fertilio[131], en línea con Hannah Arendt, tal denominación está sacada de la tradición marinera, pero no refleja en absoluto el carácter de aquellos sujetos:

> «I nazisti non erano topi schifosi... Neppure erano demoni, bensi uomini in carne e ossa, con affetti e concienze (per quanto ottuse), progetti e singolari visioni del mondo»[132].

Insistimos, la cita coincide con la tesis central de Arendt respecto a Eichmann: no era un monstruo, sino un tipo normal que se limitaba a cumplir órdenes, o sea, la tan repetida banalidad del mal.

La Ruta de las Ratas fue, en definitiva, el camino que utilizaron muchos nazis y, en el caso anterior, ustashas, para llegar a países de América del Sur una vez la rendición se hizo efectiva y la guerra hubo terminado. Tal derrotero no deja de lado la posibilidad de que algunos fugitivos consiguieran radicarse en países de Oriente Medio.

Previamente, desde Alemania debían determinar qué recorrido elegirían para atravesar el continente y presentarse en los diferentes destinos y, sin la ayuda de organizaciones que les dieran cobertura, salvoconductos, credenciales y medios de escape, la aventura hubiera resultado poco menos que imposible, de ahí la extraordinaria importancia de la intervención de Mandić.

131 Dario Fertilio, *L'anima del Führer, Il vescovo Hudal e la fuga dei nazisti in Sud America*, Marsilio Editori, Venezia, 2015.

132 Dario Fertilio, *opus cit.*, pág. 140. *Los nazis no eran ratas asquerosas... Tampoco eran demonios, sino hombres de carne y hueso con afectos y conciencia (aunque terrible), proyectos y particulares visiones del mundo.* Traducción del autor.

Existieron tres rutas posibles: la que llevaba hasta Suecia, donde algún barco los trasladaría, y de ahí el posterior frenesí con los submarinos que emergieron en Mar del Plata; la española, con puertos en Galicia y también en las islas Canarias, donde recaló Skorzeny y posteriormente Pavelić y, principalmente, la italiana, más factible dada la situación geográfica, atravesando los Alpes desde Austria y llegando a diferentes puertos del Adriático.

Todo esto nos lleva a la famosa novela publicada en 1972 por Frederick Forsyth, *Odessa*, por más que no existe certeza alguna respecto a la existencia de tal organización. Sin embargo, el gran mérito del autor inglés, además de su indiscutible saber hacer, fue poner en juego un asunto cuya visibilidad había sido nula o, al menos, muy pequeña. Forsyth, que desde el primer momento da por firme lo que narra —como no podía ser menos—, cuenta las vicisitudes de un periodista que se implica en la búsqueda del carnicero de Riga, *SS Hauptsturmführer* , Eduard Roschmann, comandante del campo de concentración de Kaiserwald en Letonia, acusado de cuarenta mil asesinatos, y de su huida a Argentina a través de vías abiertas por el obispo Alois Hudal y con pasaporte falso otorgado por la Cruz Roja, tras las convenientes comprobaciones de San Girolamo, a nombre de Federico Weneger.

La situación que Forsyth presenta —donde aparecen personajes verídicos, como Simón Wiesenthal, instrumento primordial en la búsqueda de nazis ocultos— pudo sorprender en la Alemania occidental: si bien el gobierno apoyaba la indagación acerca de aquellos criminales, las instituciones y muchos de los sujetos adscritos a ellas, frenaban, ya fuera por hastío o por connivencia, las investigaciones.

En la novela, la dignidad germana queda a salvo porque el periodista que decide proseguir la indagación es un joven alemán que se muestra tenaz y perseverante en su labor, por más que reciba amenazas directas de Odessa, formación en la que pretende infiltrarse con la ayuda de un viejo SS que ha traicionado a sus acólitos. Resulta, desde luego, más que improbable que pudiera existir un *kamerad* capaz de semejante perjurio, pero así es el argumento. Con todo, rápidamente es descubierto. El resto, lógicamente, lo dejamos a la discreción del lector, que sabrá atenuar sus inquietudes leyendo a Forsyth.

En alguna medida, la revelación de esta trama, la presencia, huida y confirmación del cadáver del capitán Roschmann, que el auténtico Simón Wiesenthal ratificó en 1977, fue en parte debido a que Forsyth destapó el asunto, así como la existencia de un tejido nazi destinado a favorecer la huida y dar protección a tales sujetos.

Si bien es cierto que Odessa (Organisation der Ehemaligen SS-Angehörigen / Organización de antiguos miembros SS) es de dudosa existencia, sí cabe pensar, como afirmó Uki Goñi[133], que alguna clase de sociedad clandestina, constituida por individuos anteriormente integrantes de las Schutzstaffel, fue establecida e incluso auspiciada por ciertos gobiernos, ya fuera el de la España regida por la dictadura franquista o el de Argentina o Paraguay, destinos que eligieron los huidos para blindarse y pasar desapercibidos el resto de sus vidas. Y ahí entra la labor de Simón Wiesenthal que, tras utilizar sus notas como prisionero en el campo de Mauthausen, ofreció ayuda en forma de extenso archivo en Núremberg, pasando después a ser pieza fundamental para el descubrimiento y localización de numerosos nazis que, de otro modo, habrían conseguido escapar de la justicia. Valga como ejemplo el caso de Adolf Eichmann, finalmente ejecutado en Israel.

Por otra parte, hay evidencias contrastadas de la efectividad de una Commissione Pontificia d'Assistenza a cargo del obispo Alois Hudal, cuyo cometido era inicialmente prestar servicio espiritual a los prisioneros civiles de lengua alemana en Italia.

El obispo Hudal había publicado en 1936 en Leipzig un libro titulado *Die Grundlagen des Nationalsozialismus*[134] donde ensalzaba abier-

---

133 Uki Goñi, *La auténtica Odessa*, Paidós, Buenos Aires, 2008.

134 Alois Hudal, *Die Grundlagen des Nationalsozialismus*, Johannes Günther, Leipzig und Wien, 1937. La traducción del título es *Los fundamentos del nacionalsocialismo* y en el prefacio se lee: Das vorliegende Buch ist als ein Versuch gedacht, vom christlichen Standpunkt aus einen Weg zum Verständnis des Nationalsozialismus zu ebnen / *El presente libro pretende ser un intento de allanar el camino para una comprensión del nacionalsocialismo desde un punto de vista cristiano.*

tamente la política del régimen hitleriano desde posicionamientos apostólicos. Tarea no fácil, desde luego, pero el obispo se las arregló para no objetar respecto de las leyes raciales de Núremberg y entender que el nazismo era una especie de refundación del Sacro Imperio destinado a enfrentarse al judaísmo y al marxismo —perspectivas que consideraba contiguas—, por más que no ignoraba que las posiciones de Hitler devenían en una religión nacionalista sustitutiva del cristianismo, razón por la que su pensamiento se negó desde Alemania y también en el Vaticano.

Una vez la guerra hubo concluido, Hudal se centró en la lucha contra el comunismo, y ahí no olvidó que los que se habían enfrentado a la URSS pudieran requerir apoyo, por eso pudo formar una trama de sostén a prisioneros y refugiados que acudían a Roma. En definitiva, y supuestamente según la creencia del obispo Hudal, los que huían, pese a todos los males que sin duda habían causado, estaban tácitamente condenados a muerte, ¿merecían alguna clase de compasión y misericordia? ¿Podía o, mejor, debía un obispo perdonar tan terribles ofensas a la humanidad, crímenes de guerra, ejecuciones y los más viles comportamientos en los campos de concentración y exterminio?

¿La impunidad que, junto al perdón y el salvoconducto, otorgaba el obispo Hudal, entraba en sus atribuciones? ¿No suponía aquello comprometer a la propia iglesia con el nazismo?

Ante semejantes cuestiones, ante preguntas que rayan el despropósito y entran en el ámbito del desatino, solamente queda preguntarnos, ¿cómo pudieron ser resueltas teológicamente por Alois Hudal, Draganović y Mandić, por no citar a otros? Cabe decir, desde luego, que no representaban al Vaticano y que actuaban por cuenta propia. Incluso más, sus acciones, por más que fueran vistas principalmente por los servicios de inteligencia británicos, no definían en absoluto una postura oficial y ni mucho menos suponían una dirección más allá de lo que era su cuestionable orientación.

Dario Fertilio afirma que semejantes actitudes procedían de la ingenua fe que el obispo Alois Hudal había puesto en Hitler ya desde sus inicios, creyendo que pudo haber un nacionalsocialismo bueno, capaz de acercarse a los valores cristianos, y otro, el de la sangre y la guerra, el del sentimiento racial y el nacionalismo, malo, y con el que no parece que estaba en consonancia. Fertilio cierra el tema de la única manera que seguramente es posible, con una pregunta de inverosímil respuesta que, ya de por sí, es dictamen: ¿no era el pensamiento de Hudal una pura ilusión filosófica y un autoengaño venido de su posicionamiento político nacionalista y de su especial manera de entender la Alemania de después de la Gran Guerra?

Para cumplir con el deseo de escapar, los nazis evadidos viajaban inicialmente a Roma, donde bajo capa de dar caridad a los prófugos, eran albergados en monasterios y conventos en los que se les otorgaba acreditaciones falsas proporcionados por un determinado sector del Comité Internacional de la Cruz Roja.

Pero ¿cómo se financiaba toda la operación? Fertilio indica que una parte del gasto procedía de capitales residuales del Reich depositados, por convenio de finales de 1944, en la Maison Rouge de Estrasburgo. Tal ajuste había sido firmado con algunos industriales alemanes y, en ese pacto, tampoco andaban lejos los servicios secretos angloamericanos, que de ese modo vieron la posibilidad de disponer de una red de agentes anticomunistas distribuida por el mundo entero[135].

Con una nueva identidad, y con el visto bueno del general Perón, el cardenal Antonio Caggiano[136] comunicó a las autoridades vaticanas que Argentina podría alojar a determinados miembros de los escalafones alemanes. Con tal perspectiva y teniendo vía libre, los prófugos se embarcaron rumbo a Argentina[137] desde Génova. De ese modo, un elevado contingente de nazis, jerarcas de las Waffen SS o civiles, encontraron refugio en diferentes países de Sudamérica.

Todo ello no se debía a ninguna clase de vinculación ideológica de Perón, sino a su intención de hacerse con un contingente respetable

135 Dario Fertilio, *opus cit.*, pág. 141.

136 En 1961, el obispo Antonio Caggiano prologó *Marxismo Leninismo*, un manual para instruir a los militares argentinos en la contienda contra el comunismo.

137 Uki Goñi, *opus cit*, pág. 221.

de científicos y expertos con larga experiencia destinado a fomentar su propósito de desarrollo industrial[138]. De igual modo procedieron norteamericanos y soviéticos, por supuesto, y ahí está el caso de Wernher von Braun y Werner Heisenberg y, en el lado soviético, Manfred von Ardenne, Gustav Hertz, Max Volmer o Max Steenbeck.

Naturalmente, en la inmediata posguerra semejante vaciado de nazis puso sobre aviso a las diferentes organizaciones de inteligencia aliada, que de este modo renovaron sus sospechas: entre tal multitud bien pudiera estar el Führer, asunto que trajo una nueva oleada de investigaciones.

Conviene añadir que acerca de tales temas se ha escrito mucho, y en ocasiones con mérito. Valga, por ejemplo, el capítulo que le dedica Eric Frattini en *La Santa Alianza*[139], título que alude al servicio de espionaje vaticano, y capítulo que rotula «Odessa y el pasillo vaticano (1946 -1958)», un magnífico estudio al respecto. Con todo, seguramente el más acabado trabajo se debe a los investigadores Mark Aarons y John Loftus por su libro *Unholy Trinity: The Vatican, the nazis and the Swiss bank*[140], además de otros escritos en similar dirección que no citamos.

Uno de los méritos que hallamos, entre los centenares de datos y de información que presenta el texto, es debido a que Aarons y Loftus saben distinguir desde el primer momento entre el comportamiento de la curia de origen croata, Hudal, Draganović y Mandić, dado que el libro se centra en esa sección, y el resto del gobierno vaticano, al que no implica en los tejemanejes de los citados.

138 Abraham Zylberman, *Entre nosotros se ocultaron... El flujo de los criminales de guerra nazis a la Argentina y su representación en nuestro cine*, Universidad Nacional de Mar del Plata, Mar del Plata, 2017, pág. 8.

139 Eric Frattini, *La Santa Alianza*, Círculo de Lectores, Barcelona, 2004. Posteriormente, Frattini también escribió *La huida de las ratas*, Planeta, Barcelona, 2018, donde aparece un extenso repertorio de nazis huidos y sus particulares derroteros.

140 La obra de Mark Aarons y John Loftus recibió títulos diferentes según el lugar donde se publicó. Así, en EE. UU. se denominó *Unholy Trinity: The Vatican, the nazis and the Swiss bank*, 1991, con reimpresión en 1998, Saint Martin's Press, Nueva York, y en Gran Bretaña, *Ratlines*, ed. William Heineman Limited, 1991.

Al revés, hubo una magna operación —que lógicamente se llevó a cabo de forma callada, como no podía ser de otro modo, dadas las circunstancias, pues la apariencia de imparcialidad otorgaba a las instancias vaticanas la posibilidad de continuar su labor— dirigida por los cardenales Tardini y Maglione, junto a los monseñores Barbetta y Dell'Acqua para salvar a muchos judíos perseguidos. Resultó sumamente importante en los días del gueto de Varsovia, pero también en Praga o Budapest, pese a los magros resultados que en realidad obtuvo, habiendo rescatado un millón de personas que, frente a las cifras de fallecidos, siempre parece escaso.

En la misma dirección se inscribe el libro de Johan Ickx, *Pio XII e gli Ebrei*[141], antes citado, fundamentado en las investigaciones del que fue archivero del Vaticano y donde se desvelan centenares de casos en los que la intervención de la Iglesia católica fue determinante para la ayuda a miles de personas[142].

Con todo, debe atenderse a un detalle de suma importancia. El trabajo de Ickx hace referencia al trato recibido por los judíos durante la dictadura nazi y a la protección que brindó la Iglesia, pero Mark Aarons y John Loftus describen *la huida de las ratas,* esto es, la evasión de criminales de guerra una vez acabada la contienda, siendo, en consecuencia, sucesivos en el tiempo y manifiestamente compatibles como estudios correlativos.

Y así es, una cosa no quita la otra: el Vaticano como institución atendió a miles de ciudadanos judíos durante la guerra y, posteriormente, el clero vinculado al San Girolamo[143], junto a la Cruz Roja

141 Johan Ickx, *Pio XII e gli ebrei,* Rizzoli, Milán, 2021. Edición francesa del año anterior: *Le Bureau. Les Juifs de Pie XII,* Melsele, Bélgica, Éditions VdH.

142 Recientemente, se han abierto en internet los archivos que desvelan la intervención de Pío XII en contra de la persecución nazi de los judíos. Cinto setenta volúmenes que aparecen en la sección Archivo Histórico de la Secretaría de Estado.

143 Existe un libro titulado *Magnum crimen. Pola vijeka klerikalizma u Hrvatskoj,* o sea, *El gran crimen. Medio siglo de clericalismo en Croacia,* publicado en 1948 en Zagreb y reimpreso en 2019 por Catena Mundi de Belgrado, donde el exsacerdote católico e historiador Viktor Novak, profesor de la Universidad de Belgrado, expone pormenorizadamente decenas de casos que afectan al comportamiento del clero croata de aquellos años, principalmente en su segunda parte. Como contrapartida,

Croata, con personalidades como el arzobispo Alojzije Stapinac[144], monseñor Milam Simcić, subsecretario de la Congregación del Clero, estrecho colaborador de Draganović, y el padre Vilim Cecelja, al lado de otros antes citados, asistió a nazis y ustashas facilitándoles la huida a territorios donde su auténtica personalidad quedó diluida a través de la falsificación de documentos generados por las linotipias del franciscano padre Dominik Mandić.

En definitiva, una parte de la iglesia, en su momento, creyó en el mito de la conspiración judía y, posteriormente, tras el fin de la guerra, reaccionó contra la implantación del comunismo protegiendo a aquéllos que lo habían combatido.

Ese fue el caso del padre Gregorij Rožman, obispo de Liubliana, que había conseguido unificar a los chetniks con las SS en la Legión de la Muerte, autor de una pastoral de 30 de noviembre de 1943 donde cupieron los tópicos del nazismo más furioso, siendo fotografiado el 30 de enero de 1945 junto al general de las SS Erwin Rösener y a Leon Rupnik, general de la *Domobranci*, la guardia chetnik auxiliar de los alemanes, que fue fusilado en setiembre de 1946 y cuya sentencia quedó anulada por el Tribunal Supremo de Eslovenia en 2020.

Rožman, junto con el obispo de Vrhbosna[145], Ivan Šarić, conocido como el verdugo de Sarajevo, que alentó las conversiones forzosas de ortodoxos serbios al catolicismo bajo amenaza de muerte, escaparon de la justicia. Rožman y Šarić, entre otros, permanecieron bajo vigilancia británica en la sede obispal de Klagenfurt (Austria) hasta

hay que decir que el libro ha sido acusado de haberse escrito para favorecer a los comunistas yugoslavos

144 No podemos incidir en este trabajo en la discutida trayectoria de Alojzije Stepinac, arzobispo de Zagreb, cuyo destacado nacionalismo no le impidió mandar quejas a Pavelić acerca del trato dado a serbios y judíos en Jasenovac y que, tras el fin de la guerra, fue condenado por un tribunal comunista yugoslavo en 1946 bajo cargo de haber colaborado con los ustashas. Permaneció en prisión hasta 1951 para, posteriormente, continuar en arresto domiciliario. Falleció en 1960, siendo beatificado a finales del siglo XX y después de haber sido hecho cardenal en 1952. Un tribunal de Zagreb revocó la sentencia contra Stepinac en 2016, provocando las quejas de los ortodoxos serbios y del Centro Simon Wiesenthal.

145 Actualmente, Archidiócesis Católica Romana de Vrhbosna, que atiende a los católicos de Sarajevo.

octubre de 1946. A partir de ese momento y tras obtener autorización estadounidense, Rožman se instaló en Cleveland (Ohio). Su vinculación con la Ruta de las Ratas queda fuera de duda, de hecho, el obispo Gregorij Rožman visitó en tres ocasiones Argentina. Falleció el 16 de noviembre de 1959, siendo rehabilitado casi cincuenta años después por el Tribunal Supremo esloveno. Sus restos descansan en la catedral de Liubliana desde el 13 de abril de 2013.

No cabe duda de que *Unholy Trinity* es producto de una muy seria investigación, pese a que se ciñe principalmente al área de la antigua Yugoslavia. Con todo, presenta un panorama tremendamente conflictivo que, desde luego, a partir del establecimiento de líneas de escape a través de instituciones como el San Girolamo, influyó poderosamente en proyectar la creencia de la huida de Hitler.

Por otra parte, la figura de Pío XII ha dado lugar a estudios muy enfrentados, como hemos anticipado. Sin pretender ser exhaustivos, podrían ir desde Saul Friedländer con *Pío XII y el Tercer Reich* (Península, 1964), y Daniel Jonah Goldhagen[146] con *La Iglesia católica y el Holocausto: una deuda pendiente* (Taurus, 2002), hasta quizá el más reciente, de 2021, y que camina en sentido inverso, debido a Johan Ickx, del que ya hemos tratado varias veces. En el primer caso se trata de un profesor de la Universidad de Los Ángeles (el recorrido académico de Friedländer, así como los premios recibidos, es enorme, figurando al menos en cinco instituciones) y de Harvard, ambos profesores víctimas del holocausto. En el segundo, habla el archivero del Vaticano que, junto a la apertura de los archivos de la Secretaría de Estado, puede echar luz al respecto. Queda a juicio del lector, que buscará datos para sus conclusiones, formar una opinión suficiente.

146 Asimismo, Goldhagen es autor de *Los verdugos voluntarios de Hitler*, de 1996.

La fuga de Léon Degrelle y el caso español

No siempre las huidas de los nazis se produjeron ni por las mismas vías ni en parecidas condiciones. Cabe presentar el caso de Léon Degrelle —el hombre al que Hitler dijo que le gustaría haber tenido un hijo como él—, en cuya biografía, *Memorias de un fascista*[147], después de combatir en la operación Barbarroja y principalmente en Stalingrado y haber podido salir de lo que denomina *infierno ruso*, describe sin amagos ni retóricas las múltiples vejaciones a las que fueron sometidas las mujeres alemanas tras la llegada de las tropas soviéticas:

> «[...] viejas y niñas, violadas cincuenta veces, ochenta veces, yacían viscosas, con los pies y las manos aún atados a unas estacas»[148].

Pues bien, contaba el ABC del 9 de mayo de 1945[149] cómo en aquellas fechas, justo en el momento de la rendición del III Reich,

147 Léon Degrelle, *Memorias de un fascista*, editorial Wotan, Madrid, 1978.

148 La cita puede leerse en el capítulo *De Stalingrado a San Sebastián*.

149 ABC de Sevilla del 9 de mayo de 1945. Asunto que recogió en un artículo Israel Viana el 29 de agosto de 2023 titulado *Las «rutas de escape» secretas de los nazis hacia el 'refugio dorado' de la España franquista*, ABC Historia.

un bombardero *Heinkel H-23* capotaba y por fin se hundía frente a la playa de La Concha, en San Sebastián.

Al principio, y pese a que el propio ABC había dado la noticia de la muerte de Hitler una semana atrás, se creyó que el Führer viajaba en el aparato.

No era así, desde luego, pero a quien rescataron los bañistas y la gente que quiso echar una mano al avión siniestrado fue a Léon Degrelle, coronel de la *SS-Freiwilligen-Sturmbrigade Wallonien* adscrita a las Waffen, junto con cinco personas más.

Desde Oslo y por iniciativa de Joachim von Ribbentrop, siempre según ABC[150], aquellos hombres tomaron el avión del ministro de armamento Speer y volaron hasta las costas españolas, unos 2 300 kilómetros sin luces para no llamar la atención de los antiaéreos aliados y ya en los últimos kilómetros, tras sobrevolar la frontera, sin combustible.

El amerizaje se produjo en las aguas frente al paseo, pero a gran velocidad. El aparato se estrelló contra unos escollos que lo frenaron en seco y provocaron que el propio Degrelle tuviera que permanecer ingresado[151] en el hospital militar General Mola durante año y medio. Con posterioridad, y guardando una discreta cautela, los restos del avión fueron llevados a la Maestranza Aérea de Logroño para su desguace.

En sus ya aludidas memorias, Degrelle afirma taxativamente que cuando Hitler *se saltó la tapa de los sesos*, son sus palabras, gracias a las heridas que sufrió en el accidente del *Heinkel* —luxaciones varias, rotura del tobillo y de un omóplato— y del consiguiente ingreso en el hospital, la demanda de extradición que de inmediato expidieron las autoridades belgas se fue retrasando, dada la más que prolongada estancia hospitalaria, hasta que el 29 de diciembre de 1945 fue juz-

150 Israel Viana, *Así fue el aterrizaje forzoso de Leon Degrelle en playa de La Concha huyendo de los aliados en la II GM*, ABC Historia, 21 de marzo de 2019.

151 Beatriz Campuzano, «El nazi que aterrizó en la playa de La Concha», *El Correo*, 8 de mayo de 2015.

gado *in absentia* en Bélgica, perdiendo la nacionalidad y siendo condenado a muerte por colaboracionismo con los nazis.

Pese a ello, el franquismo consiguió dilatar la entrega, dado el precedente de Pierre Laval, auxiliar de la Gestapo en el gobierno de Vichy, confinado en el castillo de Montjuic (Barcelona) hasta la extradición del 30 de julio de 1945, el juicio del 9 de octubre, al que no quiso asistir desestimando al tribunal, y el fusilamiento en Fresnes (cerca de París) el 15 de aquel mes.

Tras una finta jurídica sucedida en el verano de 1946, Degrelle se ocultó en la propiedad extremeña de Eduardo Ezquer Gabaldón, jefe provincial de Falange en Badajoz, donde el citado vivía desde antes de la guerra, a pesar de las desavenencias que mantuvo con el franquismo[152]. Aproximadamente diez años después, en 1954, y aunque la petición de extradición seguía vigente, obtuvo la nacionalidad española con el nombre de José León Ramírez Reina, consiguiendo trabajar en Constantina (Sevilla) para una firma dedicada a la construcción. Pronto creó su propio negocio, adquiriendo una finca, La Carlina, y respondiendo a los encargos que le hacía el gobierno americano para la construcción de diversos aeródromos en España. Será allí donde ocurrirán varios intentos de secuestro a cargo de agentes israelíes y franceses. Tras el desplome de la empresa, que llegó incluso al embargo, Degrelle se dirigió a Madrid, donde ocupó un piso de la calle Goya. Las circunstancias van cambiando y sus protectores, principalmente Girón de Velasco y Serrano Suñer, fueron sustituidos y perdieron potestad. Con lo que en 1963 apareció en Benalmádena (Málaga), pero en octubre de 1969, el ABC de Madrid publicó una entrevista en la que Degrelle explicaba algunos detalles de su vida y, diez años después, y con motivo de la visita de Juan Pablo II a Polonia en 1979, escribió una carta dirigida al Santo Padre (*Carta abierta al Papa sobre Auschwitz*), que se publicó posteriormente en *Tiempo*, junto con declaraciones televisivas, donde incidía abier-

152 Como otros falangistas de primera hora, Ezquer se opuso al Decreto de Unificación de 17 de abril de 1937 con el carlismo, junto a Hedilla y Perales.

tamente en la negación del Holocausto y en la inexistencia de campos de exterminio.

Semejante declaración dio lugar en 1985 a la denuncia de Violeta Friedman, una superviviente judía de los campos, que fundamentó su demanda en lesiones al honor. El Tribunal Constitucional español, presidido por Francisco Tomás y Valiente, entendió que la libertad de expresión, derecho fundamental recogido en la Constitución, no podía incluir tales afirmaciones y condenó a Degrelle únicamente a una multa, pues halló que en ningún caso el autor se refería a Friedman en concreto y, por lo tanto, carecía de legitimación para la denuncia.

En abril de 1989, Leon Degrelle, cuyas relaciones con la extrema derecha española siempre se mantuvieron firmes, acudió como invitado a la conmemoración del nacimiento de Hitler. Cinco años más tarde, en marzo de 1994, fallecía en el Hospital Parque San Antonio de Málaga, a los 87 años. Los periódicos belgas insertaron una esquela con pie harto significativo: la muerte de un traidor.

Respecto al refugio que hallaron los nazis huidos en España, conviene consultar el libro de Pablo del Hierro, profesor en Maastricht, titulado *Madrid, metrópolis (neo)fascista. Vidas secretas, rutas de escape, negocios oscuros y violencia política (1939-1982)*[153], donde se describe con detalle el armazón que convirtió Madrid en un lugar destacado para gentes posicionadas en entornos fascistas y de la extrema derecha.

153 Editorial Crítica. Barcelona, 2023. Del profesor Del Hierro, junto a Matteo Albanese, es también *Transnational fascism inthe Twentieth Century*, Bloomsbury Academic. London, 2018.

La Deutsche Antarktische Expedition de 1938 como falsificación

El obscuro final de Hitler, su precipitada incineración bajo las bombas, el dubitativo informe de las fuerzas soviéticas, el terror que como una losa inflamó el recuerdo de Stalin, el seguidismo de los aliados occidentales, que no pudieron zanjar la cuestión —dado que, al fin y al cabo, el *führerbunker* había quedado en territorio de ocupación ruso— o no manifestaron una determinación suficientemente rigurosa y, qué duda cabe, la inestimable colaboración de una prensa dispuesta a perfeccionar a cada momento las teorías más extraordinarias, por absurdas que parecieren, dio paso a un caudal de informaciones sorprendentes e, incluso, inconcebibles.

Si a ello se añaden las leyendas incrustadas en la imaginación de muchos alemanes y las oleadas de fugitivos del III Reich, con destino a países de Hispanoamérica, facilitadas por altos cargos eclesiásticos y en colaboración con entidades como la Cruz Roja Internacional o sus divisiones nacionales, austriaca o croata, y agregamos la llegada de submarinos alemanes a aguas argentinas tras la rendición del Reich, tenemos los constituyentes necesarios para la creación y sostenimiento de un estado de opinión susceptible de aceptar lo más extravagante e inaudito que, si bien rayaba lo grotesco, era capaz de alumbrar elaboradas teorías conspirativas.

Tal estado de opinión se mantuvo, y se mantiene todavía, dando pie a innumerables artículos en prensa, libros, reportajes y demás instrumentos de difusión mediática que ha llevado a decenas de autores a ingresar en el panteón del conspiracionismo más irredento y, naturalmente, a llenar sus arcas.

Por supuesto que, entre estos últimos, también aflora una pléyade de novelistas que han aprovechado la veta para inspirarse y presentar ficciones de apariencia realista, con expresa citación de nombres de sujetos que sí estuvieron en los últimos momentos en el búnker de Berlín —buscando de ese modo la verosimilitud—, y que, con reconocible maestría, son capaces de dar la vuelta a lo sucedido ingeniando historias y aportando soluciones por completo ajenas a los hechos. Ante tan variada profusión, no vemos la necesidad de dar nombres. Sin embargo, quepa decir que algunos añaden versiones todavía más truculentas, como la aparición de naves espaciales, armas desconocidas y altamente sofisticadas o cavernas bajo el hielo antártico idóneas para albergar, no ya guarniciones, sino sociedades enteras de cuño nacionalsocialista.

Buena parte de estos argumentos surgió cuando se extendió la grotesca idea de que el primer sumergible alemán, antes de entrar en aguas argentinas y rendirse, había recalado en algún lugar inhóspito de la Antártida transportando a Hitler y a varios jerarcas nazis. Otra versión, menos delirante, presentaba la posibilidad de que los últimos defensores del *führerbunker* hubieran podido recuperar los restos del Führer para que, una vez convenientemente empaquetados, fueran transportados en un submarino a una base antártica secreta.

Con tales mimbres, obviamente, el vínculo entre Hitler, su persona, sus despojos y una pléyade de gerifaltes y la Antártida tomó especial credibilidad. Echaba pie, todo hay que decirlo, porque en

1938 sí hubo una exploración alemana con fines comerciales[154], pero presentada con colores militares y trasladada a los años de la guerra, podía rendir desarrollos ilimitados en manos de según quién.

Por su parte, y contra la tesis presentada, se ha de decir que, por razones de seguridad, durante la contienda buques patrulleros oceánicos de bandera británica operaron por la zona a la caza de enemigos germanos, las famosas *Rudeltaktik* o manadas de lobos ordenadas por Erich Raeder y, posteriormente, y de manera más enérgica, por Dönitz.

Retorciendo el argumento y adulterando tiempos y objetivos se consigue que, una expedición cuyo propósito era hacerse con materias primas o investigar las posibilidades y la rentabilidad de enviar barcos pesqueros a caladeros antárticos, se muestre como una truculenta maquinación en un escenario que lo admite casi todo, dada la singularidad que lo caracteriza, y donde se añaden hechos acaecidos años atrás y convenientemente tergiversados, poniendo, de este modo, cimiento al más puro sensacionalismo.

Veamos el caso: en la fecha que hemos presentado, 1938, Alemania puso en marcha una exploración antártica al mando del capitán de la Kriegsmarine, Alfred Ritscher, con la finalidad de estudiar la costa y construir una industria destinada a la extracción de aceite de

154 Conviene añadir que la Antártida había sido visitada por el almirantazgo británico en la expedición Discovery de 1901 a 1904, en la Nimrod de 1907 y en la Imperial Transantártica de 1914 a 1917 —atendiendo a que en 1912 Amundsen ya había puesto pie en el Polo Sur (*Polo Sur. Relato de la expedición noruega a la Antártida del Fram, 1910-1912*, Interfolio, Madrid, 2011—, el comandante Ernest Shackleton arribó con el *Endurance* en plena guerra mundial, tras obtener autorización del Churchill, hasta que el 21 de noviembre de 1915 el barco, cuyo casco era de madera, se hundió. Rescatados en agosto de 1916 por la marina chilena, Shackleton pasó a ser considerado un héroe que, no obstante, y salvo una misión, no participó en la guerra. Consumado conferenciante, pretendió realizar otra expedición para circunnavegar la Antártida, pero al llegar a las islas Georgias del Sur, el 5 de enero de 1922, sufrió un ataque cardíaco y falleció. Escribió un relato de su viaje titulado *South, The Story of Shackleton's Last Expedition, 1914-17*, Heinemann, 1919, y con arreglo a una delicada investigación, Caroline Alexander publicó *Atrapados en el hielo* en 1998, Planeta, 2003.

ballena, además de reivindicar una zona, la llamada Tierra del Rey Guillermo, para administración alemana.

La misión tenía dos cometidos, el primero era la grasa y el aceite de ballena, tal como decimos, pues suponía para los germanos romper la dependencia de las importaciones extranjeras y hacerse con un caudal considerable, ya que, si bien el aceite era usado para la iluminación —en aquel momento ya en declive por la aparición de la electricidad—, sin embargo, la grasa de los cetáceos era imprescindible para la fabricación de productos cosméticos, como jabón y tinturas diversas. Después estaba la posibilidad de asentar una base militar en el extremo sur del planeta que, llegado el caso, podría dar cobertura a los barcos, fueran de superficie o sumergibles, en el supuesto que estallara una guerra.

El capitán Ritscher ocupó el mando del *MS Schwabenland,* un buque mercante provisto de dos hidroaviones *Dornier 18* que se lanzaban mediante catapulta y que, una vez adaptado para aquella misión, partió a finales de 1938 del puerto de Hamburgo.

Un mes después, Ritscher avistó los hielos antárticos, donde desembarcó algunos hombres, cartografiando la región con los hidros. Su trabajo fue fructífero pues, a través de la niebla, fueron capaces de localizar una pequeña zona idónea para admitir la instalación de un campamento, posibilidad que el capitán acarició con alegría porque entendió que reunía las características necesarias para crear almacenes de cara a futuras expediciones, pensando incluso en la construcción de una pista de aterrizaje, pero debido a determinados cambios en la meteorología, el capitán Ritscher ordenó el inmediato abandono de la región, tocando tierra en Hamburgo el 15 de abril.

Pese a la complacencia de Hitler, que bautizó las tierras descubiertas como *Neuschwabenland* (Nueva Suabia, parte de la Tierra de la Reina Maud), la guerra iba a comenzar muy pronto y, aunque se propuso otra expedición para el año 1940, las reclamaciones territoriales de Noruega y la situación en Europa hallaron eco en las demás potencias, con lo que se dispuso el patrullaje de la Royal Navy.

El capitán Ritscher, que tras la guerra alcanzó varios galardones por sus méritos anteriores otorgados por la Sociedad Geográfica de Hamburgo, se integró en la Kriegsmarine[155] y la invasión de la URSS desactivó los planes de una segunda exploración. No obstante, en 1942 aparecieron impresos en Leipzig sus logros científicos en *Deutsche Antarktische Expedition 1938/39*[156], que supusieron el único recuerdo de la exploración hasta el final de la guerra.

Con todo, dentro de la psicosis antártica, desatada a raíz de la capitulación alemana, el primer aldabonazo, tal como ya hemos dicho, lo dio el periódico argentino *Crítica* el 16 de julio de 1945[157] de la mano de Ladislas Szabo acerca del aparente viaje de Hitler a la Tierra de la Reina Maud. Aquel texto tuvo una enorme resonancia en los más importantes diarios del mundo, de tal forma que el 20 de agosto, por dar un ejemplo, *El Día* de Montevideo rebotó la noticia, construyendo un entramado que la avidez del público consumió con fruición.

El fabuloso, por ilusorio y quimérico, artículo de Szabo se vio consolidado por el arribo, seis días antes, del U-530 al puerto de Mar del Plata. Imaginando que el suicidio de Hitler fue un fraude, hubo quienes juzgaron que un sumergible lo había trasladado desde Alemania, junto a otros jerarcas nazis, desembarcándolo en algún remoto lugar de la plataforma antártica. Aquel argumento todavía tomó más fuerza cuando otro submarino, el U-977, llegó también a Mar del Plata. ¿Se trataba de una huida, una salida *masiva* de nazis? ¿Habían encontrado aquellos sujetos el destino perfecto?

Ya hemos explicado que, tras las consiguientes indagaciones e interrogatorios a los dos capitanes y a la tripulación, las autoridades angloamericanas determinaron que se trataba de una capitulación sin consecuencias y, entendiendo que no había en ningún caso nada relevante en sus periplos, los dejaron en libertad.

155 Para más información al respecto de Neuschwabenland y la expedición alemana de 1938, véase Carlos de Nápoli, *Nazis en el sur*, Penguin Random House, Grupo Editorial Argentina, 2016.

156 Alfred Ritscher, *Deutsche Antarktische Expedition 1938/39. Wissenschaftliche und fliegerische Ergebnisse*. Koehler & Amelang, Lepzig, 1942.

157 Bernardo Veksler, *Informan sobre la supuesta residencia de Hitler en Antártida*, El Diario del Fin del Mundo, 16/07/2019, Ushuaia, Tierra del Fuego, Argentina.

Sin embargo, no se cerró el capítulo, pues Szabo continuó con sus denuncias, incluso escribió a Stalin y a Truman para advertirles del peligro[158]. Tales especulaciones fueron creciendo hasta el punto de que se fantaseó acerca de actuaciones secretas en la Antártida, tanto británicas como estadounidenses, donde no podían faltar detonaciones nucleares y combates entre supuestos comandos alemanes y tropas aliadas[159]. Posteriormente, en el año 2006, Ladislao Szabo publicó *Hitler no murió en el búnker* que, además, llevaba un subtitulo inquietante, *El secreto mejor guardado de la historia contemporánea.*

Con parejos ingredientes, la maquinación estaba servida. Guardaba, además, perfiles sugestivos: al entresijo de misterios asignados al Reich se unían los recónditos arcanos de la búsqueda de Thule en el Ártico, desde luego, pero el caso de la Antártida exigía invertir los polos, y así se hizo, sustituyendo el norte por el sur y dándole de ese modo valores ocultos e impenetrables. Junto a esto, se volvieron a atender y a considerar las obsesiones pseudomágicas de Himmler, los astrólogos, los ritos sacrificiales de las SS, las expediciones de Ernst Schäfer a Tíbet y hasta el ensalzamiento de cierto catarismo muy mal entendido, tal y como hemos explicado.

Todo esa miscelánea de temas arcanos y la escenografía propia del nazismo, junto a la creencia de que los alemanes habían podido desarrollar un armamento extraordinariamente sofisticado, llevó a creer que muchos nazis se habían refugiado en algún lugar remoto y que estaban dispuestos a defenderlo con una prodigiosa artillería cuyos fundamentos rayaban más allá de lo conocido, junto a sistemas de combate insospechados, volando en aparatos circulares de muy cercana similitud a los ovnis. Tales argumentos eran muy significativos porque daban pie a incluir en el espejismo el auxilio de seres extraterrestres. Asunto que demuestra absolutamente el desvarío de la tesis, pero que responde a las pautas que ciertos considerandos eran capaces de sostener, gustando de ambientes paranormales y de maquinaciones cósmicas.

---

158 Helmut Kraft, *Submarinos alemanes en Argentina*, Snorkel.com, 2010, pág. 68.
159 Ladislao Szabo, *Hitler no murió en el búnker*, Círculo latino, Barcelona, 2006.

Aquellos ingredientes crearon un caldo de cultivo que incluso se mantuvo muchos años después, dando aliento a según qué idearios. Era, desde luego, una extraordinaria falsificación urdida por novelistas y periodistas que buscaban la acreditación sosteniendo enigmas de dudoso gusto, pero, y todo hay que decirlo, sin defraudar a los lectores que perseguían precisamente eso, lo extravagante, lo insólito y lo más original.

Imaginativa recreación de un supuesto ataque de platillos volantes a un buque norteamericano en zona de combate antártica.
https://worldofwarships.eu/es/news/general-news/a-ufo-party/

El conspiracionismo antártico

Pero veamos en qué consistió el enigma antártico. Dadas las características de la zona, el apartamiento y las circunstancias climáticas, los polos son especialmente atractivos para poder extender teorías conspiratorias, y de ello dan cuenta los relatos de los novelistas que publicaron en el periodo que va desde finales del siglo XIX hasta momentos antes de la Segunda Guerra Mundial.

Se trataba del placer por lo siniestro blanco, el horror de lo inhóspito y extremo, lo inconcebible de la lejanía, en fin, un conjunto de valores que funciona eficazmente cimentando una nueva versión romántica del goticismo decimonónico. El goce por lo ignoto, en cuyo seno vive la tragedia más pavorosa, se presenta como uno de los últimos escalones que el lector puede hallar en su búsqueda de sublimidad. De cuanto decimos son egregios representantes *Las aventuras de Arthur Gordon Pym,* de Poe, *La esfinge de los hielos* de Julio Verne y, por supuesto, *En las montañas de la locura* de H. P. Lovecraft, publicado en 1936 que, de algún modo, es quien plantea y explica la presencia de incógnitas civilizaciones. Estos textos están perfectamente conectados, funcionando como una especie de cadena de ecos donde algunos personajes se recuperan de unos a otros argumentos, siendo obras que forman parte del cúmulo de literatura de ciencia ficción, pero con la particularidad de que, en el caso que tratamos, hacen mención expresa de la Antártida como escenario, un aporte de incalculable valor, como veremos.

Y así es, aunque nada más sea por las dificultades de comunicación y la soledad helada, en esa Antártida imaginada, cualquier hipótesis puede tomar cuerpo con solo argumentar un detalle principal: se trata siempre de ubicar inescrutables construcciones bajo el hielo, necesarias para el desarrollo de actividades clandestinas, ocultándolas de ese modo de la vista de posibles vuelos de reconocimiento, observaciones hechas desde satélites o búsquedas a través de la superficie.

Así, cualquier irrupción inesperada queda suprimida, dando pie a inmensos espacios ocultos en cavernas y grutas convertidos en refugios encubiertos. Y será en ellos donde se puedan desarrollar actividades que seducirán, alborotarán y engañarán a buena parte de los consumidores de productos que explican y acrecientan oscuras conspiraciones más o menos enrevesadas.

Con todo, debe decirse que efectivamente sí existió una operación en 1946 denominada Highjump, y es a ese tema al dedicaremos el siguiente capítulo de este libro. Aquella intervención llevada a efecto al año siguiente de la conflagración mundial está perfectamente documentada y nada tiene que ver con cualquier asunto que se acerque a complots o intrigas nazis, destrucción de bases alemanas con armas nucleares en la década de 1950 o finales truculentos, por más que responde a los primeros compases de la Guerra Fría y, en consecuencia, afectó a movimientos militares norteamericanos y soviéticos. Como consecuencia, el conspiracionismo y la paranoia quedan para otro tipo de trabajos.

Antes de continuar, conviene saber que las Fuerzas Armadas estadounidenses produjeron varias explosiones nucleares atmosféricas en el sur del continente americano, de igual modo a como por parte francesa ocurrió en el atolón de Bikini, en las islas Marshall, en el Pacífico norte, seguidas por otras potencias. A pesar de que por las fechas todavía no estaba vigente la Organización del Tratado de Prohibición de Ensayos Nucleares (CTBTO, Comprehensive Test-Ban-Treaty Organization) ni el Tratado Antártico (Antarctic

Treaty) de 1959, las pruebas fueron comunicadas a los medios públicos, no pudiéndose observar niveles de radiación atmosféricos significativos, pero aquellos indicios y aquellas noticias dieron pie a la fantasía de algunos, que aprovecharon las circunstancias para desarrollar sus entelequias.

En efecto, ciertas personas rápidamente entendieron que unas explosiones nucleares en el Polo Sur no podían ser más que la constatación empírica de combates posteriores a la rendición contra los restos de la Wehrmacht o del Ejército Imperial japonés. En consecuencia, añadiendo al ambiente de intriga y conspiración sembrado tanto por la novelística antes citada como por la llegada de submarinos rezagados en la rendición y la divulgación de la visita a la Antártida del capitán de la Kriegsmarine, Alfred Ritscher, en 1939, la escena estaba servida. Y dado que la atmósfera ya era apropiada, solo faltaban unos personajes adecuados y un autor capaz de saltar por encima de exactitudes y evidencias, acertando con un relato inverosímil pero convincente, y eso sí, un editor.

Operación Highjump

En los meses inmediatamente posteriores a la capitulación alemana y en la medida que el régimen soviético se afianzaba en los territorios conquistados, ya fuera Alemania Oriental, Polonia, Rumanía, Hungría, Bulgaria, Checoslovaquia, la Yugoslavia de Tito y la Albania de Enver Hoxha, los funcionarios militares de Estados Unidos percibieron que la URSS, pese a mantener cuidadosos lazos de amistad y en tanto se evitaba cualquier roce —por insignificante que pudiera parecer—, era una potencia robustecida y con una capacidad expansionista muy notable, advirtiendo la posibilidad de un enfrentamiento en territorios cuyas condiciones geográficas y climáticas estaban lejos de ser las que se habían conocido durante la pasada guerra.

Respecto a este punto, les inquietaba la triste fortuna que las unidades alemanas habían sufrido en Rusia tras la operación Barbarroja, con miles de hombres que soportando congelaciones y donde los vehículos y las armas, ya fueran carros de combate, artillería o camiones, aviones de caza o de transporte, sencillamente no podían maniobrar debido al frío extremo.

Pues bien, con el fin de preparar a su ejército para un enfrentamiento en condiciones tan inhabituales y dado que en aquellos momentos las grandes flotas norteamericanas del Atlántico y el Pacífico empezaban a desmantelarse en los puertos de acogida, las autoridades militares norteamericanas idearon una operación de entrenamiento denominada Highjump.

La mayor flota de la historia del mundo, con barcos flamantes, perfectamente dispuestos para el combate pero que, en tales circunstancias, vencido el Japón, ya no eran útiles y, en cambio, sí muy caros de mantener, empezó a ser retirada y destruida. Las palabras del contralmirante Richard H. Cruzen, que fue comandante de la *Task Force 68*, nos sirven de introducción:

> «Destructores, acorazados, portaaviones y docenas de otras embarcaciones se deslizaban hacia tranquilos remansos junto a muelles remotos en puertos indiferentes. Sorprendentemente, la mayoría de los barcos tenían menos de diez años, pero después de unos pocos servicios fueron condenados a una vida de abandono e inactividad»[160].

La zona escogida para el desarrollo de Highjump fue la Antártida, en la medida que la lejanía con las fronteras soviéticas evitaba imprevisibles conflictos o algún choque naval con unidades rusas, tanto de superficie como submarinas. Al mismo tiempo, los norteamericanos desarrollaron otros ejercicios en lugares también distantes del ámbito de acción de Moscú, como la bahía de Baffin o aguas al oeste de Groenlandia.

Además de adquirir destrezas en zonas cuyas condiciones climáticas eran extremas y de buscar una salida digna a la flota amarrada, se trataba también, y en cierto modo, de los primeros pasos para determinar una incipiente soberanía estadounidense, motivo que se entendió como ineludible, dado que los soviéticos podían pretender algo similar en cualquier momento.

Ante semejante perspectiva, el almirante Ramsey, jefe de operaciones navales, y mientras los barcos esperaban a su desguace, ideó una nueva operación que, si al menos no iba a salvar la totalidad

160 Para este capítulo, seguiremos el trabajo del almirante Cruzen titulado *The United States navy antarctic developments Project, 1946-1947*, The Wayback Machine, en línea bajo signatura *south-pole.com/p0000150.htm*

de los navíos y de sus tripulaciones, suponía un empuje ligado a las preocupaciones inherentes a la incipiente Guerra Fría, el Proyecto de Desarrollos Antárticos, que se llevaría a cabo entre diciembre de aquel mismo año y marzo de 1947, época correspondiente al verano antártico. El nombre de la operación fue Highjump, quizá porque quien iba a ostentar el mando, almirante Chester W. Nimitz, observó una fotografía en la pared de su despacho en la aparecía un atleta realizando un salto prodigioso.

Las disposiciones que se desplegaron el 26 de agosto de 1946, a partir de la concreción del proyecto, contemplaban cinco puntos: doce barcos con varios miles de marinos fondearían en la costa antártica a fin de preparar a los hombres y experimentar con materiales especialmente diseñados para operar en zonas glaciales. Por otra parte, se trataba de marcar la soberanía de los EE. UU. sobre una gran área del territorio. También de estudiar las posibilidades que la Antártida ofrecía para establecer campamentos permanentes y, al mismo tiempo, comprobar si era posible la construcción de aeródromos sobre el hielo, además de llevar a cabo trabajos relacionados con la meteorología, la geografía y las prospecciones geológicas, confeccionando una carta hidrográfica de los fondos oceánicos y las corrientes de agua continental que se generaban hacia el Pacífico y el Atlántico. A ello se añadía la necesidad de estudiar los campos magnéticos y demás fenómenos físicos que pudieran derivarse como, por ejemplo, la fluencia en condiciones extremas o el comportamiento de motores, generadores y demás aparatos eléctricos.

Las primeras previsiones pretendían crear un campamento estable próximo a *Little America III*, donde el almirante Richard Byrd había mantenido una base de operaciones entre los años 1939 y 1941, interrumpido por la guerra. La disposición era levantar *Little America IV* y crear un programa de vuelos regulares en la medida en que la climatología lo permitiera. Tales viajes, por más que no estuvieran recogidos en los puntos del proyecto inicial, buscaban fotografiar la Antártida con el fin de poder establecer un mapa suficientemente completo como para evaluar las auténticas dimensiones del continente helado.

Pasadas algunas fechas, el 15 de octubre de 1946, el almirante Mitscher, comandante de la Flota del Atlántico, nombró al entonces capitán Cruzen —que en 1939 había participado con Byrd— como jefe de la operación Highjump. En las órdenes de Mitscher había una salvedad interesante: se le especificaba que diera por cerrado el proyecto —esto es, orden de retirada— si la climatología transformaba el objetivo en irrealizable, esto es, no debía arriesgar hombres ni materiales, barcos o aviones, y menos en momentos en que el verano antártico acabara. El contralmirante Cruzen, animado por la propuesta y atento a las salvedades, transmitió a la flota sus primeras disposiciones unos días después.

Como la operación descansaba de alguna manera en las primeras investigaciones norteamericanas, que habían tenido al almirante Byrd como protagonista hacía unos años, la marina consideró la posibilidad de hacerle un hueco, por eso a la escuadra que navegaría hacia las costas antárticas se agregó otro navío, el *USS Philippine Sea*, un portaviones en el que se embarcó Byrd, delegando bajo su responsabilidad los ejes científicos del proyecto.

Como se trataba de proporcionar una cobertura mucho mayor con relación al último objetivo, se dotó a la expedición de seis aeroplanos *Douglas R4D* que viajaban en el portaviones. Con su apoyo y si las condiciones atmosféricas eran las adecuadas se podía conseguir que el alcance de la expedición fuera decisivo, y no solo en el aspecto cartográfico, sino también en el militar.

Es cierto que el *New York Times* destacó la posibilidad de que bajo el hielo antártico hubiera depósitos de uranio, asunto que disparó las ansias de muchas potencias para tratar de hacerse con tal mineral. También es innegable que los británicos nunca habían dejado de patrullar aguas antárticas durante la guerra, en la llamada operación Tabarin, en busca de navíos alemanes y posteriormente, ya en la posguerra, ocasionando conflictos diplomáticos con la armada argentina acerca de la posesión de aquellos territorios que, finalmente, quedaron circunscritos a las Islas Malvinas.

En la primavera de 1946, Noruega también interpuso demandas territoriales, por eso desde el primer momento la operación Highjump tuvo un cariz polémico, dando pie a disputas internacionales de notables consecuencias. Aproximadamente a mediados de agosto de 1946, los norteamericanos aprobaron una directriz destinada al jefe de la operación en la que se hacía expresa mención de no tocar los territorios reclamados, pero el 15 de octubre se invirtieron las órdenes, haciendo prevalecer la consolidación de la soberanía estadounidense.

Unos días antes de que zarparan los barcos el 12 de noviembre, el almirante Byrd anunció en rueda de prensa que la búsqueda del uranio no estaba entre los planes de Highjump, pese a conservar los objetivos militares, es decir, adiestrar a las tropas y experimentar con navíos, aviones y demás dispositivos en situaciones extremas, asunto que, dicho por el responsable científico del proyecto, aquietó provisionalmente los ánimos, pero no a los soviéticos, que contestaron argumentando que la expedición tenía como propósito crear asientos permanentes norteamericanos con fines exclusivamente militares.

Aquellas opiniones respondían al proceso de ruptura de relaciones entre los aliados en la posguerra. Se trataba, desde luego, de los inicios de la Guerra Fría, pero en territorios muy alejados de Europa, y los rusos estimaron con acierto que las regiones polares, fuera el norte o el sur, podrían ser zonas donde se desencadenara el conflicto, motivo por el que los americanos decidían posicionarse y habilitar tropas.

La consecuencia fue que el Atlántico sur se convirtió a partir de 1946 en un espacio donde se cruzaban múltiples intereses: el expansionismo militar norteamericano, la exploración científica, las reivindicaciones territoriales argentinas, chilenas y noruegas, la presencia británica y, creciendo en intensidad a medida que pasaba el tiempo, las denuncias soviéticas.

También es cierto que, simultáneamente, la marina estadounidense había buscado otro escenario donde poner en práctica sus objetivos sin dañar intereses ajenos ni levantar sospechas, y así fue, seleccionando el norte de Canadá y Groenlandia, pero una vez realizados algunos experimentos, se vio que las condiciones climáticas árticas no eran suficientemente rigurosas para atender a resultados constatables, con lo que había que buscar otro emplazamiento cuya meteorología respondiera a lo esperado, y ese lugar iba ser la Antártida.

Junto a esto, debe consignarse que la progresiva amenaza rusa iba intensificándose en la medida en que se extendían los planes de Moscú, haciendo madurar denuncias occidentales por el modelo de ocupación en Alemania y en los países limítrofes. Recuérdese que fue el 5 de marzo de 1946 cuando Winston Churchill hizo pública en Fulton, Missouri, la acusación del telón de acero que había caído sobre Europa:

> «Desde Stettin[161] en el Báltico, a Trieste, en el Adriático, ha caído sobre el continente un telón de acero. Tras él se encuentran todas las capitales de los antiguos Estados de Europa central y Oriental. Varsovia, Berlín, Praga, Viena, Budapest, Belgrado, Bucarest y Sofía... Todas estas famosas ciudades y sus poblaciones y los países en torno a ellas se encuentran en lo que debo llamar la esfera soviética, y todos están sometidos, de una manera u otra, no solo a la influencia soviética, sino a una altísima y, en muchos casos, creciente medida de control por parte de Moscú, muy fuertes y cada vez más estrictas»[162].

Este discurso, que poco después sería contestado por Stalin, no reflejaba más que la prevención de Churchill ante las consecuencias de la victoria soviética en el frente del este durante la II Guerra Mundial y ahí debemos ver el ambiente que rodeó a la operación Highjump, cuyo arranque se había previsto para el 2 de diciembre, coincidiendo con el inicio del verano antártico.

---

161 La ciudad de Stettin es actualmente territorio polaco y se denomina Szczecin.

162 Discurso del 5 de marzo de 1946 de Winston Churchill en el Westminster College de Fulton, Missouri (EE. UU.), por la recepción del Honoris Causa junto al presidente Truman.

Pero de inmediato surgió otro problema, la inexperiencia de la inmensa mayoría de los efectivos navales. ¿Serían capaces aquellos hombres que pilotaban enormes aviones de despegar desde la cubierta de los portaviones y de fotografiar extensas superficies de hielo si carecían de cualquier clase de práctica al respecto? ¿Cómo podrían volar sin aeródromos de emergencia, sin cartas de navegación y sin referencias meteorológicas fiables? Además, por lo que se refería al capítulo de las reparaciones, ¿cómo iban a trabajar los mecánicos en los diversos aparatos, fueran barcos o aeronaves, si dependían de un transporte que podía quedar varado por el hielo muchos días o, peor todavía, si algún aeroplano tenía que aterrizar de urgencia en lugares que no estaban registrados en topografía alguna? Aproximadamente ocurría lo mismo con los servicios sanitarios y con buena parte de la logística. El problema quedaba abierto, pero se intentó solventar enrolando a personas que, ya fuera en la expedición de 1939 o en otras más o menos exigentes, tuvieran algo de práctica en tales circunstancias. Una pésima solución, desde luego, pero la única que se pudo disponer, vista la situación.

Con todo, era evidente que los objetivos parecían estar fuera del alcance real de las posibilidades de la marina estadounidense, pues, por poner un ejemplo, los aviones destinados a cartografiar las áreas designadas deberían ir sobrecargados de carburante, con los necesarios equipos de fotografía y los operarios adjuntos, lo que suponía un peso excesivo incluso para aparatos como los *Douglas* que, por otra parte, iban a volar sin apoyo ni ayuda, literalmente sobre territorio desconocido, con un tiempo imprevisible sujeto a repentinas alteraciones y con variaciones inesperadas donde, incluso, se ignoraba si los aparatos de navegación seguirían funcionando correctamente. En definitiva, se trataba de misiones muy arriesgadas y, en muchos casos, tocantes con lo fortuito.

Sin embargo, el ánimo de las tripulaciones no se vio excesivamente afectado: todos sabían que se trataba de algo irrepetible, de una experiencia única. Dada la ingente inversión que la armada norteamericana había hecho para el éxito de la operación, y ya que era probable que no hubiera muchas más oportunidades de realizar una expedición como Highjump, el personal adscrito no manifestó desconfianza en sus posibilidades, aunque semejantes ánimos se demostraron, posteriormente, como expectativas en gran medida desatinadas.

A primeros de diciembre, el presidente Truman, ante la avalancha de quejas surgidas a través de medios diplomáticos de Gran Bretaña, Argentina, Chile, Nueva Zelanda y Australia, quiso suspender Highjump, pero el argumento de la gran cantidad invertida y la pérdida de una oportunidad como aquella, que sin duda iba a traer la decepción a muchos miembros de las fuerzas armadas, fue suficiente para que prosiguieran los preparativos y el 2 de diciembre los barcos se hacían a la mar.

Ese día, Richard Byrd se reunió en el *USS Mount Olympus*, escogido como buque insignia, con el contralmirante Cruzen, abandonando después la nave para abordar un mes más tarde el portaviones *USS Philippine Sea*, tal como estaba asignado en los planes.

La disposición de la flota era, además del buque insignia, el *USS Mount Olympus*, un rompehielos, un hidroavión, un destructor, dos petroleros, dos cargueros y un submarino.

Antes de mediados de diciembre, los navíos habían superado el ecuador y arrumbaban hacia el sur en un periplo de más de 16 000 kilómetros de mar abierto hasta las costas antárticas, pero es llamativo observar que no navegaron por el Atlántico, sino atravesando el Pacífico de norte a sur, desde San Diego y Panamá hasta la costa oeste antártica, pasando muy al oeste de Nueva Zelanda y entrando en aguas del Océano Glaciar Antártico a la altura de las islas Scott y Balleny.

En los últimos días de aquel mes, los barcos se encontraron en Isla Scott para alinearse en columna y dejar en primera posición al rompehielos, que debía navegar cortando la capa flotante acumulada por el congelamiento de la superficie, dando paso de ese modo al resto de la flota. La banquisa antártica, nombre que recibe el manto helado, se funde durante el mes de diciembre, creciendo otra vez con la llegada del invierno austral, desde abril a octubre. Atendiendo a la climatología, el rompehielos *Northwind* debía aminorar la marcha para impedir que el viento, que podía llegar a trescientos kilómetros por hora, frenara la navegación del convoy. Obviamente, en aquellas condiciones el primero que no pudo seguir la marcha fue el submarino, que tuvo que ser arrastrado hasta las Islas Scott, mientras el resto continuaba a buen ritmo, siempre detrás del rompehielos, hasta Bahía de las Ballenas, donde atracaron el 15 de enero de 1947.

Un error que en aquellos momentos ya se podía advertir era haber hecho pivotar la operación en la capacidad de un único rompehielos que, si por alguna razón, se averiaba, dejaría al resto de los barcos en situación insostenible, incapaces de salir del Océano Glaciar Antártico para alcanzar aguas más calientes.

Poco después, los primeros grupos descendieron a la superficie helada para buscar un lugar donde situar la base *Little America IV* y construir un aeródromo en sus inmediaciones, pero allí surgió el primer accidente notable, pues una máquina tractora se hundió repentinamente en la nieve produciendo una sacudida que arrastró consigo al conductor, fulminándolo al instante.

A principios de febrero, la base estaba constituida por varias tiendas de campaña y una pista de aterrizaje cuyo suelo era de acero, justamente para evitar que los aviones se clavaran en la nieve. Se realizaron turnos de trabajo y los operarios que regresaban eran alojados en buques cargueros.

El almirante Byrd se había embarcado el 2 de enero, según los propósitos ya trazados, en el portaviones *USS Philippine Sea*, procedente de la base naval de Quonset, en Rhode Island, al sur de Boston. Por delante había partido el grueso de la expedición y su propósito, que en buena medida parecía aquiescencia a un veterano destacado de anteriores misiones polares, era sobrevolar el continente antártico y realizar fotografías con fines científicos. Cinco días más tarde, Byrd cruzaba el canal de Panamá y ponía rumbo a Isla Scott, hasta que, hacia el 22 de enero, ya cerca del destino, el *USS Philippine Sea* tuvo que moderar la marcha por el peligro que suponían los icebergs. Pero el día 29 de ese mismo, el almirante Byrd realizó su primer vuelo desde la cubierta del portaviones en dirección a *Little*

America IV, donde al día siguiente aterrizaron varios aparatos más. En aquel momento, el buque regresó a su destino en Rhode Island.

Continuando con la tarea asignada, los aviones hicieron fotografías en varios vuelos designados al respecto, pero un cambio en las condiciones climatológicas provocó que se suspendieran, y lo mismo ocurrió con las expediciones terrestres, quedando paralizadas a mediados de febrero, de tal modo que se iniciaron, hacia el 22 de este mes, y atendiendo a los cambios meteorológicos que se anunciaban, las tareas de evacuación, siendo al día siguiente, con el rompehielos en cabeza, cuando la flotilla salió hacia el océano Antártico.

En todos los casos, los buques tuvieron serios problemas con la inesperada profusión de hielo a la deriva y de témpanos que dañaban los cascos y rompían las hélices, de tal modo que algunos necesitaron reparar sus motores, remplazar sujeciones y corregir aplastamientos.

El otro grupo de exploradores, el que tenía por objetivo el territorio más occidental, llegó a las Marquesas a mediados de diciembre, avistando la superficie helada a finales de aquel mes. Sin embargo, una niebla persistente hizo que las operaciones aéreas se vieran seriamente comprometidas, hasta el punto que en gran medida abandonaron sus propósitos a la espera de nuevas variaciones climáticas. Y sí, llegaron a primeros de enero de 1947, momento en que los aviones despegaron y pudieron fotografiar la costa antártica durante horas.

Era una excepción, desde luego, porque si las nubes sobre *Little America IV* tenían un espesor de casi cinco kilómetros, sobre la zona de exploración del equipo occidental no llegaban a los mil metros, lo que permitía realizar el trabajo fotográfico con prudente normalidad. Las misiones fotográficas se realizaron con éxito hasta el día 6 de enero, momento en que el almirante Cruzen se comunicó con el jefe del grupo occidental para que acudiera en ayuda de los barcos atrapados por el hielo más al este, cerca de Isla Scott, pero, aunque el *USS Currituck* llegó al área designada y lanzó varios aviones para dilucidar las circunstancias, debido al mal tiempo no pudo intervenir, con lo que regresó a su zona de operaciones.

A finales de enero se produjo el mayor descubrimiento de la misión, pues un piloto halló, sobre la superficie helada, una borrosa sombra que destacaba en el inmenso espacio blanco. Sorprendido por el hallazgo, puso inmediatamente rumbo al punto localizado mientras el equipo fotográfico se preparaba para trabajar a fondo. Se trataba, para sorpresa de los expedicionarios, de una tierra de lagos azules y alturas sin hielo en medio del páramo antártico, en palabras del almirante Byrd.

Con posterioridad, un hidroavión amerizó en el lago que consideraron más conveniente para la maniobra, constatando que el agua se mantenía por encima de los 30º y observando que estaba teñida de algas de diversos tipos que le daban unas características irisaciones. Pronto se pudo ver que el agua del lago, al que bautizaron como el Shangri-La[163] antártico —divulgándolo mediante la prensa mundialmente, asunto del que trataremos seguidamente—, era en realidad salada, con lo que no se trataba de una veta procedente de manantiales remotos o el producto de circunstancias desconocidas, por ejemplo, una fuente de calor inesperada, sino una entrada de agua oceánica por debajo del hielo que formaba un estanque, seguramente atrapado en un glaciar. A pesar de que continuaron los vuelos, nada más se pudo observar digno de aprecio.

El hallazgo del oasis antártico, aquel llamado Shangri-La, en referencia a la novela de James Hilton aparecida en 1933, *Lost Horizon* (*Horizontes perdidos*) y a la película homónima de Frank Capra de 1937, fue suficiente como para que se desarrollaran las más diversas teorías. Alguna de ellas quería ver la constatación de una base nazi submarina en la que un surtidor de radiación potentísimo, posiblemente de tipo atómico, era capaz de emitir hondas de calor suficien-

163 El topónimo refiere un valle del Himalaya donde no pasa el tiempo y los habitantes, en plenas facultades, alcanzan una longevidad sorprendente, una especie de paraíso escondido entre picos de 8 000 metros, lugar prácticamente inaccesible y remoto donde la felicidad se da sin tasa.

tes como para deshacer el hielo antártico y albergar una congregación oculta que mantenía los principios del nacionalsocialismo, y que obligó a los norteamericanos a destruirla mediante el uso de bombas nucleares. Tal esquema se recogió en innumerables novelas y reportajes y, aun careciendo de las más mínimas garantías, se divulgó generosamente.

En los primeros días de febrero continuaron los vuelos fotográficos y es interesante observar que lo que anteriormente se presentaba como línea de costa, ahora se veía con nitidez como un escenario diferente: el hielo se elevaba por encima del mar presentando un frente continuo de decenas de kilómetros. A partir de marzo y ante la inminencia del invierno antártico, las expediciones aéreas se cancelaron y los navíos norteamericanos iniciaron el regreso en dirección a Sídney, llegando el día 14. Tras una semana de descanso, pusieron proa a Estados Unidos.

El grupo que operaba en la zona oriental padeció un accidente debido a la tormenta, cuando el *PBM-5 Mariner George One* estalló en vuelo, quizá porque una de las alas rozó un témpano. Hubo varios fallecidos, si bien se salvaron algunos tripulantes que, contusionados y heridos, después de pasar muchas horas resguardados en los restos del fuselaje valiéndose de los adminículos que trasportaba el avión —comida, sacos de dormir y botiquín—, tuvieron que caminar sobre el hielo hasta llegar a la costa, donde los recogieron el 11 de enero. Los cuerpos de los fallecidos jamás pudieron hallarse debido a las condiciones meteorológicas. Iban a ser las primeras víctimas de una expedición científico-militar muy peligrosa, pero en la que no cabía la posibilidad de víctimas, más allá de los sucesos fortuitos que pudieran darse, como el descrito.

El objetivo de la exploración se cubrió con creces, casi 80 000 fotografías realizadas, seriadas y listas para el trabajo de los geógrafos. No obstante, surgió el problema de las referencias espaciales. Sin una correcta ubicación cardinal, las instantáneas eran inservibles, asunto que corrigió una segunda expedición, la Windmill, realizada al año siguiente. Precisamente por tales resultados, puede decirse que quedaron establecidos los fundamentos para las siguientes investigaciones científicas sobre territorio helado.

Como puede verse, en la operación Highjump no hubo la menor sombra de misterio ni nada que tuviera que ver con supuestas maquinaciones nacionalsocialistas, únicamente el desarrollo de un ejercicio destinado a cartografiar un territorio desconocido que llevó a activar parte de una armada, la norteamericana que, en aquellos momentos posteriores a la guerra, permanecía poco menos que a la espera del desguace. Se cumplieron ampliamente las esperanzas depositadas y se abrió una perspectiva nueva para posteriores exploraciones antárticas. Sin embargo, y queda fuera del registro de Highjump, la expedición espoleó las fantasiosas imaginaciones de novelistas y periodistas, dando pie a noticias, advertencias e indicaciones rayanas en el delirio más desasosegado.

Epílogo

Al contrario de lo que a veces se ha escrito, el catastrófico final del III Reich no explica nada y ni mucho menos desenreda las características intrínsecas del régimen. En definitiva, cualquier otra dictadura pudo haber sucumbido en circunstancias similares sin haber llegado a los extremos de abyección que cristalizaron en el nazismo.

No hubo, por supuesto, fanfarria wagneriana ni réquiem de Brahms, ni orfeones ni arpegios, solo la destrucción de Alemania, su cuarteamiento y, en la zona occidental, la recuperación de la mano del general Marshall. En zona soviética, por el contrario, decenas de años de represión, un muro levantado el 13 de agosto de 1961 en pocas horas para evitar la huida de los ciudadanos y la persistente amenaza totalitaria de un régimen estalinista, presidido por Walter Ulbricht y Erich Honecker, que no ha dejado rastro, salvo algunos bloques prefabricados en Berlín oriental típicos del tétrico gusto arquitectónico de la época.

Pero en 1945, tras la absoluta destrucción, que no fue más significativa porque el ministro Albert Speer se negó a arrasar Alemania, desoyendo las órdenes de Hitler, el país quedó convertido en poco más que un siniestro cementerio donde malvivían millones de personas al albur de las cuatro potencias que se repartieron el territorio, tal y como habían pactado en Yalta.

Sin embargo, las circunstancias de la muerte del dictador en el *führerbunker*, junto a sus últimos acólitos, confinado en una habitación en las entrañas de la cancillería y con la única compañía de su esposa, mientras las bombas rusas caían sin misericordia sobre Berlín, trajo innumerables interpretaciones.

Alentadas por la cerrazón de Stalin a admitir las pruebas que su servicio de inteligencia le presentaba e incitando al resto de los aliados en Potsdam, esas mismas disquisiciones dieron pie a difundir la leyenda del Führer vivo y huido o, todavía más fantasmagórico, dormido como héroe postrado en la profunda sima de una montaña simbólica.

Junto a ello, la prensa, buscando el provecho de lectores incautos y, después, haciéndose eco de las sucesivas capitulaciones de dos submarinos en aguas argentinas, elevó los hechos a rango de conspiración, en la que influyeron múltiples avisos, llamadas y apelaciones de delatores que aseguraban tener constancia de las más prodigiosas versiones. A eso debe añadirse el papel desarrollado por la prensa, y también el de muchos autores de libros, aparentemente asentados en investigaciones concienzudas, que no se cansaron de divulgar un amasijo de maquinaciones y complots de difícil, por no decir de imposible digestión.

Al final, quizá ya en el declive de esta sucesión de dislates, aparecieron historias que ensamblaban la operación Highjump con el ataque a bases nazis en la Antártida, una aberración que esperamos haber dejado resuelta.

Sin embargo, semejantes fantasías acerca de la supuesta fuga de Hitler tenían un componente auténtico, es decir, es cierto que hubo una huida masiva de jerarcas vinculados con el nazismo que se guarecieron en América del Sur. Esta especie de Odessa, de la que se ha escrito mucho y que probablemente jamás existió, tuvo su origen en las facilidades que un prelado alemán y algunos sacerdotes croatas proporcionaron a los que se escabullían a través de instituciones como la Cruz Roja Internacional.

La Segunda Guerra Mundial fue una experiencia espantosa que se tradujo en millones de muertos, en centenares de miles de heridos y en una cantidad exorbitante de desplazados. Pero, hoy en día, sigue palpitando la pregunta que buena parte de los historiadores se hacen, ¿cómo fue posible? ¿Cómo pudo ocurrir que la Alemania que escuchaba a Bach, Beethoven o Schumann y tenía a Kant y a Hegel como talismanes, que había leído con denuedo a Remarque, a Hesse o a Thomas Mann y que atendía a lo dicho por Humboldt sobre las razas o a Einstein respecto de la *relatividad*, cayera en el envilecimiento de hablar sobre ariosofía y de prestar oídos a Hitler y a su caterva hasta llegar a entregarle la cancillería en la última de las tres votaciones en las que compitió?

La respuesta, que como decimos sigue viva, quizá tenga que buscarse en los momentos inmediatos a la capitulación del káiser en las postrimerías de la I Guerra Mundial. Una vez el Estado Mayor alemán entendió que no había posibilidad alguna de continuar la conflagración, el príncipe Maximiliano de Baden presentó la rendición a los aliados. Expediente que estos aceptaron, dando pie a la derogación de la monarquía y a la proclamación, por el secretario de Estado Scheidemann, de un régimen democrático que se denominó república de Weimar, por la ciudad donde se aprobó la nueva constitución. Y es ahí, junto a las sucesivas crisis de los años veinte y a los levantamientos armados de uno y otro ángulo político, lo que conducirá a la más desesperante escalada inflacionaria, al desastre de millones de alemanes, al paro y a la liquidación de una sociedad anteriormente asentada.

En una frase, demasiado breve y poco matizada: la angustia y el hambre trajeron el nazismo. La zozobra, el hambre y un creciente nacionalismo que puso de moda aquello de la puñalada por la espalda, una variedad de falsificación histórica que echaba la culpa a los judíos, poniéndolos en la picota, y que Hitler se encargó de extender y propagar desde las primeras líneas del *Mein Kampf* y Rosenberg con *El mito del siglo XX.*

Pero la contingencia del nazismo no acabó con su absoluta derrota militar ni con el disparo en el *führerbunker* y ni siquiera con la capitulación de Dönitz, tampoco con la partición de Alemania por las cuatro potencias ocupantes. A partir de aquellos últimos instantes, que se podrían situar en la tarde del 30 de abril de 1945, y quizás con premeditada maniobra, otro modo de pervivencia se fue extendiendo, dando pie a la leyenda de Hitler y su huida, cuyos detalles ha podido examinar el lector.

Pero de ningún modo debe olvidarse el factor que la pseudomística nazi trazó, ese componente tremendamente corrosivo, ya desde los momentos iniciales del entronque de la Sociedad Thule con el NSDAP y con toda la comitiva de nigromantes, augures y videntes que circulaba alrededor de los hombres que conformaron el gobierno nacionalsocialista, esa corte de estrambóticos sujetos capaces de reunir en un mismo horizonte nacionalismo con racismo y cuyos resultados tiñeron las más hondas manifestaciones de las instituciones del Estado nazi, fueran las SS o las diferentes secciones universitarias destinadas al desarrollo de estudios genéticos con preceptos destinados a encumbrar las virtudes de la guerra y de la sangre como factores esenciales en la construcción social alemana.

Con todo, siempre queda sin resolver, volvemos a reiterarlo, la misma pregunta: ¿cómo fue posible? Hemos dicho que el hambre y la zozobra, la terrible inflación que en la Alemania de Weimar llegó a cifras astronómicas durante los años del *crack* del 29 y, también repetimos, el miedo.

En efecto, después de la quema del Reichstag, Hitler se hizo con el poder absoluto, desplazando a la oposición, encarcelándola o eliminándola, y sus acólitos crearon fuerzas de policía, las SA, embrión de las SS, que dinamitaron los organismos democráticos del Estado usurpándolos con cómplices políticos, porque un dictador no puede hacerse con el poder si no accede a las instituciones: su hegemonía se ve cercenada de plano si la judicatura o la universidad, por ejemplo, o las fuerzas armadas, en última instancia, muestran divergencias y se oponen a sus designios.

Los nazis privaron de cualquier sombra de oposición a Alemania desde las corporaciones públicas, soliviantando sus reglas, despojándolas de personas ponderadas y sustituyéndolas por seguidores fervorosos, ya fuera la justicia, los rectorados, el funcionariado, la banca, la sanidad, las obras públicas, la industria o el ejército.

Por otra parte, todo el entramado sobre el que se instalaron era alimentado cada día con una propaganda dirigida por un individuo delirante que expandía, sin reparo ni escrúpulo alguno, extrañas entelequias sobre la raza aria y su supremacía, buscando y exterminando a cualquiera que no pudiera demostrar antecedentes raciales puros —esa ficción— o supusiera alguna clase de obstáculo al régimen, fuera por sus inclinaciones íntimas, por su divergencia política o porque no respondía a parámetros habituales.

Por supuesto que hubo alguna respuesta, la Iglesia católica y la protestante manifestaron su disconformidad con determinados programas de eutanasia, y sus solicitudes fueron aproximadamente atendidas. Pero poco más, el miedo era una lámina de acero que se cernía sobre los alemanes que vivieron la dictadura nazi y que los aplastaba sin contemplaciones, el miedo y también, por qué no decirlo, el júbilo, el fervor y el entusiasmo que se apoderó de otros muchos.

Este libro ha pretendido desmontar algunos de los estrafalarios espejismos acerca de la muerte de un dictador en el otoño de su locura y, junto a eso, los estragos que semejantes patrañas han traído.

Bibliografía

Aarons M., et Loftus J., *Unholy Trinity: The Vatican, the nazis and the Swiss bank,* Saint Martin ́s Press, NY, 1988.

Basil, O., *Si el Führer lo supiera,* Sexto Piso, Madrid, 2018.

Basti, A., *Tras los pasos de Hitler: La investigación definitiva,* Planeta, Barcelona, 2014.

Basti, A, *La segunda vida de Hitler,* Planeta, Barcelona, 2019. Beaufre, A., *Introduction à la stratégie,* Fayard/Pluriel, Paris, 1963.

Beevor, A., *La Segunda Guerra Mundial,* Pasado y Presente, Barcelona, 2012.

Bezimenski, L., *The death of Adolf Hitler: unknown documents from Soviet archives,* Harcourt, Brace & World, New York, 1968.

Birstein, V. J., *SMERSH Stalin's Secret Weapon, Soviet Military counterintelligence in WWII,* Biteback, Londres, 2012.

Campo Pérez, R., *El ocultismo nacionalsocialista y el discurso alternativo contemporáneo,* Éndoxa, Series Filosóficas, n. 27, UNED, Madrid, 2011.

Cardona, P., *El enigma del U-234,* Muy Historia, núm. 138, 2021.

Caron, Ch., *German Expedition to Tibet (1938-1939),* Institut de Relations Internationales et Stratégiques, Asia Focus, 2021.

Cavalin Neto, F., *Kriegsmarine. Os corsarios do III Reich,* Biblioteca 24horas, Sao Paulo, Brasil, 2010.

Cruzen R. H., *The United States navy antarctic developments Project, 1946- 1947,* Internet Archive / The Wayback Machine, en línea bajo signatura south-pole.com/p0000150.htm.

De Nápoli, C., *Nazis en el sur,* Penguin Random House, Grupo Editorial Argentina, Buenos Aires, 2016.

Díez Espinosa, J. R., *Sociedad y cultura en la República de Weimar. El fracaso de una ilusión,* Universidad de Valladolid, 1996.

Dönitz, K., *Diez años y veinte días,* Altaya, Barcelona, 2007. Dornberger, W., *V2. Der Schuss ins Weltall Bechtle,* Esslingan, 1951.

Feferbaum, M., *El "pasaporte" de Eichmann,* Nuestra Memoria, Fundación Memoria del Holocausto, año XIII, núm. 29, Buenos Aires, 2007.

Fertilio, D., *L'anima del Führer, Il vescovo Hudal e la fuga dei nazisti in Sud America,* Marsilio Editori, Venezia, 2015.

Frattini, E., *La Santa Alianza,* Círculo, Barcelona, 2004. Frattini, E., *La huida de las ratas,* Planeta, Barcelona, 2018.

Frattini, E., ¿Murió Hitler en el *búnker?* Planeta, Barcelona, 2019.

Freed, J. B., *Frederick Barbarossa. The prince and the myth,* Yale University Press, London, 2016.

Führer, K., *Der Deutsche Reichskriegerbund Kyffhäuser 1930—1934,* Militaergeschichtliche Zeitschrift, vol. 36, 2, 1984.

Goñi, U., *La auténtica Odessa,* Paidós, Buenos Aires, 2008. Gordon, M., *Il mago di Hitler,* Fabbri, Milán, 2001.

Grimm, W. et J., *Deutsche Sagen, Kaiser Karl im Untersberg,* Winkler, München, 1965.

Harrison, E.D.R., *British Radio Security and Intelligence,* 1939–43, The English Historical Review, Volume CXXIV, Issue 506, February 2009.

Haushofer, K., *Weltpolitik Von Heute,* Berlín, 1935.

Herbst, L., *Il carisma di Hitler: l'invenzione di un messia tedesco,* Storie Feltrinelli, Milán, 2011.

Hudal, A., *Die Grundlagen Des Nationalsozialismus,* Johannes Günther, Leipzig und Wien, 1937.

Ickx, J., *Pio XII e gli ebrei,* Rizzoli, Milán, 2021.

Jackson, S., *Hitler's heroine: Hanna Reitsch,* The History Press, Londres, 2014.

Kempka, E., *Ich habe Adolf Hitler,* Kyrburg, Múnich, 1950. Kershaw, I., *El final,* Crítica, Barcelona, 2022.

Kraft, H., *Submarinos alemanes en Argentina,* Snorkel.com, 2010.

Linge, H., *Jusqu'à la chute. Mémoires du majordome d'Hitler,* Perrin, París, 2023.

Loewenstein, K., *Derecho y proceso legislativo en Alemania ocupada,* Yale Law Journal, 1948.

Loringhoven, B. F. von, *En el búnker con Hitler,* Altaya, Barcelona, 2007.

Mey Martínez, C., *¿Visitaron la Antártida los submarinos U-530 y U-977?,* Fundación Histarmar, s.d. Versión electrónica.

Mommsen, W. J., *Wissenschaft, Krieg und die Berliner Akademie der Wissenschaften, Die Preussische Akademie der Wissenschaften zu Berlin, 1914 - 1945.* Berlín, 2000.

Netto, M., *Rastros de um nazista, Perícias e relatos indicam que Hermann Fegelein, integrante do círculo íntimo de Hitler, morreu impune no Brasil.* CartaCapital, núm. 1206, 4 de mayo de 2022, São Paulo, Brasil.

Pauwels, L. et Jacques Bergier, J., *El retorno de los brujos*, Plaza & Janés, Barcelona, 1998.

Reitsch, H., *Flying Is My Life*, Pickle Partners, Londres, 2016.

Rendulic, L., *Luchas, victorias y derrotas*, Ediciones Sieghels, Buenos Aires, 2014.

Misch, R., *L'Ultimo. Il memoriale inedito della guardia del corpo di Hitler*, Castelvecchi, Roma, 2007.

Newton, R., *El cuarto lado del triángulo. La amenaza nazi en la Argentina 1931-1947*, Editorial Sudamericana, Buenos Aires, 1995.

Novak, V., *Magnum crimen. Pola vijeka klerikalizma u Hrvatskoj*, Catena Mundi, Belgrado, 2019.

Pogue, F. C., *United States army in World War II, The European Theater of Operations, the Supreme Command, Center of military history United States Army*, Washington, D. C., 1954, (reimp. 1989).

Ritscher, A., *Deutsche Antarktische Expedition 1938/39.* Wissenschaftliche und fliegerische Ergebnisse. Koehler & Amelang, Lepzig, 1942.

Romeike, S., *La justicia transicional en Alemania después de 1945 y después de 1989*, Academia Internacional de los Principios de Núremberg, 2016.

Rück, P., *Paläographie und Ideologie. Die deutsche Schriftwissenschaft im Fraktur-Antiqua-Streit von 1871–1945*, Signo núm. 1, Universidad de Alcalá de Henares, 1994.

Sánchez Muñoz, J. M., *Nazis y matemáticas. Crónica de una barbarie*, Revista Pensamiento Matemático, vol. II, n. 2, octubre 2012.

Schramm, P. E., *Die Niederlage 1945. Aus dem Kriegstagebuch des Oberkommandos der Wehrmacht*, DTV, 1962, dokumente, 80/81.

Sebottendorf, R. von, *Bevor Hitler kam - Urkundliches aus der Frühzeit der Nationalsozialistischen Bewegung*, Múnich, 1933.

Servent, P., *Rudolf Hess, Le dernière énigme du Troisième Reich*, Perrin, París, 2019.

Schäffer, E., *El secreto del U-977*, Ediciones Sieghels, Buenos Aires, 2017.

Sherratt, Y., *Los filósofos de Hitler*, Cátedra, Madrid, 2014.

Skorzeny, O., *Vive peligrosamente*, Círculo, Barcelona, 1971.

Steinert, M. G., *The Allied Decision to Arrest the Dönitz Government*, The Historical Journal, 1988.

Sträter, J., *El recuerdo histórico y la construcción de significados políticos. El monumento al emperador Guillermo en la montaña de Kyffhäuser,* Historia y Política, núm. 1, abril, 1999.

Strube, J., *Association of Nazism and The Occult, en The Occult World, Routledge,* Londres, 2016.

Szabo, L., *Hitler está vivo,* El Tábano, Buenos Aires, Argentina, 1947.

Szabo, L., *Hitler no murió en el búnker,* Círculo latino, Barcelona, 2006.

Taylor, F., *Dresden: Tuesday, 13 February 1945,* Bloombury, 2005.

Trevor-Roper, H., *The Last Days of Hitler,* Macmillan, Londres y Nueva York, 1947.

Veksler, B., *Informan sobre la supuesta residencia de Hitler en Antártida,* El Diario del Fin del Mundo, 16/07/2019, Ushuaia, Tierra del Fuego, Argentina.

Viana, I., *Las insólitas teorías de que Hitler no se suicidó: huyó a Barcelona y murió en Argentina a los 73 años,* ABC, 15/11/2019, actualizado 05/11/2021.

Walker, J., *Operación Impensable,* Crítica. Barcelona, 2015.

Williams G., Dunstan, S. et Wolf G., *The Escape of Adolf Hitler,* Sterling, Nueva York, 2011.

Zylberman, A., *Entre nosotros se ocultaron... El flujo de los criminales de guerra nazis a la Argentina y su representación en nuestro cine,* Universidad Nacional de Mar del Plata, Mar del Plata, 2017.